Ulla Janascheck

Göttin der Gezeiten

Die weibliche Kraft in Mond, Mythen und Märchen

Arun

Arun-Verlag, Engerda 28, D - 07407 Uhlstädt-Kirchhasel.
Tel: 036743-2330, Fax: 036743-23317.
Email: info@arun-verlag.de, Homepage: www.arun-verlag.de.
Titelmotiv: © Mauritius-Images/AGE & © Holger Kalweit.
Herstellung: Hubert & Co., Göttingen.

ISBN 3-935581-44-0

Für Julian

Inhalt

Anhang

Vorwort

Es begann vor vielen Jahren, dass mir Bücher in die Hände fielen, die sich mit Mondgöttinnen und dem urweiblichen Prinzip beschäftigten. All diese vielen Bücher gaben mir Trost und ich verdanke ihnen, dass eine Art Reise begann, wobei mir mit unzähligen kleinen Schlüsseln die Türen des Unbekannten, Geheimnisvollen, aber auch Dunklen und Ängstlichen aufgeschlossen wurden. Ich fand Hinweise, Geschichten, Mythen - ein auf Vertrauen gegründetes Weltbild und die Gewissheit, dass sich die Seele selbst heilen kann, wenn man ihr genug Zeit und Raum lässt und die richtige Nahrung anbietet.

Mondenergie besitzt diese Heilkraft, stellt verborgene Zusammenhänge her und ist die Quelle, von der alles auszugehen scheint. In der Astrologie beinhaltet der Mondbereich das Weibliche, die Traumwelt, die Art, wie man reagiert und begegnet, das damit verbundene Gefühl und die persönliche Version von Vertrauen. Mond ist auch die unbefreite magische Seite, das wilde Selbst, das instinktive Wissen und das intuitive Gespür.

Ich habe dieses Buch geschrieben, weil mir die Mondin viel bedeutet, mich stärkt, wenn ich nicht mehr weiter weiß, und ihr Wissen unendlich ist - es scheint tatsächlich keinen Anfang und kein Ende zu haben. Sie ist Weisheit und Mitgefühl, kennt den Schmerz und die Veränderung und ihr liebevolles Verständnis hat keine Zeit und keine Begrenzung.

Ich habe dieses Buch in einen mythologischen, einen astrologischen und einen persönlichen Teil gegliedert. Der erste beschreibt die vielen kulturbedingten Gesichter der Mondin und wie sie verehrt wurde, der zweite besteht aus zwölf Märchen, die ich passend zu den Tierkreiszeichen ausgesucht habe, und der dritte Teil bietet Vorschläge für die persönliche Arbeit mit der Mondenergie.

Ich wünsche mir, dass das Buch dazu beiträgt, das Wissen um die Mondgöttin zu bewahren und ihre Überlieferungen fortzusetzen, damit sich ihre vertrauensvolle Kraft in der heutigen Zeit erhält.

Einführung

... Mondnacht ...

Es war, als hätt' der Himmel
Die Erde still geküsst,
Dass sie im Blütenschimmer
Von ihm nur träumen müsst.
Die Luft ging durch die Felder,
Die Ähren wogten sacht,
Es rauschten leis' die Wälder,
So sternklar war die Nacht.
Und meine Seele spannte
Weit ihre Flügel aus,
Flog durch die stillen Lande,
Als flöge sie nach Haus.

- Joseph von Eichendorff -

Mondenergie fasziniert den Menschen schon seit Urzeiten. Vielfach besungen und bedichtet, ist sie uns als eine Kraft bekannt, die uns die Welt unserer Seele erschließt. Der Mondschein inspirierte viele Dichter und Denker, sich verborgener Geheimnisse anzunehmen und tiefer in die Zusammenhänge zwischen Himmel und Erde einzudringen. Als magisches Bindeglied zwischen der Welt des Bekannten und Unbekannten wirkt der Mond als Schwellenhüter, als erste Stufe auf der Reise in das Unbewusste, in das, was hinter der sichtbaren Welt verborgen liegt. Hätte der Mensch keine Sehnsüchte, keine Hoffnungen, Wünsche und Visionen, würde er sich nicht weiterentwickeln und bemühen, seiner Seelenkraft zur Reife zu verhelfen. Es ist, als ob uns das silberne Mondenlicht heimlich riefe, in die andere Welt, das Ungewisse, Ungestaltete, Unsichtbare, um uns daran zu erinnern, dass Kräfte wirken, die unserem bewussten Zugriff entgleiten und die doch ein Muster weben, das sich als unsere Lebenserfahrungen, unser Lebensweg oder auch „Schicksal" gestaltet.

Der Mond gilt auch als uraltes Maß der Zeit. Die Mondkalender der Maya, Inder, Ägypter und anderer Urvölker teilten das Jahr in seinen natürlichen Rhythmus und bestimmten die Mondphasen so exakt, dass z.B. der Mondkalender der Maya, der auf Jahrtausende in die Zukunft berechnet wurde, von den heutigen Berechnungen der NASA-Computer nur bis auf wenige Sekunden abweicht.

Der Mond entsteht wachsend und vermindert sich langsam. Aus diesem Rhythmus heraus bestimmt er das Wachstum der Pflanzen und entspricht dem Lebenslauf des Menschen, er rhythmisiert die Gezeiten des Meeres und die monatlichen Blutungen der Frauen.

Orientieren wir uns an der „Mondzeit“, entwickelt sich in uns ein Verständnis für zyklische Entwicklungsphasen. Wir erfahren das Jahr als Kreis, der über Geburt und Blüte, Ernte und Tod durch die Unterwelt zu neuem Leben, neuer Geburt führt. Die einzelnen Abschnitte dieser Erfahrung kennen wir als die 12 bzw. 13 Vollmonde, die ein Jahr gliedern. Diese dreizehn Mondzyklen können wir als Initiationsstufen während unserer Seelenreise begreifen. Indem wir ihnen Bedeutung schenken, wächst unser Verständnis für die Zeit, für Entwicklung und Wachstum. Wir lernen, uns dem natürlichen Rhythmus der Zeit anzupassen, anstatt ihn zu bekämpfen oder gegen ihn zu arbeiten. Parallel dazu vertieft sich unser Verständnis für die seelische Entwicklung. Unsere Seele wächst sozusagen organisch, spiralförmig - nicht linear, wobei wir geradeaus weitereilen und Angst haben, zu spät zu kommen. Das mondliche Zeitverständnis lehrt uns, bestimmte Lektionen ganz zu lernen, den Prozess von Erneuerung, Säen, Wachstum, Ernte und Loslassen, Sterben vollständig zu durchlaufen, um unsere Erfahrungen allmählich zu erweitern. Wir steigen nicht auf einer Leiter Stufe für Stufe in den Himmel, wobei wir alles Unangenehme allmählich hinter uns lassen, um irgendwann befreit zu sein, sondern lernen vielmehr wiederholt das Gleiche, wobei eher die Dimension unserer Erfahrungen zunimmt.

So wird jeder Monat zu einer kleinen Reise, die auch zugleich schon die nächste vorbereitet, wobei das Ende des einen Abschnittes schon den Anfang des nächsten in sich trägt. Jeden Monat wird der Mond voll und wieder leer, sehen wir ihn wachsen und wieder „sterben“, ein Vollmond geht in den Neumond über und dieser füllt sich wieder, um einen neuen Zeitabschnitt anzuzeigen.

Auch in unserem Seelenmaterial schlummern verschiedene Bildkräfte, die parallel zum rhythmischen Zeitablauf auftauchen, die wir erwecken, denen wir Form geben und die wir wieder loslassen können. Dieses Buch soll Anregungen geben, sich den Rhythmus der Mondzeit zu vergegenwärtigen, mit ihm zu arbeiten und durch ihn die Bilder des Unbewussten sprechen zu lassen. Ich möchte versuchen, eine Reise vorzuschlagen, die die Phasen des Mondes nutzt, so dass wir zu einem tieferen Verständnis für uns selbst gelangen.

Heutzutage gibt es keine Priester und Priesterinnen mehr, die mit uns auf die Jahreszeiten abgestimmte Rituale abhalten. Trotz allem sind diese Rituale für uns wichtig, denn ohne sie fühlen wir uns unvollkommen, so als ahnten wir, dass irgendetwas fehlt. Wir können uns nur an alten Überlieferungen orientieren, diese auf unser heutiges Leben übertragen und sie dem Leben und Alltagsbewusstsein so anpassen, dass sie durchführbar sind, das Bewusstsein erweitern und die widerstreitenden Teile unserer Persönlichkeit verbinden. Die Magie der Neuzeit trägt ein anderes Gesicht als früher, und besonders jetzt im Wassermannzeitalter sind wir aufgefordert, uns selbst kreative Gedanken über unsere Spiritualität und unser seelisches Wachstum zu machen.

Ob wir ihm Aufmerksamkeit schenken oder nicht - der Mond wirkt weiter: Zu Vollmond steigt der Blutdruck, sind wir ein wenig high, wird in den Kneipen mehr Alkohol konsumiert - der Körper reagiert und es liegt an uns, ob wir diesen Hochzustand nutzen, um geistig zu wachsen. Wir sind vom Mondlicht „berauscht“ und können von diesem Zustand Gebrauch machen und uns erweitern. Bei Neumond dagegen dürfen wir uns die vorgesehene Pause gönnen, unserem Energietief nachgeben, dem Innen lauschen und unserer inneren

Stimme folgen. Wir gehen in uns, um dann wieder aus uns herausgehen zu können, wir werden voll und wieder leer.

Etymologisch leitet sich „Mond“ vom indoeuropäischen *manas*, *mana* oder *men* ab, was bedeutet: das weise, vom Mond regierte Blut der Großen Mutter. Bei den Griechen war *menos* gleichzeitig Mond und Kraft. Luna (lateinischer Name der Mondgöttin) regiert über Empfängnis und Wachstum. Monatlich durchläuft Luna das Himmelszelt und tritt dabei einmal in Konjunktion zu allen übrigen Planeten. In diesem Sinn gilt sie auch als Gefäß aller himmlischen Kräfte, „die Gattin aller Sterne“, und wird somit gleichsam zum Urphänomen der Verbindung. Sie fängt die kosmischen Kräfte wie eine Schale auf und gibt sie dann an die Erde ab, wirkt in dieser Funktion weiblich und männlich zugleich. Bei den Chinesen übernimmt der Mond die regulierende Vermittlung zwischen Ober- und Unterwelt, bei den Indern ist er der Sammelpunkt alles Erfreulichen und Lebensfördernden, Gebieter der Bäume und Pflanzen, der heilenden Kräuter. Er ist das göttliche Gefäß, das den Nektar des ewigen Lebens auffängt, *Amrita*, den Trank der Todlosigkeit. Er ist aber auch das Tor, durch das die Seelen der Verstorbenen in die himmlischen Gefilde gelangen.

Mond lehrt Tod und Wiederauferstehung, die Gesetze der ewigen Wiederkehr. Mit seiner Kraft kann man sich versenken, empfangen, träumen und inspiriert werden. Als „Mondkünstler“ begreifen wir uns nicht als „Macher“ oder Schöpfer, sondern als Empfänger von kosmischen Energien, die wir als Mittler weitergeben oder umsetzen. Leben wir „nach dem Mond“, geben wir es auf, uns selbst als alleinigen Mittelpunkt des Daseins zu begreifen, und öffnen uns der Einsicht, dass wir nicht viel mehr tun können, als unsere Kanäle zu reinigen, um eine saubere, klare Verbindung zwischen himmlischer Eingebung und irdischer Tat herzustellen. Alleine, ohne diesen bewussten Anschluss an das, woher wir kommen, vereinsamen wir, erkranken und vergessen - und begeben uns verzweifelt auf die Suche nach „dem Sinn“, während unser Hunger nicht gestillt wird. Wir gleichen dann Süchtigen, die vergessen haben, was sie suchen.

Eine Vereinseitigung der lunaren Kräfte kann zur magischen Fesselung, zu traumatischen Zuständen, zum Wahnsinn führen - Luna als Quelle der Gefühle bewirkt auch Versklavung und Bann. Viele Mondkulte verlangten Menschenopfer oder die Opfer eines Lebewesens, Selbstkastrierung oder Eunuchen als Priester. So wie alles hat natürlich auch die Mondenergie ihre Schattenseiten.

Teil I

Mond und Mythen

Matriarchat und Patriarchat

Die frühe menschliche Evolution kannte als einzige Beziehung die zwischen Mutter und Kind. Die Wurzel der heutigen Familie liegt in eben dieser Beziehung. Frauen hatten wechselnde sexuelle Partner und der Zusammenhang zwischen sexuellem Kontakt und Schwangerschaft war unbekannt. Während manche der primitiven Völker glaubten, dass die Empfängnis von Geistern gelenkt werde, nahmen andere an, dass heilige Steine dafür verantwortlich seien. Auch dachte man, dass Frauen durch das Essen bestimmter „magischer" Nahrung schwanger wurden. Vielleicht wurde die Empfängnis durch das Umarmen von heiligen Bäumen herbeigeführt, die mit alten Nabelschnüren behängt waren? Andere wiederum vergruben Nabelschnur und Nachgeburt unter ihrem Haus, um eine weitere Schwangerschaft zu sichern. Es kursierten vielerlei Geschichten, die von den unterschiedlichsten Ritualen begleitet wurden, damit die wichtige Fruchtbarkeit und Kunst des Gebärens erhalten bliebe. Man glaubte, dass Frauen über die göttliche Kraft des Lebenschenkens verfügten, und hatte von daher auch eine Göttin, die man verehrte, und keinen Gott.

Es waren Frauen, welche die magischen Künste beherrschten, Kinder großzogen und ernährten und die Felder bepflanzten. Sie besaßen das Land, bearbeiteten es, ernteten, verteilten und tauschten den Ertrag. Die ersten dörflichen Vereinigungen bildeten sich in matriarchalischer Form. Die prähistorischen Männer trugen wenig zum Gemeinschaftsleben bei, außer die matriarchale Gruppe zu beschützen.

Es war alleine die Erfahrung der Mutterschaft, die den Clan miteinander verband und zum sozialen Austausch führte - das Dorf war eine Art kollektives Nest, das die Jungen ernährte. Die Mutter war das Oberhaupt des Familienverbands und der Besitz vererbte sich von Mutter auf Tochter, genauso wie der mütterliche Name weitergegeben wurde. Kinder kannten ihre Mutter, jedoch nicht ihren Vater, der Begriff der Vaterschaft war dem religiösen und sozialen Denken der ersten Völker fremd. Eine feste Eheform gab es schon gar nicht. Eine Familie bestand aus drei Generationen: Großmutter, Mutter und Tochter.

Der Mann war im entwickelten Matriarchat jedoch auch anerkannt. Er war Sohn oder Bruder und vertrat die Sippe und den Stamm nach außen. Er hatte keine Rolle als Vater oder Gatte. Der Bruder übernahm die soziale Rolle des Vaters, er war den Kindern seiner Schwester am nächsten verwandt. Der biologische Vater war ein Fremder oder höchstens ein Freund der Familie. Insofern kennt die matriarchalische Mythologie auch nur Mutter-Tochter- und Bruder-Schwester-Verhältnisse. Der Mann war hierin eingebettet als sakraler König oder Heros und fügte sich als solches Glied auch in den Kosmos.

Die Chinesen glauben, der erste Mann, dem die Vaterschaft bekannt gewesen sei, wäre Fu-Hi, aber auch dieser hatte keinen Vater, sondern nur eine Mutter. Bei den Griechen war es Cecrops, ein hoher Priester Athenes und einer ihrer Schlangengemahle. Während zu einem frühen Zeitpunkt der menschlichen Evolution ausschließlich Priesterinnen die religiösen Rituale ausübten und als Verkörperungen der Göttin galten, waren es später in der geschichtlichen Entwicklung Männer, die den männlichen Gott verkörperten und ihm dienten.

Die ursprüngliche Göttin kreierte die Welt und alles, was darin vorkam, so auch die Künste der Zivilisation wie Landwirtschaft, Architektur, Weben, Töpfern, Schreiben, Dichtkunst, Musik, Zeichnen, Kalender und Mathematik.

Bei den Hindus war es die Göttin, die das Alphabet erfand, die Mandalas und heiligen Bilder, sie gebar Tag und Nacht, das Jahr, den Monat, die Jahreszeiten, die Sekunde und alle anderen Maßeinheiten, auch die Logik, Grammatik, Wochentage, die Zeit, Tod, Ernährung, Erinnerung, Siege, religiösen Rituale, Vergangenheit, Gegenwart und Zukunft usw.

Im Sanskrit *matra* und bei den Griechen *meter* bedeuten Mutter und Maß zugleich. Das Wort Mathematik leitet sich von Mutterwissen ab. Viele Wurzelworte für Mutterschaft ergeben Worte der Kalkulation: *mark, mens, mensuration, messen, mete, metric, -metrie* (wie in Geometrie, Trigonometrie, Hydrometrie) usw. Frauen berechneten in alten Zeiten so viel, dass geläufiger Glaube unter Männern gewesen sein soll, sie besäßen das Geheimnis der Geburt nur, weil sie so gut rechnen konnten. Vielleicht konnten sie sich ähnliche Kräfte erarbeiten, wenn sie die mathematischen Künste zu beherrschen lernten?

Der alte Glaube, der hohe Intelligenz mit Mutterschaft verband, machte es den männlichen Mitgliedern schwer, die Göttin zu verdrängen. Zwar hatten sie das Geheimnis der Vaterschaft entdeckt und in männlichen Göttern verbildlicht - und doch war die Kraft der alles versorgenden Mutter zu stark. Das Gesetz von Manu (Indien) besagte: „Ein geistiger Lehrer übertrifft einen weltlichen 10-mal, ein Vater einen weltlichen Lehrer 100-mal, aber eine Mutter übertrifft den Vater 1000-mal als Lehrerin des Kindes."

Lange Zeit fürchteten Männer, gegen die Frauen vorzugehen, denn diese galten den Kräften der Natur weit mehr verbunden. Stattdessen lernten sie allmählich deren Rituale und verdrängten dann die Frauen aus den „heiligen Stätten". In Nordeuropa wurden Mutter Erde und die Göttin Freya durch den neuen patriarchalen Gott Odin gestürzt, der aus Asien kam. In der Ägäis ersetzte Zeus die Mutter Rhea und Hera. In Babylonien tötete der eigene Sohn Marduk seine Urmutter Tiamat, um die Weltherrschaft zu übernehmen. In Mexiko verdrängte der Führer der Azteken seine Schwester Malinalxochitl, die zuvor Männer und wilde Tiere regierte, und betitelte sie als böse Hexe. Die australische Göttin Marm (Mutter) wurde verteufelt, denn sie gab Frauen die magische Frucht (der Fruchtbarkeit), die sie den Männern verweigerte. In Tierra del Fuego behaupteten die Männer, die Welt wäre durch die Hexenkraft der Frauen entstanden und die religiösen Mysterien gehörten ihrer Göttin, dem Mond. Deshalb adoptierten sie den Sonnenkult und unter der Herrschaft des Sonnengottes ermordeten sie alle erwachsenen Frauen, so dass nur noch nicht initiierte Mädchen übrig blieben.

Der Übergang vom Matriarchat zum Patriarchat war von Blutbädern begleitet - ein aggressiver Kampf des Mannes gegen die Frau. Das Mutterrecht wurde gestürzt und die Kraft der Frau verminderte sich im Laufe der Geschichte zunehmend. Aus den friedlichen, sozialen Verbänden des Matriarchats wurden die hierarchisch gegliederten, aggressiven

Staaten der späteren Zeit. G.R. Taylor (Ethnologe) klassifiziert matriarchale im Gegensatz zu patriarchalen Staaten so:

Merkmale matriarchaler Verbände	**Merkmale patriarchaler Verbände**
• tolerante, zustimmende Einstellung zur Sexualität	• unterdrückende Haltung gegenüber Sexualität
• Freiheit der Frauen	• Unterdrückung der Frau
• hoher weiblicher Status	• Frauen werden als minderwertig und sündig bezeichnet
• fürsorgliches Verhalten wird stärker bewertet als Keuschheit	• Keuschheit wird stärker bewertet als Fürsorge
• demokratische politische Prinzipien	• autoritäre politische Prinzipien
• progressive Ansichten	• konservativ, gegen Erneuerung
• Spontaneität, offene Gefühlsbekundungen	• Angst vor Spontaneität, Verbote, Hemmungen
• Minimalisierung von Geschlechtsunterschieden	• maximierter Unterschied zwischen den Geschlechtern, z.B. in der Kleidung
• Hedonismus, Lust und Vergnügen sind willkommen	• Angst vor Lust und Vergnügen, asketische Selbstverleugnung
• Mutterverehrung	• Vaterverehrung

Die Große Mutter, die allmählich von ihren Söhnen überwunden und besiegt wurde, lebt trotzdem als unauslöschlicher Archetyp in der Psyche eines jeden Menschen weiter. Je stärker sie kulturell verneint wird, desto negativer und furchterregender gestaltet sich ihr Bild. Die alte Mythologie kennt dieses Phänomen als wütende Racheakte einer abgelehnten Gottheit. Übertragen bedeutet dies: Tragen wir ein entwertetes Mutterbild in uns, fehlt eine wichtige, lebendige Erfahrung, die Basis aller zukünftigen Bindungen, die wir in der sozialen Zusammenarbeit eingehen. Ein Mensch, der den mütterlichen, fürsorglichen Aspekt seiner Persönlichkeit unterdrückt, verliert sein Verantwortungsgefühl gegenüber zukünftigen Generationen. Er vergisst, erwachsen zu werden und sich als verantwortliches Bindeglied in das Zeitgeschehen einzufügen.

Matriarchale Religion war ohne Streben nach dem unerklärlichen Sinn des Lebens - denn das Leben musste nicht gerechtfertigt, sondern beschützt, erhalten und genährt werden. Es gab keine Schuld, Angst oder Sünde, wie von den patriarchalen Religionen impliziert.

Die heutige Frau hat ihre Mutterrolle beinahe erfolgreich verdrängt. Wir finden die Frau in einer männlich geschaffenen Welt, wie sie im Zuge der Gleichberechtigung ihren „Mann" steht. Die persönliche Wertschätzung orientiert sich an den patriarchalen Werten und die Große Mutter ist vergessen. Anstatt den Mangel auszugleichen und vermehrt weibliche Werte in die Sozialstruktur einzubauen, wird die Mutterrolle als lästige Störung auf dem Weg zu Karriere und Erfolg empfunden und an staatliche Organisationen wie Kinderhäuser, Kindergärten, Kinderhorte, Kindertagesstätten usw. abgegeben. Ein gestörtes Mutterbild führt aber zu Depression, Krankheit und Entwurzelung.

Es ist wichtig, uns zu vergegenwärtigen, dass diese mütterliche Kraft in uns die Verbindung ist zu unserer Vergangenheit und unserer Zukunft, dass sie als Lebenslinie, als roter Faden die Generationen miteinander verwebt und immer da sein wird, solange der Mensch sich fortpflanzt und Mütter ihren Kindern das Leben schenken. Sie ist das Herz der Familie, die Liebe, die uns mit anderen verbindet und uns soziale Beziehungen eingehen lässt. Es ist der Mutterarchetyp, der unser Vertrauen in die Umwelt begründet und für das innerliche Wohlergehen sorgt.

Über die Jahrtausende hin hat sich das Bild der „Großen Mutter" verändert. Die alles verschlingende und gebärende Urmutter nimmt verschiedene Formen und geistige Attribute an, sie hat sich der wachsenden Kultur, den politischen Reformationen und den geistigen Entwicklungen des jeweiligen Kulturraumes angepasst. Vielfältig ist ihr Wirkungsbereich und vielzählig sind ihre Aufgaben, die sie zu erfüllen hat, um die Bedürfnisse ihrer Verehrer zu befriedigen.

Der Übergang vom Matriarchat zum Patriarchat ist dadurch gekennzeichnet, dass das Sonnenbewusstsein den Mondkult ablöst. Zunehmend wächst der Glaube an die aktive Gestaltungskraft des Geistes, repräsentiert durch die wachsende Zahl der männlichen Götter. Die Söhne werden zu Vätern und vergessen zum Teil, dass auch sie geboren wurden. Das männliche Prinzip befreit sich aus seiner Abhängigkeit und Unterlegenheit gegenüber dem Ur-Weiblichen. Gott wird zum Mann, zum allgegenwärtigen Vater, der mit scheinbarem Erfolg seine Trieb- und Instinktkräfte bekämpft, besiegt und überwindet, indem er sie von sich abspaltet und in die andere Welt (z.B. die Hölle) verbannt. Dem natürlichen, instinktgebundenen Weltbild der Mutter steht das kontrollierende, perfektionistische des Vaters gegenüber. Beide haben ihre Berechtigung und beide finden es schwer, zueinander zu finden - dies wird im ewig währenden Weltenkampf zwischen den beiden Schlangenkräften der Kundalinienergie im Hinduismus schon vor Tausenden von Jahren beschrieben. Tatsache ist, dass beide Prinzipien - männlich, aktiv, hierarchisch sowie weiblich, empfangend, sozial - gemeinsam das Weltgeschehen gestalten und zusammen in uns wirken - als scheinbar widerstreitende Kräfte, die wir als natürliche Widersprüche in uns tragen.

Instinkt, Trieb, Sinnlichkeit, Sexualität, Angst vor dem Unbekannten, aber auch Wahnvorstellungen, Abhängigkeit, Aberglaube und Einbildungen wirken in uns als archetypische Kräfte und sind (Mond-)Bestandteile der psychischen Struktur, die wir nicht verdrängen müssen, sondern als Teil unserer Stärke nutzen können. Verstand, geistiges Streben, Intelligenz, Wissensdurst und Logik, aber auch Rigidität, Arroganz, Unmenschlichkeit, Perfektionismus und Manipulation wirken in uns als (Sonnen-)Bestandteile und bilden den Gegenpart. Man kann sagen, dass wir uns dann unwohl fühlen, nicht in Harmonie und im Gleichgewicht sind, wenn eine der beiden Seiten auf Kosten der anderen die Kontrolle übernimmt.

Immer wenn wir uns zu weit von unserer Quelle, dem Mondverständnis, entfernen und zu weit auf dem „rechten" Weg fortschreiten, meldet sich das, was wir verdrängen, in Form von Depressionen, Krankheiten, Verwirrungen, Ängsten, Neurosen - psychischen Krankheiten aller Art. Denn die Mondmutter lebt als Archetyp in uns, auf ihr gründet sich unsere gesamte Persönlichkeit, sie ist sozusagen der erste Schritt, das innerste Zentrum unserer Seele, deren Kraft, Lebensenergie und Bewegung, das Urvertrauen, ohne das ein Leben keinen Sinn hat und aus dem auch unser Leben stammt. Es ist ganz wichtig, dass wir den Zugang zu unserem Innersten wieder finden und neue Wege des alten Rituals erschließen, damit wir uns rückverbinden können in Zeiten, in denen wir uns verloren fühlen. Es genügt nicht, die Psyche analytisch zu erklären, wir brauchen auch das Ritual, das uns transzendiert, die alten Symbole erweckt und unserem Bewusstsein wieder zur Einheit verhilft, zur *Erfahrung* der Ganzheit.

Mond, Leben und Tod

Alle Religion gründet sich auf dem Mysterium der Schöpfung. Es gibt wahrscheinlich ebenso viele Geschichten um die Entstehung des Universums, wie es Mondgöttinnen und Sonnengötter gibt. Eine sehr alte Version ist die folgende:

> *Das Universum war schwarz, ungeformt, nichtwissend, ganz im tiefen Schlaf versunken. Dann erhebt sich das göttliche Selbst mit unwiderstehlicher Macht und vertreibt die Dunkelheit. SIE, die Subtile, nicht Wahrnehmbare, Unendliche, die alle Wesen enthält, erwacht - und das dunkle Wasser wird umgerührt. Sie ist die schwarze Nacht, die das Geheimnis und die Kraft des Lebens birgt. Sie ist die Quelle, aus der alles kommt und in die alles wieder zurückkehrt. Die schwarzgeflügelte Nacht legt ein silbernes Ei (den Mond) in die Gebärmutter der Dunkelheit, das dunkle Wasser. Für ein Jahr und einen Tag bewohnt sie das Ei. Dann teilt sie das Ei und aus den zwei Hälften entstehen Himmel und Erde.*
>
> *Hält sie ruhig, versinkt das Universum wieder im Schlaf, bewegt sie sich, belebt sie auch das Universum und die Schöpfung findet statt. Der Rhythmus ihres Schlafes und Erwachens, um dann in erneuten Schlaf zu sinken, bestimmt das Universum, wobei es entweder belebt oder zerstört wird.*

Hier hat die Große Mutter zweigeschlechtlichen Charakter, sie ist der weiblich empfangende Raum und schöpft auf männlich aktive Weise die Welt. Sie ist noch unabhängig von einem männlichen Begleiter, denn sie trägt alle männlichen Anlagen in sich selbst, so auch die spiralförmige Schlange, die sich zwischen den beiden Hälften des Eis befindet.

In einer später entstandenen Mythologie über die Weltenschöpfung sind es bei den Hindus Shiva und Shakti, die durch ihren orgiastischen Tanz die Welt kreieren und sie mit pulsierendem Leben erfüllen.

Zunächst jedoch bleiben wir bei der urweiblichen Version und dem Ei als Symbol der weiblichen Fruchtbarkeit und Schöpfungskraft. Das Ei entsteht aus der spiralförmigen, nach innen gerichteten Bewegung des Wassers (denn dieses wird umgerührt). Diese Bewegung kreist um ein Zentrum und kreiert so ein Ganzes, sie bringt das Sonnensystem und die Galaxien hervor. Eiförmige Steine, in die jeweils eine Vagina eingraviert war, gab es schon 6000 v. Chr.

Die Spirale und später das Labyrinth sind Symbole der großen Mutter, beschreiben ihre Bewegung bei der Schöpfung. Während die aufsteigende Spirale irdische Energie in spirituelle transformiert, sorgt die absteigende oder nach innen gerichtete für die Materialisierung des Spirituellen. Sie ist die ursprüngliche, allem zugrunde liegende Bewegung. Sie ist der Schlüssel zur Unsterblichkeit und wird mit der Mondbewegung identifiziert.

Spiralförmig ist auch die Zeit, mit dem Monat als kleinster Einheit. Von Vollmond zu Vollmond entsteht ein Monat, von Sonne zu Sonnenwiederkehr ein Jahr, daraus ein weiteres, und in immer größer werdenden Kreisen entwickelt sich die Zeit als spiralförmiges Kontinuum. Der spiralförmige Weg zum rituellen Platz, die spiralförmige Anordnung des Universums, spiralförmige, kreisende Gedanken - all diese folgen der natürlichen Bewegung der Mondmutter. Heute weiß man, dass der kürzeste Weg über große Entfernungen im All keine Gerade, sondern eine Spirale ist. Spiralförmig ist unsere Entwicklung. Töchter wiederholen die Geschichten ihrer Mütter und nur die Dimension der Erfahrung verändert sich, während das Rad der Zeit sich weiter dreht.

Spirale und Labyrinth

An vielen der alten Ritualplätze, die zu jener Zeit meist Höhlen waren, tanzte man sich durch eine Spirale ins innere Zentrum. Nur wer bereit war, sein altes Ich hinter sich zu lassen, konnte in das Innere gelangen. Das Zentrum, die Höhle, war gleichzeitig die Geburtsstätte für Neues, der Mutterleib, in dem die Transformation stattfinden konnte. Diesen erreichte man, indem man das alte Bewusstsein hinter sich ließ und nicht selten musste man in das Innerste durch eine Art Geburtskanal, einen niedrigen Tunnel, kriechen.

Der oder die Initiierte suchte sich den Weg durch das Labyrinth, durch die Unterwelt. Man musste symbolisch sterben, um auf einer höheren psychischen Ebene wieder geboren zu werden. Indem man die Spirale in beiden Richtungen durchtanzte, gelangte man in ihr ruhiges Zentrum, das kosmische Herz. Sexuelle Rituale und das Trinken von Soma begleiteten den Tanz, denn das kosmische Selbst ließ sich nur über den orgiastischen Egotod erreichen. In der Frühzeit, als, wie bereits erwähnt, der Zusammenhang von Sexualität und Fortpflanzung noch unbekannt war, galten diese Rituale ganz der Transzendierung des Egos, die sich durch die Ekstase des Orgasmus einstellt. Im Tantra-Yoga des heutigen Buddhismus finden wir noch heute ritualisierte Sexualität. Durch Atemtechniken wird die sexuelle Energie (Schlangenenergie) in die Hauptkanäle gelenkt und kann so in die oberen Chakren steigen, was wiederum einen Orgasmus im Herz-, Kehlkopf- oder Stirn-Chakra bewirkt. Bei einem Nichtpraktizierenden stellt man sich diese Kundalinienergie am Ende der Wirbelsäule in Form zweier zusammengerollter schlafender Schlangen vor, die beim Orgasmus bis zum Becken (Nabelchakra) steigt. Je höher die Energie im Körper gelenkt werden kann, desto reicher gestaltet sich die psychisch-spirituelle Erfahrung, die mit dem Orgasmus verbunden ist.

Man tanzte links herum nach innen in die Kreismitte des heiligen Ortes und rechts herum nach außen und folgte so dem Spiralenweg der Mondgöttin, die links herum spiralförmig um die Erde wandert, bis sie voll ist, und sich rechts herum spiralförmig dreht, bis sie wieder leer ist. Im Inneren der Doppelspirale lag das Zentrum der Ekstase und des Lichtes, dort konnte man göttliche Kraft tanken, mit ihr verschmelzen und sie rechts herum wieder nach außen in die Welt tragen.

Manchmal tanzte man auch in die Tiefe, in die Unterwelt, zum Stillstand, zum Tod. Hier musste man nun zusammengekauert warten - die Hockstellung des Toten (Höckergräber) verwandelte sich jedoch bald wieder in die des Embryos, der wieder geboren wurde. Nach oben ging nun der Spiralenweg, zurück zum Licht, in die Welt. Das Zentrum der Spirale konnte beides sein, Höhepunkt des Lichtes oder Tiefpunkt der Dunkelheit, es kam ganz auf den Zeitpunkt des Tanzes an. Über die Spirale konnte die Göttin in beide Richtungen gehen, vom Tod ins Leben und vom Leben in den Tod.

Aus der einfachen Spirale entstand die doppelte, in der beide Richtungen enthalten sind. Aus dieser wiederum die vierfache. So wurde für die vier großen Mondfeste eines Jahreszyklus jeweils eine Doppelspirale getanzt und diese waren durch einen großen Ring miteinander verbunden (z.B. Knossos/Kreta).

Rituelle Tänze und Steinkreise

Immer wieder stößt man in Überlieferungen auf 12 Tänzerinnen und eine Priesterin, die im Kreis tanzen und so der Göttin huldigen. Auf Kreta z.B. wurden die heiligen Ringtänze abgehalten. Nackte Frauen tanzten im Kreis und hielten sich dabei an den Händen. War es, um die Bewegung der Göttin bei der Schöpfung zu imitieren, um die Kundalinienergie zu steigern? Gegen den Uhrzeigersinn zur Auflösung, mit dem Uhrzeigersinn zur Neuschöpfung? Vielleicht zapften sie auch magnetische Erdströmungen an, um so Energie zu gewinnen ...

Alles Existierende basiert auf der Schwingung der Elemente. Materie besteht aus Licht und Klang in verschiedener Geschwindigkeit. Sufis z.B. glauben, dass man durch Klang die Elemente beeinflussen kann. Haben die Frauen der Frühgeschichte durch Gesang und Tanz die Elemente bewegt? Legenden berichten, wie große Steine (Megalithe) durch magischen Klang aufgerichtet wurden. Andere beschreiben, wie durch das Flötenspiel Steine durch die Luft fliegen. Wir kennen noch heute den Ausspruch: Der singt zum Steinerweichen ...

Steine waren noch während der Jungsteinzeit mächtige Wohnsitze der Göttin. Stein ist unsterblich und fest, ein Symbol der Beständigkeit. Steinkreise, die, wie man annimmt, um Energiepunkte erdmagnetischer Strömungslinien angeordnet und auch alte Mondkalender sind, könnten z.B. von im Kreis tanzenden, summenden Mädchen besungen worden sein (Indianer, Kelten und Basken konnten vor langer Zeit drei Töne auf einmal singen und damit weitaus höhere Obertöne erreichen). Vielleicht rief dieser Klang eine besondere Resonanz in dem Quarzgehalt dieser Steine hervor, so dass der Klang zusätzlich zum Gesang der Mädchen von Stein zu Stein reiste. Die Kristallstruktur der Steine würde dadurch beeinflusst, denn der Quarzgehalt wirkt als elektrisch aktiver Kristall. Manche Obelisken bringen z.B. durch das elektromagnetische Feld der aufgehenden Sonne Ultraschall hervor. Sie befinden sich immer in der Nähe von Steinkreisen!

Stellen wir uns vor, der Steinkreis wäre an einer Stelle großer Energiekonzentration errichtet. Durch seine kreisförmige Anordnung wird diese nochmals gebündelt. Wir befinden uns nun in einer „schlafenden" Energiestation. Um sie zu wecken, müssten wir den Kreis in Bewegung versetzen, zum Schwingen bringen - durch Tanz, Gesang, Klang und Vibration. Jetzt haben wir unsere Station eingeschaltet. Wir könnten nun die in der Erde schlummernden Kräfte mit dem Himmel verbinden, denn spiralförmig stiege der Klang auf. Seine Vibration könnte nun gebären, etwas materialisieren oder den Toten helfen, hinaufzusteigen - vorausgesetzt, dass man mit der Kraft und Bewegung der Mondmutter bei der Schöpfung vertraut ist.

Wäre es nicht schön, wenn wir auf diese Art z.B. natürlichen Strom erzeugen könnten? Wichtig für unser Alltagsbewusstsein ist hier jedoch zunächst einmal, dass kreisförmiger Tanz und Sich-um-sich-selbst-Drehen und Singen Energie erzeugen ...

Man tanzte panisch-ekstatisch, wenn der Mond verschwand, bis zur Erschöpfung und zum Zusammenbruch, zum eigenen Tod, damit der Mond wiederkam, und man feierte ihn ekstatisch-erotisch, wenn er voll leuchtend am Himmel stand.

Die meisten der alten astronomischen Labyrinth-Tanzplätze wurden von nachfolgenden patriarchalen Kulturen zerstört und ihre Orte sind heute von Kirchen oder Tempeln besetzt (in denen man nicht mehr tanzt, sondern sitzt und durch allerlei verziertes Gemäuer auch nicht mehr unmittelbar mit der Natur in Berührung kommt).

Transformation und Transzendenz

Das Ritual der Vorzeit war so angelegt, dass es durch die Gefahren des Zentrums der Spirale führte, so dass man transformiert auf der anderen Seite ankam. Am negativsten Punkt wendet sich der dunkle Mond und man gelangt an den Gegenpol der Ekstase und Erleuchtung. Das „stille Zentrum" ist nicht still, sondern ein Wirbelsturm durch den Tod - in dem man konzentriert und hingebungsvoll still ruhen kann, aber nicht muss.

An diesem Punkt kann die Mondreise zu Verrücktheit führen (wenn nämlich die Macht der Spirale das Bewusstsein zersplittert) - oder zur erleuchtenden Erfahrung der Unsterblichkeit. Am Zusammenschluss der Doppelspirale wirbelt Auflösung oder Zerstörung und Tod. Dahinter liegt das ruhige Zentrum und die Seligkeit der Vereinigung der Gegenpole. Man gelangt praktisch zunächst von der einen Seite auf die andere und dann durch die Gegenpole hindurch, indem man aktiv mit seinem Bewusstsein an diesem Prozess teilnimmt (ihn transzendiert). Vergessen oder Unachtsamkeit können der Macht des Zentrums nicht widerstehen und führen zur Zerstörung. Hierbei half das Ritual. Es war der Weg durch das Zentrum auf die andere Seite!

Aus dem im Nordwesten Indiens wachsenden „Mondbaum" (Soma) wurde eine „schwarze Frucht", das bewusstseinserweiternde Getränk Soma, gewonnen. Soma, ein narkotischer Wein, bewirkte, dass die Kontrollmechanismen des Egos ausgeschaltet wurden und man sein stilles Zentrum erreichen konnte. Das Trinken von Soma und der damit verbundene sexuelle Akt sorgten dafür, dass die Kundalinienergie aufstieg (Spirale), was noch durch ekstatischen Tanz unterstützt wurde. Nun konnte man das stille Zentrum des Universums erreichen.

Jedoch war die dunkle Seite des Mondes gleichzeitig gefährlich: War man nicht vorsichtig, führte das Soma zum spirituellen und psychischen Tod, zu Vergiftung, Verrücktheit und zum Verlust der Todesmysterien der schrecklichen Mutter - all dies war auch wahr!

Im inspirierenden und regenerierenden Topf der großen Mutter wurde beides gebraut: rituell vergossenes Blut des Todes *und* Soma, der Unsterblichkeitstrank. Alle alten Symbole tragen diese Doppelnatur in sich: der Mondbaum, der im Himmel und in der Erde wurzelt, die Doppelaxt, die Doppelspirale, das Mondrad (Swastika), das sich links und rechts herum dreht, die Mondhörner (abnehmend/zunehmend), das Tor oder die Schwelle, der Mutterleib und das Grabgewölbe, in die man eintritt und die man verlässt ... Sie sind jedoch nicht dualistisch, denn der *dritte Aspekt* der Mondgöttin tritt hinzu, um die jeweiligen Gegenpole in ihrem Zentrum zu verbinden: der Stamm des Mondbaumes, der Griff der Doppelaxt, die Nabe des Mondrades, das stille Zentrum der Spirale, die Kuh (das Tier, das die Hörner trägt), der Raum, der die Richtungen der Schwelle verbindet.

Leben wir nun in einem religiösen Weltbild, das einen der Pole idealisiert, während es den anderen ablehnt (wie z.B. das Christentum), können diese auch nicht als Einheit erfahren, transzendiert und überwunden werden. Glauben wir an einen immer guten Gott und fürchten die böse Hölle, so kann sich unser Bewusstsein nicht aus dem ewig währenden Kampf der Pole lösen, diese auch nicht überwinden oder transzendieren. Es bleibt dann gefangen in der dualistischen Ansicht von Gut oder Böse.

Die „verbotene" Frucht der Erkenntnis (das Soma) hilft die Pole zu überwinden, um Einssein mit dem Kosmos zu erreichen. Isst der Mensch diese Frucht, treten die patriarchalen Gesetze außer Kraft, denn ohne psychische Entfremdung brauchen wir auch nicht von einer fremden Macht (von etwas außerhalb unseres Selbst Liegendem) gerettet zu werden. Die Psyche rettet sich selbst, indem sie die ihr innewohnenden Gegensätze überwindet.

Schlange und Phallus

Die Schlange, die mit der Spirale eng verwandt ist, war Symbol des ewigen Lebens. In den Häutungen der Schlange erkannte man die Fähigkeit zur Wiedergeburt und Regeneration. Sie glitt in Höhlen, verschwand in Erdlöchern - in der Unterwelt, der Welt der Toten. Die Welt entstand aus einem Doppelei, in dessen Mitte sich der Samen (die Schlange/Spirale) befand. Spiralen und Schlangen waren die Grundelemente aller Ornamente bis etwa 5000 v.Chr.

Das Mysterium des Lebens lag zu dieser alten Zeit im Wasser, im Ozean, in tiefen Seen und Flüssen. Aus ihnen wurde geboren. Die mystische Verbindung jener alten Zeit war: Schlange, Spirale, Wasser, Gezeiten, Menstruation, Mond, die lebendigen Toten, Orakelkraft, Heilkraft, Zweigeschlechtlichkeit, magnetische Erdanziehung, die Gebärmutter, Sterne, Unsterblichkeit und sich selbst erneuerndes Leben - alles Ausdruck der Großen Mutter.

Erst später (als man die Rolle des Mannes bei der Fortpflanzung zu erahnen begann) wurde die Schlange zu einem phallischen Symbol und repräsentierte nun die männliche Sexualenergie. Zuvor wohnte sie in der Göttin selbst. Diese konnte aus sich selbst heraus gebären, Leben schenken und wieder nehmen. Erst ab ungefähr 6000 v. Chr. bekam die Große Mutter einen Geliebten oder Sohn. Jetzt wurden die männlichen Attribute von ihr abgespalten und in verschiedensten Phallussymbolen dargestellt. Auch phallische Götter entwickelten sich daraus und diese dienten zunächst ausschließlich der Göttin.

Mondgöttinnen und Mondsymbole

Drei bekannte Mondgöttinnen

Artemis...

...ist eine durch die Wälder streifende Mondgöttin und man nennt sie auch die Ferntreffende. Neben ihrer Funktion als Fruchtbarkeitsgöttin geht sie auf die Jagd und steckt voller Unruhe und Rastlosigkeit. Begleitet wird sie von einem Bären. Man sieht sie auch als vielbrüstige Artemis, deren gesamter Rumpf mit Brüsten bedeckt ist, um alle Wesen ernähren zu können. Ihre römische Entsprechung finden wir in Diana.

Astarte...

...ist eine der ältesten Formen der Großen Mutter des Mittleren Ostens im Bronzezeitalter. Sie gebar, erhielt und zerstörte Leben. Kein König durfte ohne ihre Einwilligung regieren, er wurde zum Priester der Astarte. Abbildungen zeigen sie, wie sie auf ihrem Geliebten reitet, ähnlich der indischen Kali (Liebe-und-Tod-Stellung). Astarte regierte die Seelen der Verstorbenen, die als Lichtwesen oder Sterne am Himmel erschienen, sie war somit auch die Königin der Sterne. Sie war die Mutter aller Seelen im Himmel - die Mondin, von ihren Kindern umgeben.

Quellen weisen darauf hin, dass sich aus ihr später die Jungfrau Maria entwickelt hat. In Syrien und Ägypten wurde der Sonnengott alljährlich am 25. Dezember durch die himmlische Jungfrau wieder geboren.

Aus Astarte entwickelte sich auch Eostre/Ostara, ihre nördliche, sächsische Form. Eostre wiederum ist mit Indiens Kali eng verwandt. Der Mondhase war ihr heilig und er legte das goldene Ei der Sonne (so wie Astarte). Ostern, ihr Fest, findet am ersten Sonntag nach dem ersten Vollmond nach der Tagundnachtgleiche statt. Eier waren ein Symbol der Wiedergeburt und des Lebens und wurden deshalb rot (in der Farbe des Lebensblutes) angemalt.

Tara...

...die Mutter aller Buddhas, ist die indische und tibetische Entsprechung der Großen Mutter oder auch Retterin und Befreierin. Sie ist die Göttin der spirituellen Transformation und regiert über die drei Bereiche von Tod, Leben und Geburt, über die Kräfte der Natur und der Tierwelt. Auch repräsentiert sie den weiblichen Weisheitsaspekt des Mondes und das Mitgefühl der Großen Mutter, die alle Buddhas begleitet. Sie ist gleichzeitig ein Boddhisattva und ein Buddha, ein völlig erleuchtetes Wesen, das sich jedoch nicht in der glückseligen Leere der Buddhaschaft auflöst, sondern sich für die Welt bis ans Ende aller Zeiten manifestiert. Es gibt unzählige Taras, doch die populärste Form ist die der grünen Tara, die von 21 Taras begleitet wird, unterschiedlichen Aspekten ihrer selbst. Tara gibt es in allen psychischen Aspekten, von zornig bis friedlich wirkt sie in sämtlichen Erlebnisbereichen, um bei der Befreiung zu helfen. Die 21 Aspekte mit der zentralen grünen Tara werden in Kurzform folgendermaßen beschrieben:

1. Tara, die schnell und furchtlos ist, strahlt mit rotem Licht in alle drei Welten und sitzt auf einem goldenen Lotusthron. Sie verhindert Katastrophen und sendet anderen ihre Kraft zurück. Sie hat einen Kopf und acht Arme.
2. Tara, weiß wie hundert Herbstvollmonde, wehrt erdgeborenes Leid ab und beruhigt infektiöse Krankheiten. Sie besitzt drei Gesichter entsprechend den drei Ebenen und zwölf Arme entsprechend den zwölf abhängigen Ursachen des Entstehens im Lebensrad.
3. Die goldene Tara der Perfektion verlängert das Leben, verkörpert vollkommenes Wissen und unterstützt Moral, Ausdauer, Geduld und Meditation. Sie hat einen Kopf und zehn Arme entsprechend den zehn Vollkommenheiten. Dieser Tara-Aspekt bekämpft Habsucht und Geiz sowie Abneigungen und zerstört falsche Sichtweisen.
4. Tara, die goldene Siegreiche, mit einem Gesicht und vier Armen (gegen die vier Leid verursachenden Leidenschaften) neutralisiert alle Gifte, verfügt über reines Mitgefühl und höchste Liebe und ist Mutter aller Wesen. Sie beseitigt Hindernisse auf dem Weg und im Wissen.
5. Tara, die gelbe Herrscherin über die drei Welten, hat ein Gesicht und zwei Arme. Sie unterwirft auch feindlich Gesinnte. Harmonisch füllt sie das in den Reichen der Form vorherrschende Verlangen und den Raum der formlosen Welten, diese dem Licht zuführend.
6. Tara, die rubinrot die Sünden besiegt, reinigt Verdunkelungen im Geist und Negativität, denn sie ist frei von Täuschungen über das Wesen des Seins.
7. Tara, die schwarze Streitende in goldener Kleidung, die Kämpferin, zerstört Hindernisse, die dem Glück im Wege stehen, hebt Flüche auf und hilft bei der Transformation zur Todesstunde. Sie hat ein Gesicht und vier Arme.
8. Tara, die höchste Kräfte verleiht, tötet die feindseligen Energien des eigenen Geistes, die Befreiung verhindern und Allwissenheit zerstören. Sie strahlt golden mit einem Gesicht und vier Armen.
9. Die grüne Tara, zentrale Göttin, die auch ihre Farbe wechselt.
10. Tara, die Wunscherfüllende, schützt Einweihungen und Einrichtungen. Von rubinroter Farbe, hat sie ein Gesicht und vier Arme.
11. Tara, die alle Sorgen auflöst, erfüllt die Sehnsucht nach Vertrauen und überzeugt Lernende. Sie ist korallenrot, mit einem Gesicht und vier Armen, und führt in das Mandala.
12. Tara, die Botin, zerstreut das Unglück und hilft, Freude zu vermehren. Sie ruft die zehn Wächter der zehn Richtungen an, um sie zu göttlichem Tun anzuhalten. Jeder, der von Unglück und Leid betroffen ist, wird von ihr glücklich gemacht. Sie ist in Dunkelheit gekleidet, mit einem Gesicht und zwei Armen.
13. Die Tara des glücklichen Lichtes unterstützt das Feueropfer. Von goldener Farbe mit einem Gesicht und acht Armen schmückt Buddha Amithaba (Feuerelement) ihr Haupt.
14. Tara, die Reifende, hilft Hindernisse zu überwinden. Sie steht inmitten eines kosmischen Feuers, rubinrotes Licht versprühend. Ein grimmiges Gesicht und vier Arme schmücken ihren Körper.
15. Tara, die zornvolle Botin, stampft mit den Füßen auf und zerstört dabei alle Hindernisse. Sie tanzt in schwarzer Farbe auf einem menschlichen Körper, besitzt drei zornige Gesichter (rot, schwarz, weiß) mit jeweils drei Augen und sechs Arme.

16. Tara, die Friedvolle, ist frei von Konzepten, hat alle Projektionen durchschnitten und Verunreinigungen überwunden. Sie strahlt weiß, hat ein Gesicht und sechs Arme. Hass und Gier werden von ihr besiegt.
17. Tara, die alle Anhaftungen zerstört, vermehrt und bereichert den Herzensgeist und hilft, das Ego zu überwinden. Korallenrot, besitzt sie drei Augen und zwei Arme.
18. Tara, die Selige, macht Gifte unwirksam und bannt Diebe. Ihr Körper strahlt in orangefarbigem Licht, mit zwei Armen und einem Kopf.
19. Tara, die Siegreiche, die den Mond in ihren Händen hält, wirkt gegen tierische Gifte und Aussatz. Von weißem Licht erfüllt, sitzt sie auf einer Gans mit feinen Flügeln, mit einem Gesicht und vier Armen.
20. Tara, die alles Leid abnimmt, befreit die Wesen aus dem (selbst geschaffenen) Gefängnis, zerstreut Konflikte und schlechte Träume. Sie lindert auch das Fieber (der verhafteten Wahrnehmung). Wie weißer Jasmin strahlend, wird sie von bunten, roten und weißen Lichtstrahlen geschmückt.
21. Tara, die Quelle allen Erlangens, vertreibt schlimme Fieber und hilft, unsichtbar zu werden. Sie ist orangefarben, mit einem Gesicht und zwei Armen.
22. Tara, die Vollkommene, unterstützt das Himmelswandern, zerstört tierische Gifte und bösartige Geister. Auf einem Bullen sitzend, in weißem Licht mit einem Kopf und drei Augen, erscheint sie sehr zornvoll, um die drei Geistesgifte Leidenschaft/Gier, Hass und Neid zu überwinden, vor allem den Hass.

Die Anrufung der 21 Taras lautet so (übersetzt von Harald Lebherz):

1. Ich werfe mich demütig vor Tara nieder,
   dir, die schnell und furchtlos ist, deren Augen wie Blitze funkeln,
   geboren aus einem Lotus,
   in einem Ozean der Tränen Avalokiteshvaras,
   dem Herrn der drei Welten.

2. Ich werfe mich demütig nieder vor dir,
   deren Antlitz aus 100
   Herbstvollmonden gewirkt ist
   und mit dem blendenden Licht
   von tausend Sternbildern leuchtet.

3. Ich werfe mich demütig nieder vor dir,
   deren Hände mit Lotusblumen geschmückt sind.
   Goldene blaue Tara, Verkörperung der Vollkommenheiten:
   Großzügigkeit, freudiges Bemühen, besänftigende Disziplin, Geduld,
   Meditation und letzendliche Weisheit.

4. Ich werfe mich demütig nieder vor dir,
   die Häupter aller Buddhas krönend, deren Aktivität grenzenlos siegreich ist.
   Selbst die Boddhisattvas,
   die jede Vollkommenheit erreicht haben,
   vertrauen auf dich.

5. Ich werfe mich demütig nieder vor dir,
dir, die Tuttare und Hung von sich gibt,
die sieben Welten von Verlangen, Form und Raum
unter deinen Füßen zu Staub zerstampfend,
und die du Macht hast, alle Kräfte anzurufen.

6. Ich werfe mich demütig nieder vor dir,
dir, die Opfergaben von Indra, Brahma, Vayu
und allen anderen großen Gottheiten erhält.
Geister, Zombies, Geruchsfresser und Yakshas
singen vor dir ihr Loblied.

7. Ich werfe mich demütig nieder vor dir,
dir, die Trä(d) und Phä(t) von sich gibt,
alle äußeren Bedrohungen zerschmetternd.
Dein rechtes Bein ist angezogen, dein linkes ausgestreckt.
So leuchtest du inmitten von lodernden Flammen.

8. Ich werfe mich demütig vor Ture nieder,
dir, die die großen Ängste, die mächtigsten Dämonen besiegt.
Mit einer zornvollen Verzerrung
deines Lotusantlitzes
tötest du alle Feinde ohne Ausnahme.

9. Ich werfe mich demütig nieder vor dir,
dir, die auserlesen geschmückt ist
durch die Handmudra der drei Juwelen vor deinem Herzen.
Dein herrliches Rad erfüllt alle Gegenden
mit einer überwältigenden Lichtexplosion.

10. Ich werfe mich demütig nieder vor dir,
dir, die vor Freude strahlt.
Deine strahlende Krone ist die Quelle eines Kranzes von Licht.
Lächelnd und lachend gibst du Tuttare von dir
und überwältigst Dämonen und Götter der Welt.

11. Ich werfe mich demütig nieder vor dir,
dir, die mit Macht all die Armeen der örtlichen Beschützer anruft.
Mit einem grimmig gefalteten Antlitz
und einem vibrierenden Hung
bringst du Freiheit von jeder Armut.

12. Ich werfe mich demütig nieder vor dir,
dir, die gekrönt ist von einem zunehmenden Mond.
Dein Kopfschmuck leuchtet blendend.

Von deinem Haarknoten aus strahlt Buddha Amithaba
beständig Ströme von Licht.

13. Ich werfe mich demütig nieder vor dir,
dir, die in einem Flammenkreis verweilt,
der wie das Feuer am Ende der Zeit ist.
Dein rechter Fuß ist ausgestreckt und dein linker angezogen,
die Freude deiner Anhänger und die Geisel deiner Feinde.

14. Ich werfe mich demütig nieder vor dir,
dir, deren Füße stampfen und deren Handflächen auf die Erde pressen.
Mit einem flüchtigen zornvollen Blick
und dem Ton Hung
unterwirfst du alle in den sieben Dimensionen.

15. Ich werfe mich demütig nieder
vor der selig machenden, friedvollen Einen.
Dir, die aus der Klarheit von Nirvana aus handelt,
mit den reinen Tönen Soha und auch Om
vernichtest du auch die größten Übel.

16. Ich werfe mich demütig nieder vor dir,
dir, deren Anhänger voller Freude sind,
die die Formen der Feinde völlig zerstört.
Das Wissenswort Hung und das 10silbige Mantra,
das in deinem Herzenskreis angeordnet ist, schenkt die Befreiung.

17. Ich werfe mich demütig nieder vor Ture,
dir, die mit den Füßen stampft, deren Wesen die Keimsilbe Hung ist.
Die Berge Meru, Mandhara und Vindhya
und alle drei Welten
bringst du zum Erzittern und Erbeben.

18. Ich werfe mich demütig nieder vor dir,
dir, die in ihren Händen einen Mond hält, der einem himmlischen See gleicht.
Durch das zweimalige Sprechen
von Ture und auch dem Ton Phä(t)
vertreibst du die Gifte völlig und für immer.

19. Ich werfe mich demütig nieder vor dir,
dir, auf die Könige der Götter
und alle Geisteswesen vertrauen.
Deine Rüstung strahlt Freude zu allen aus.
Du besänftigst Auseinandersetzungen und Alpträume gleichermaßen.

20. Ich werfe mich demütig nieder vor dir,
dir, deren zwei Augen wie Sonne und Mond leuchten.
Indem du Hara zweimal und auch Tuttare sprichst,
beruhigst und bezwingst du
die schrecklichsten Krankheiten.

21. Ich werfe mich demütig nieder vor dir,
dir, deren drei Naturen vollkommen von klarer heiterer Kraft sind,
fähig, alle Dämonen, Zombies und Yakshas auszumerzen.
Oh Ture,
Erhabene der Höchsten.

Im Buddhismus wird Tara als Mutter aller Wesen noch heute verehrt. Es gibt eine Unzahl von Meditationsanleitungen, Gebeten und Pujas, die sie lobpreisen und ihren Anhängern dabei helfen, den Archetyp der Großen Mutter in sich zu entwickeln und sich mit ihm identifizieren zu lernen. Tara ist ein existierendes Lichtwesen, dessen Rituale sich erhalten haben, und gleichzeitig ein allen lebenden Wesen innewohnender Weisheitsaspekt, den es zu entwickeln gilt. Angeblich hat die historische Tara zur Zeit ihrer Erleuchtung geschworen, nie den Körper eines Mannes anzunehmen, sondern immer als Frau zu erscheinen, sie scheint damit die unsterbliche weibliche Energie zu verkörpern. Im Unterschied zu vielen anderen buddhistischen weiblichen Boddhisattvas, die oft einem männlichen Konsorten „angetraut" sind, erscheint Tara unabhängig und alleine. Sie kann freiwillige Bindungen zu anderen tantrischen Gottheiten eingehen, muss aber nicht, und zeigt dadurch, dass sie ihre weibliche und männliche Seite vollkommen in sich ausgebildet hat. Weisheit und Methode sind in ihr vereint und sie kann frei über die verschiedensten Methoden verfügen, die zur Verwirklichung führen. (In tantrischen Abbildungen verkörpert häufig der männliche Aspekt die Methode und der weibliche die Weisheit, die in Vereinigung zur Erleuchtung, d.h. vollkommenen Bewusstheit führen).

Nach Erich Neumann ist Tara die entwickeltste, höchste existierende Form aller Mondmütter und ihre Verehrung ist daher überaus glückbringend.

Requisiten, Symbole und Sprache der Mondgöttin

Zahlreiche Symbole gehen auf die Mondmythologie zurück, auch wenn ihre Bedeutung heute größtenteils vergessen ist oder verzerrt und verändert wurde. Hier folgt eine kleine Auswahl.

Mondhörner

Als sich der Ackerbau und die Domestizierung von Haustieren entwickelten, bekamen die Hörner eine besondere Bedeutung. Denn alles, was in der Natur einer Mondsichel glich, gehörte der dreifältigen Göttin. So auch die Hörner von Ziegen, Bullen, Ochsen, Kühen, Rentieren, Rehen, Hirschen und Elchen. Sie waren heilig und schmückten Krieger(innen),

Priester(innen) und Führer(innen) der späten Jungsteinzeit. Abbildungen von Frauen, die Hörner tragen, finden wir schon in der frühen Altsteinzeit. Der gehörnte Steinaltar stand für Wachstum und Fruchtbarkeit des neuen, zunehmenden Mondes und für das Sterben des abnehmenden Mondes. Als ritueller Ort löste er die megalithischen Grabgewölbe ab. Jetzt wurden vor den gehörnten Steinaltären Zeremonien abgehalten, die dem Land Fruchtbarkeit gewährleisten sollten. Symbole dieser Zeit (Neolithikum, Jungsteinzeit) sind: heilige Säulen, Hörner, kosmische Schlange und Ei, Labyrinthe, der Baum, Schwalben, Swastika, Doppelaxt, Biene, Schmetterling, Raupe.

Aus den Hörnern der Mondmutter entwickelte sich später der Gott Pan und dann der Teufel, wie wir ihn heute kennen. Auch mit gehörnten Ehemännern sind wir vertraut.

Swastika

Auch Hakenkreuz genannt; repräsentierte das Mondrad. Ähnlich der Doppelspirale trägt es beide Bewegungen des Kosmos in sich: rechts herum baut es auf, kreiert und erhält, links herum verhindert es, zerstört und verändert. Aus ihm entwickelte sich das Kreuz, das ursprünglich die vier Himmelsrichtungen anzeigte. Bei der Swastika sind die Flügel des Kreuzes in Bewegung versetzt, Erde und Mond drehen ihre Räder aufgrund der Veränderung. Swastika bedeutet in Sanskrit: So sei es.

Doppelaxt

Die Mondgöttin war auch als Schmetterling bekannt, der aus dem verpuppten Stadium der Totenwelt schlüpfte und damit das neue Leben nach dem Tod beschrieb. Aus dem Schmetterling entwickelte sich die Doppelaxt, deren zwei Seiten den zunehmenden und abnehmenden Mond repräsentierten. Die Doppelaxt war wichtiges Werkzeug bei den alltäglichen Arbeiten und auch die Kriegsaxt der Amazonen. Als spirituelles Werkzeug durfte sie allein von Priesterinnen benutzt werden, um den Baum der Göttin (Weltenbaum) zu fällen.

Mondmusik

Die ersten Musikinstrumente, die die Tänzerinnen begleiteten, waren Trommeln, Tamburine und Doppelflöten. Sie wurden von den Musikerinnen gespielt, bis - wahrscheinlich in Ägypten - die ersten Saiteninstrumente erfunden wurden. Auf siebensaitigen Instrumenten (Leiern) ertönte der Klang des Kosmos und der sieben bekannten Planeten. Jede Saite war nach einem Planeten benannt. Wenn die Priesterin auf der Leier spielte, ließ sie die himmlischen Sphären erklingen, und wenn sie gar eine Harfe bediente, erklang der ganze Kosmos. Eine Oktave hat aus dem gleichen Grund auch nur sieben verschiedene Töne - hätte man damals alle zwölf Planeten gekannt, gäbe es zwölf. Den Priesterinnen war es vorbehalten, auf diesen kostbaren Instrumenten zu spielen.

Mondschrift

Die ersten bienenkorbartigen oder gewölbten Öfen waren von Frauen erfunden worden und symbolisierten den Bauch der Großen Göttin. Sie durften nur von Frauen benutzt werden. In ihnen wurde auch der erste Ton gebrannt (Funde aus der Zeit von 7000 v. Chr.). Die

Tonarbeiten und Töpfe wurden von den Frauen mit mystischen Symbolen dekoriert, wobei man (nach Marija Gimbutas, Archäologin) zwei Hauptkategorien der Ideogramme unterscheiden kann: Symbole, die in Bezug zu Wasser, Regen und der Schlangen-Vogel-Göttin stehen (Vs, Zickzacklinien, Schlangenlinien und Spiralen), sowie Zeichen, die zum Mond gehören und das Werden, den aktiven Prozess der Schöpfung beschreiben, den pflanzlichen Lebenskreis, die Rotation der Jahreszeiten, Geburt und Wachstum, die endlose Fortsetzung des Lebens. Diese Mondzeichen waren: das Kreuz, das in einen Kreis eingeschlossene Kreuz (= die vier Viertel der Welt, die vom Jahr umrahmt werden; das Jahr ist dabei eine Reise, die die vier Hauptrichtungen des Kosmos umarmt), die Mondsichel, Hörner, die Raupe, das Ei und der Fisch.

All diese Symbole beschreiben das Kontinuum des Lebens, die Mondsymbole beziehen sich entweder auf den zu- oder abnehmenden Mond.

Auch fand man linear angeordnete Symbole, die sich auf 5000 v. Chr. zurückdatieren lassen - die erste zusammenhängende Mondliteratur. Danach entstanden Tontafeln, auf die geschrieben wurde. Auch die Inkas schrieben auf ihre Tontöpfe und Urnen, ihre geometrischen Muster berichten von historischen Begebenheiten, Mythen und Poesie.

Mondsprache

Während die Männer einsame, ruhige Tage und Nächte der Jagd verbrachten, arbeiteten die Frauen im sozialen Netz der Gruppe, sprachen und sangen. Wahrscheinlich fand die erste Kommunikation zwischen Mutter und Kind statt, dann zwischen Mutter und anderer Mutter. Viele der ersten Symbole gründen auf der Traumkörpersprache des weiblichen Rituals. Diese Sprache ist die älteste Form des Denkens und liegt in der rechten Hälfte des Gehirns begründet (die wiederum die linke Körperhälfte beeinflusst). Aus diesem symbolhaften, instinktgebundenen Denken haben sich die ersten Errungenschaften der „Zivilisation“ entwickelt - wurden das Feuer entdeckt und genutzt, die ersten Werkzeuge hergestellt, die ersten Töpfe gebrannt, Webarbeiten geschaffen, Häuser gebaut, Medizin gefunden und Glaube formuliert (und vieles mehr). Das logisch-abstrakte Wissen entwickelte sich erst später.

Die Mondsprache formuliert das innere Bild, die Imaginationskräfte der Seele, den Traum, aus denen wiederum Erinnerungen, das mystische Ritual und die Poesie erwachsen, und ist das essenzielle weiblich-kosmische Element des Denkens, das uns an den Ursprung rückbindet.

Poetisches Denken ist nicht-dualistisch. Poesie ist in der Lage, Widersprüche, Paradoxien und Doppelsinniges auszudrücken. Subjektives und Objektives können zur kosmischen Einheitserfahrung verschmelzen. Mondsprache wirkt aus dem Unsichtbaren.

Logisches Denken hingegen ist in der Lage, gigantische politische Reiche zu schaffen, Details zu beschreiben, die einen linearen, mechanischen Ablauf ermöglichen, und im sichtbaren Bereich zu wirken. Es orientiert sich am kausalen Zusammenhang und manipuliert.

Dem primären Monddenken „primitiver“ Völker fehlt die abstrakte, logische Ignoranz der Zivilisation. Praktisches Leben und heiliges Wissen sind nicht voneinander getrennt, die individuelle Seele empfindet sich nicht vom Mutterleib ihrer Herkunft abgespalten. Ein primitiver Mondmensch weiß, woher er kommt und wohin er zurückkehrt, und verhält sich entsprechend, während ein zivilisierter Sonnenmensch sich selbst als Zentrum der Schöpfung begreift und zeit seines Lebens damit beschäftigt ist, den Sinn zu finden, der ihn zum

Dasein berechtigt. Er versucht noch heute, Gott und das Universum wissenschaftlich zu berechnen, und hat sich nicht besonders weit von dem Glauben des Neandertalers entfernt, der annahm, sich durch besondere Kalkulationen das Geheimnis der Geburt aneignen zu können. Logik ist ab einem bestimmten Punkt unmenschlich, ja sogar lebensfeindlich, denn sie kennt keine Moral, die im Mysterium der Schöpfung wurzelt. Ein Mensch, der seinen Ursprung vergisst, hat keine Skrupel und lebt, als sei er der einzige auf der Welt und berechtigt, zu tun und zu lassen, was er will, ohne dass sein Handeln Konsequenzen hätte. Er ist an Macht und Expansion interessiert und bewegt sich geradlinig vorwärts - scheinbar einen Sinn erfüllend, jedoch auf einem Irrweg. Er lebt in einer selbst geschaffenen Illusion, die sich irgendwann wieder zerstört, da sie nicht im wirklichen, zyklischen Verständnis des Lebens wurzelt.

Die dreigestaltige Mondgöttin und ihr Mythos

Ich erscheine
so, wie du mich rufst,
so, wie du mich verstehst,
bin das Resultat deiner Handlung,
bin das Bild deines Wunsches.
Ich bin die Zeit,
die alle Wunden heilt,
ich warte,
bis das letzte Gesicht sich mir zuwendet.
Ich habe keine Sprache
und doch kannst du mich verstehen,
ich habe kein Gesicht,
und doch kannst du mich sehen.
Du kannst mich nicht treffen,
ich aber dich.
Ich wohne dazwischen,
bin heimatlos und doch zu Hause,
keine Bewegung ohne mich,
wohl aber mich ohne Bewegung.
Kein Laut ohne mich,
wohl aber mich ohne Laut.
Keine Tat ohne mich,
wohl aber mich ohne Tat.
Kein Wesen ohne mich,
wohl aber mich ohne Wesen...

- U.J. -

Mondgöttinnen erscheinen in allen Kulturräumen mit den dort jeweils verständlichen Attributen und Eigenschaften. Die zugrunde liegende Energie und der sie umgebende Mythos jedoch ist allen gemeinsam.

Die Große Mutter als chtonische Erdmutter besitzt bis zur Jungsteinzeit, im frühen Matriarchat, bisexuellen Charakter, trägt also männliche und weibliche Attribute in sich und kann aus sich selbst heraus gebären. Ihr göttliches Kind, das Jahr, materialisiert sich zuerst als Bär, von einer Bärin geboren, als Schlangenkind oder Vogel, von einem Schlangenvogel geboren. Es kam aus der Teilung von Himmel und Wasser hervor, aus diesem Doppelaspekt der großen Mutter. Unter dem Einfluss der patriarchalischen indoeuropäischen Entwicklung (ab 4000 v. Chr.) verliert sie allmählich ihren himmlischen Aspekt und wird zur „Mutter Erde“ im Gegensatz zu „Vater Himmel“.

Die Dreigestalt der Göttin

Die Große Mutter des entwickelten Matriarchats hat unzählige Gesichter. Sie begegnet uns immer in einer Dreigestalt: als junges Mädchen, Geliebte/Mutter und alte Frau. Ihre Farben sind weiß, rot und schwarz. Während der Aspekt des weißen jungen Mädchens Unschuld, Reinheit, das frisch Initiierte verkörpert, ist die rote Geliebte als erwachsene Frau ein Bild der reifen Erotik, der ernährenden Mutter, der verantwortlichen weiblichen Lebenskraft, und die schwarze alte Weise belehrt uns über Tod und Vergehen, das Wirken der Unterwelt, jenseits des Lebens. In dieser Dreifaltigkeit trägt die Große Mutter Geburt, Leben und Tod in sich, so auch Neuwerdung, Erhaltung und Zerstörung. Je nach Kultur und Aspekt wird die Große Mutter von den verschiedensten Tieren begleitet, Sinnbildern der ihr zu Gebote stehenden Kräfte. Unter anderem zählen Schlangen, Frösche, Kühe, Schafe und Hunde zu den animalischen Kräften des Mondes.

- *Der Mädchenaspekt* der Mondgöttin entspricht dem aufgehenden Sichelmond. Hier finden wir die Jägerin oder die Kämpfende, in weiße oder silbrige Gewänder gekleidet, von Löwen, Panthern, Katzen, Hirschen, Falken und anderen kämpferischen Tieren begleitet. Sie regiert über den Himmel, ist dem Frühling zugeordnet, und Gegenstände der Jagd wie Pfeil und Bogen gehören zu ihr. Sie ist auch die Jungverliebte, Unschuldige und Reine, die erst im Begriff ist, ihre Kraft zu entdecken. Ihr Reich ist der Himmel.
- *Als reife Frau* entspricht die Mondgöttin dem Vollmond. Sie ist nun die Liebende, Fruchtbarkeit spendende Ernährerin und Mutter, auch die faszinierende, erotische Frau, die über den Sommer regiert und deren Gebiet die Erde und das Meer sind. Ihre Farbe ist rot, das Leben selbst verkörpernd. Sie besitzt magische Zaubergürtel, Ringe, den Liebesapfel, das Weltenei und wird von Kühen, Ziegen, Schafen und ähnlichen Tieren begleitet, auch von Bienen und Tauben. Zu ihr gehören die Liebes- und Fruchtbarkeitssymbole.
- *Als weise Alte* herrscht die Mondgöttin über die Unterwelten und das Jenseits. Tod und Wiederauferstehung sind ihr Thema; sie kennt die Magie, die Orakelkunst und das Geheimnis des Todes. Sie ist dem Neumond zugeordnet. Ihre Farbe ist schwarz und sie herrscht über Herbst und Winter. Ihr Gebiet ist die unterirdische und untermeerische Welt, das Jenseits. Sie wird von Schlangen, Eulen, Raben, Krähen, Hunden, Wölfen und Pferden begleitet. Sie hält die Schicksalsfäden, die Spindel oder die Waagschalen und auch den Todesapfel.

Der Jahreszyklus der Mondgöttin

Die matriarchalische Mythologie mit ihren stellvertretenden Mondgöttinnen ist ganz klar und immer gleich gegliedert: Die dreifältige Mondgöttin durchreist das Jahr und hat dabei bestimmte Erlebnisse. Der Jahreszyklus hat verschiedene Phasen von Wachstum, Tod und

Wiederkehr. Um die zyklische Entwicklung zu verdeutlichen, gab es eine Priesterin und einen Helden, die durch jahreszeitlich festgelegte Rituale miteinander verbunden waren.

- *Der Zyklus der Priesterin*: Aus einem zunächst zarten Mädchen wird ein kämpferisches und dieses wird zu einer erotischen Frau. Diese vermählt sich mit ihrem männlichen Anteil und aus dieser Vereinigung entsteht fruchtbares Leben. Dann kastriert sie als dunkle Mutter ihren Gemahl und dieser verschwindet in der Unterwelt, um nun ihrem schwarzen Aspekt gegenüberzustehen. Durch seinen Tod hindurch gelangt er auf die andere Seite und ist so ebenfalls Eingeweihter. Er wird von seiner weisen Mutter neu geboren und auch sie verjüngt sich wieder zum Mädchen. Gemeinsam wieder vereint, befruchten sie ein neues Jahr und schenken ihm frisches Leben.
- *Der Zyklus des Helden*: Bei der Initiation im Frühling hatte der Held bestimmte Aufgaben zu bestehen, um heiratsfähig zu werden: Er musste sich im Wettkampf mit der Göttin messen, magische Dinge finden oder Weisheit bezeugen. Zur heiligen Hochzeit im Sommer verband er sich mit der Frauengöttin und vielerlei Fruchtbarkeitssymbole unterstützten diese Begegnung. Im Herbst wurde der Held geopfert, d.h. er fand seinen Tod durch die dritte Erscheinung der Göttin. Dann wurde er von der Mädchengestalt der Göttin wieder zum Leben erweckt und ein neuer Kreislauf vollzog sich.

Was können wir aus diesem alten, immer wiederkehrenden mythologischen Ablauf lernen? Wir brauchen alle Aspekte, um uns ganz zu fühlen. Unseren Mädchenaspekt, unseren Frauenaspekt, den Mutteraspekt, den der grausamen Frau, die ihren Geliebten seiner Fruchtbarkeit beraubt, den der weisen, schwarzen Alten und den Tod, um wieder Mädchen werden zu können. Jede dieser Figuren mit ihrer besonderen Beziehungsfähigkeit ist wichtig, braucht Lebensraum und Bewusstheit.

Alle diese Aspekte der Mondin sind zu unterschiedlichen Phasen unseres Lebens aktiv. In keinem sollten wir zu lange verweilen und keinen dürfen wir vernachlässigen, da uns sonst dessen Schattenseite begegnet - die Unreife, die nie erwachsen wird, die böse Mutter, die ihre Kinder ablehnt, der es schwer fällt, zu sorgen und Geborgenheit zu geben, die sich weigert zu lieben, und die schwarzmagische Alte, die andere und das Leben hasst.

Das Mädchen

Welchen Alters wir auch sind, tragen wir doch diesen Aspekt immer in uns. Das Mädchen ist die ewig Lernende, die sich auf Neues einlässt, ihre Unerfahrenheit und Unschuld nutzt, um unvoreingenommen einen neuen Abschnitt zu beginnen. Das Mädchen lernt durch Eigenverantwortlichkeit und ihre Kraft nimmt mit der Größe der Aufgaben zu. Sie wird zur Jägerin, zur Kämpferin, die unabhängig in der Welt steht und nur sich selbst und ihrer himmlischen Eingebung treu sein muss. Sie ist die Abenteurerin, allein sich und ihrem spirituellen Aspekt verpflichtet, die sich weder an Gesetze noch an Traditionen hält. Intuitiv tut sie das Richtige, denn sie handelt aus ihrer inneren Freiheit heraus. Den Mädchenaspekt brauchen wir, wenn wir Wendepunkte im Leben passiert haben. Mit Hilfe dieser Kraft können wir uns voller Hoffnung in ein neues Projekt begeben und wissen, dass auf jedes Ende ein neuer Anfang folgt.

Liebesabenteuer tragen häufig den Charakter des Mädchenaspekts. Als freie, unabhängige Frau treffen wir unsere romantische Liebe, den jungen Helden des Mythos, um uns in himmlischer Liebe mit ihm zu vereinen. Keine Alltagssorgen oder Verpflichtungen trüben eine neue, unschuldige Beziehung. Daher ist sie zunächst frei und aufregend - häufig von rein erotischem Charakter. Denn das Mädchen ist bisher noch nicht initiiert, noch nicht eingeweiht in die Geheimnisse von Mutterschaft und Ehe und kann sich daher ganz unbefangen mit ihrem Geliebten in geistig-erotische Sphären zurückziehen. Häufig haben solche Mädchenbeziehungen auch eine spirituelle Dimension. Das Mädchen in uns braucht Aufmerksamkeit, Pflege und Raum, sich zu entfalten, denn es ist die Kraft der Erneuerung und Quelle der Inspiration. Wenn es abstirbt, unterdrückt wird oder einschläft, fühlen auch wir uns unseres Lebens müde, es geschieht nichts Neues mehr und der Alltag verdichtet sich zu einem undurchdringlichen Dschungel von Gewohnheiten und Pflichten. Meist fehlen uns dann Freude und Begeisterung und der Antrieb, etwas zu verändern.

Die Frau/Geliebte/Mutter

Wird das Mädchen zur Frau, ist es sich nun seiner Erotik und der damit verbundenen Verantwortung bewusst. Die Frau wählt sich ihren Mann, sie ist nicht mehr nur der instinktiven Anziehungskraft ausgesetzt, sondern vermag zu unterscheiden. Viele Aspekte wollen berücksichtigt werden, bis sie eine Heirat eingeht. Damit verbunden ist, dass sie ihr Prinzessinnendasein aufgibt (siehe Märchen ab Seite 57) und nun zu einer Königin wird, d.h. einen verantwortlichen Bereich erhält, in dem sie eigenständig und doch gemeinsam mit ihrem Gemahl regiert. Das Mädchen bekommt nun einen irdischen Aspekt. Seine Liebe beginnt Früchte zu tragen. Dies zeigt sich in der Lebendigkeit der Partnerschaft, im Haushalt und Arbeitsleben. Sie ist nun nicht mehr alleine, sondern sorgt für die Gemeinschaft. Die Frau wird zur Mutter und Ernährerin und hat jetzt regelmäßige, natürliche Aufgaben zu erfüllen. Sie umsorgt und liebt ihr Kind, ihr Haus und ihr Leben, alles auf einer ganz irdischen Ebene. Sie sorgt dafür, dass ihr Leben blüht und gedeiht. Sie ist jetzt das soziale Zentrum ihrer Kleinfamilie und ihre magischen Fähigkeiten beschäftigen sich mit Leben-Erhalten und Liebe-Schenken. Sie nährt ihr Kind und ihre Familie, so gut sie es vermag, und wird sich jetzt auch ihrer eigenen Mutter bewusst, deren Problemen sie sich eher verwandt fühlt. Sie begreift sich nun eher als Kontinuum, als Teil einer Geschichte, die schon lange vor ihr begann. Sie beschäftigt sich mit dem Heilen und Lehren, sie singt und tanzt.

Die Mutter, die ihren Gemahl kastriert

Einer Mutter wird bewusst, dass sie es ist, die das Leben gibt und erhält. Auf gewisse Weise „braucht“ sie nun den Mann nicht mehr (besonders in der Zeit nach der Geburt eines Kindes wirkt dieses Wissen unterbewusst). Sie fühlt sich jetzt weitaus weniger zu ihm hingezogen, denn sie hat ja schon Leben geschenkt und ist ganz damit beschäftigt, dieses nun zu erhalten. In seiner Unwissenheit stört er sie. So „schneidet sie ihm für eine Weile die Geschlechtsteile ab“ (seine männliche Sexualität ist jetzt unwichtig und nicht sehr gefragt), damit er die Möglichkeit hat, sich auf seine spirituelle Reise zu begeben. Für beide ist es in dieser Phase vorübergehend wichtig, alleine sein zu können, denn beide durchlaufen einen wichtigen Transformationsprozess und diesen Weg müssen sie alleine gehen: Beide verschwinden in der Unterwelt. Der Gemahl, indem er für eine Weile in seiner Bedeutsamkeit

„stirbt", die Mutter, indem sie sich verwandelt. Es braucht solche Phasen innerhalb einer Beziehung, in denen man sich vorübergehend trennt, um wieder zu sich selbst zu finden, sich verwandeln zu können. Es ist nicht nötig, die Beziehung deshalb ganz zu beenden, denn mit einem anderen Partner käme man früher oder später wieder an den gleichen Punkt. Wichtig ist eigentlich nur, dass wir akzeptieren, dass es eine solche Phase geben muss, damit die natürliche Entwicklung der Beziehung gewährleistet bleiben kann.

Die schwarze Göttin

Als schwarze Göttin ist die Mutter zunächst einmal im dunklen Nichts. Depressionen und Klagen begleiten diesen Zustand. Wie habe ich das, was ich liebte, selbst töten können? Da sie vergessen hat, warum sie es tat, trauert sie erst um den verlorenen Geliebten. Dann begibt auch sie sich in die Unterwelt. Für eine Frau bedeutet dies, sich mit ihrer eigenen Magie auseinander zu setzen, zu den Toten zu reisen, zu den Ahninnen, denn sie ist auch diesen verpflichtet. Im Jenseits findet sie ihre Perspektive wieder, den Schlüssel, der die Tür des Zwischenbereichs aufschließt. Hier ist sie wieder frei und sie kann sich entscheiden, ob sie bei den Toten bleibt oder zu den Lebenden zurückkehrt, ob sie ihren Gemahl ins Leben zurückholt oder nicht. Denn sie ist die Schöpferin der Wirklichkeit, ihrer eigenen Magie, ihres eigenen Lebenstraumes. Hier, an diesem dunklen Punkt, findet sie ihren Glauben, ihre Hoffnung, ihre Wünsche und gewinnt Einblick in die Zusammenhänge. Im Dunkeln liegt ihre wirkliche Kraft, aus der sie wieder Neues gebären kann. Wenn die Zeit der Einsamkeit, der Zurückgezogenheit, der tiefen Verinnerlichung abgeschlossen ist, kann sie wieder ins Leben zurückkehren. Sie ist jetzt wieder voller Lebenskraft, ein junges Mädchen, geboren aus der Dunkelheit der Tiefe, das um seinen Ursprung weiß. Erneut kann sie sich einlassen, ihre neu definierte Spiritualität ins Leben tragen und sich mit ihrem jetzt auch wissenden Geliebten verbinden, auf dass neues, transformiertes Leben entsteht, vielleicht wieder in Form des Mädchenaspekts, mit dem ein neuer Zyklus der Partnerschaft beginnen kann ...

Die patriarchale Verwandlung der Mondmythologien

Die Große Mutter hatte zur Zeit ihrer hauptsächlichen Verehrung immer eine Tochter, in deren Entwicklung sich der Verlauf des Jahreszyklus spiegelte. Die Große Mutter gebar eine Tochter, die sie einmal im Jahr opferte, um das Fortleben der Vegetation zu erhalten.

Bei den Maya waren Mutter und Tochter zwei Aspekte der Göttin, der regelmäßig Frauen geopfert wurden, damit das Korn gedeihen konnte. Ein Indianermythos erzählt, wie Iatik, die Kornmutter, sich selbst opfert und ihr Blut neues Korn gebärt (Mais war die Milch ihrer Brüste). Demeter/Ceres, die Korngöttin Griechenlands und der Römer, die den Menschen in die Geheimnisse der Landwirtschaft einweihte, wurde ursprünglich so wie das Korn zur Erntezeit mit einer Mondsichel „geerntet", was ihren Tod bedeutete. Sie war die weiß Wachsende, die rot Reifende und die schwarze Getreide Schwingende, die das Korn reinigte. In unterirdischen Kammern wurde ihr ausschließlich von Frauen gehuldigt. Die

Rituale waren geheim und auf die Vorgänge der Reifung und Ernte des Korns in der Natur abgestimmt. Thesmophoria war das Hauptfest und wurde im späten Oktober heutiger Zeitrechnung abgehalten. Die dabei abgehaltenen Rituale hatten die Fruchtbarkeit des Samenkorns und der Frau als Thema. Frauen saßen im Kreis, fasteten und beschäftigten sich mit den verborgenen Kräften der Erde, dem Leben nach dem Tod und der Wiedergeburt.

Mondgöttinnen und ihre Söhne

Im Zuge der historischen Entwicklung gebar die Mondmutter statt der Tochter nun einen Sohn/Geliebten oder Bruder, den sie einmal im Jahr sterben ließ, um ihn dann wieder neu zu gebären. Der Sohn repräsentiert jetzt die Vegetation und seine Mythen haben einen ähnlichen Verlauf wie die der Töchter. Die Große Mutter als heilige Kuh bekam als Sohn/Geliebten einen Bullen, der einmal im Jahr geschlachtet wurde. Er war auch der Minotaurus im keltischen Labyrinth.

Isis und Osiris (Ägypten, 3. Jahrtausend v. Chr.)

Isis wurde auch die Mutter des Universums genannt, sie herrschte über das Leben, Schwangerschaft und Geburt, das Pflanzenreich und bestimmte die Gezeiten. Gemeinsam mit ihrem Sohn/Gemahl Osiris beherrschte sie das Reich der Toten. Erst regierte sie mit ihrer dunklen Schwester Nephthys, später bekam sie einen Gatten, Osiris, den sie einmal im Jahr verschluckte und ihn dann zu neuem Leben erweckte. Er wurde in Stücke zerrissen und dann wieder von ihr zusammengesetzt, bis auf seinen verlorenen Penis. Diesen gestaltete sie jedes Jahr neu aus Ton und gab ihm und ihrem Sohn somit neues Leben. Dann vereinigte sie sich mit ihm und das Leben begann einen neuen Kreislauf. In späteren Versionen wird Osiris von einem dunklen Bruder-Aspekt seiner selbst getötet und findet alleine als Held aus der Unterwelt zurück.

Ischtar/Amis und Tammuz (Babylon 2. Jahrtausend v. Chr.)

Ischtar schenkte das Leben und nahm es wieder. Ihre Doppelnatur entsprach den zwei Phasen des Mondes. Des weiteren beherrschte sie das weibliche Sexualleben, denn sie war auch als Große Hure bekannt. Sie regierte die Erde und schenkte ihr Fruchtbarkeit und Leben. Als dann im 2. Jahrtausend ihr irdischer Sohn Tammuz (die personifizierte Vegetation) heranwächst, wird er ihr Geliebter, bis er bei der Sommersonnenwende von ihr zum Tode verurteilt wird und in die Unterwelt hinabsteigt. Ischtar nimmt die Form einer Bärin an und tötet ihn. Nach seinem Tod trauert Ischtar gemeinsam mit den anderen Frauen einen Monat (Ramadan) lang um ihn. Sie klagen, beschmieren sich mit Asche und schneiden sich die Haare ab. Dann macht sie sich selbst auf in die Unterwelt, um ihn zu befreien. Sie gelangt durch die sechs Tore der Unterwelt, wird ihrer Juwelen beraubt und verliert ihre magischen Kräfte. Zur gleichen Zeit herrschen auf der Erde Verzweiflung und Not. Menschen und Tiere können sich nicht fortpflanzen, alles Wachstum versiegt. Erst als Ischtar von ihrer Reise zurückkehrt, kann das Leben wieder weitergehen.

Kybele und Attis (Phrygien und Rom, um 800 v. Chr.)

Die Phrygier feierten im orgiastischen Kult die Große Mutter Kybele und ihren Geliebten Attis. 204 v. Chr. gelangte ihr Kult nach Rom. Dort wurden ihre Feste abgehalten, die ludis. Höhepunkt war das sog. Taurobolium, die Taufe im Blut eines heiligen Bullen, der ihren sterbenden Konsorten Attis repräsentierte. Kybeles Tempel stand bis zum 4. Jh. n. Chr. an der gleichen Stelle, an der sich heute die Basilika des Petersdoms befindet.

Attis wurde als Sohn der irdischen Inkarnation der Göttin, der Jungfrau Nana, geboren. Diese empfing ihn durch ein Wunder, indem sie eine Mandel aß. Er wuchs als Opfer und Retter heran, bis er getötet wurde, um die Menschheit zu erlösen. Sein Körper wurde von der Gemeinde in Form von Brot zu sich genommen und er konnte dann wieder auferstehen als „der höchste Gott, der das Universum zusammenhält". Das Dreikönigsfest begann mit den Worten: „Heil dem Bräutigam, heil dem neuen Licht!" So wie die anderen Priester wurde er zunächst kastriert, dann an einem Nadelbaum gekreuzigt, und sein heiliges Blut floss hinunter zu den Wurzeln des Baumes und versorgte so die Erde mit frischem Leben und erlöste sie.

Attis' Passion wurde am 25. März gefeiert, genau neun Monate vor dem Sonnwendfest seiner Geburt, dem 25. Dezember. Der Zeitpunkt seines Todes war somit gleichzeitig der Zeitpunkt, an dem er empfangen bzw. wieder empfangen wurde. Diese freudige Begebenheit wurde folgendermaßen gefeiert: Sein Phallusbaum wurde waagerecht in die heilige Höhle seiner göttlichen Mutter getragen.

Attis' Todestag wurde „schwarzer Freitag" genannt, der Tag des Blutes. Sein Bildnis wurde in den Tempel getragen und an den Baum gebunden, durch eine Eskorte von Schilfträgern, deren aufgerichtete Schilfzepter neue phallische Kraft und Fruchtbarkeit versprachen. Während dieser Zeremonie kastrierten sich die Initiierten und opferten ihre Geschlechtsteile in der heiligen Höhle der Göttin, gemeinsam mit den beschnittenen Geschlechtsteilen des Bullen vom Tauroboliumfest.

Der Gott war gestorben und begraben. Er reiste in die Unterwelt, um am dritten Tage wieder aufzuerstehen. Nun war er gerettet und damit die Menschheit erlöst. Dieser Tag, der Sonntag, war auch bekannt als Tag der Freude, Hilaria. Die Menschen tanzten in den Straßen, trugen Pferdewettspiele aus und gingen kurzfristige Liebesaffären ein. Der Gott war wieder erschienen als die Sonne eines neuen Jahreszyklus - der Tag wurde nun wieder länger als die Nacht.

Attis scheint damit deutlich der Vorläufer des heutigen Jesus zu sein, wobei die Feste von Geburt, Empfängnis, Tod und Wiederauferstehung exakt übereinstimmen.

Am 25. März empfing auch die Jungfrau Juno ihren Rettersohn Mars, indem sie eine ihrer magischen Lilien aß. Mars und dem mittelalterlichen Frankreich haben wir es zu verdanken, dass dieser Monat bis heute seinen Namen trägt.

Jungfrau Maria und Jesus (Christentum)

Auch dieses neuzeitlichere Mutter-Sohn-Paar gliedert sich in den alten Mythos der Mondgöttin ein. In der unbefleckten Empfängnis Marias findet man die Fähigkeit wieder, aus sich selbst heraus zu gebären, und ihr Sohn Jesus folgt ebenfalls den Gesetzen der Jahreszeiten. Er wird zur Wintersonnenwende als Sonnenkind geboren und stirbt an Ostern, um nach dreitägiger Reise in die Unterwelt wieder geboren zu werden.

Somit unterscheidet er sich nicht von anderen Söhnen der Mondmütter, die im Verlauf der Geschichte unter verschiedenen Namen und mit veränderten Gesichtern einen natürlichen Prozess beschreiben: Frühling, Sommer, Herbst und Winter und die damit verbundenen Geburts- und Sterbemysterien der großen Mutter.

Der Aufstieg der Götter

In der nächsten Stufe der menschlichen Entwicklung werden die alten Mondgöttinnen geheiratet, wobei ihre Gatten nun ihre ursprünglichen Fähigkeiten besitzen und sie nur noch die Ehefrauen sind.

Dann wird allmählich das Geschlecht der ursprünglichen Göttin geändert. Aus der Urmutter wird ein Urvater, der ihre Fähigkeit zu gebären imitiert. Dazu benutzt er die merkwürdigsten Körperteile: seinen Kopf, seine Rippe, seinen Oberschenkel ...

Der neue Gott behält die Dreifältigkeit der Mondgöttin bei und herrscht nun auch über Himmel, Erde und Unterwelt. Damit ihm dies gelingt, heiratet er gleich dreimal, jeden Aspekt der Göttin für sich. Aus der ursprünglich dreifältigen Göttin werden nun drei Einzelwesen, die auch nicht mehr vollständig ihre Fähigkeiten besitzen. Der Gottvater raubt ihr mächtigstes Symbol, die Doppelaxt der Mondgöttin, mit der sie kastrierte und tötete. Diese wird zu seinem Blitz. Auch alle anderen Kraftsymbole macht er sich zu eigen, bis er selbst zum Spender des Lebens, Besitzer der Macht und Lenker des Schicksals wird.

Später werden die geschwächten Ehefrauen zu Töchtern von Vatergöttern, sind also nun abhängig vom Wohlwollen und Erbgut ihrer Väter. Der alte Heros wiederum dient nun seinem Vater bis zum Heldentod. Manchmal ermordet er auch seine Mutter, um seine Aufgaben besser erfüllen zu können. Das neue Gesellschaftssystem predigt Feindschaft gegenüber der Mutter und Gehorsam gegenüber dem Vater.

Dann verschwinden auch die Töchter und Schwestern aus der neuen Mythologie und wir befinden uns ganz im monotheistischen Patriarchat der Großreligionen, in denen es nur noch einen Gott, einen Allah usw. gibt. Weibliche Wesen verfügen nun über keinerlei göttliche Kraft mehr (außer z.B. im Hinduismus und Buddhismus). Aus diesem absoluten Gottesbild haben sich dann sämtliche Philosophien und Geisteswissenschaften entwickelt, mit denen wir heute aufwachsen.

Die Söhne werden zu Helden, die sich selbst aus der Unterwelt befreien können, bekommen Brüder (die zu ihrer Schattenseite werden) und werden noch später selbst zu Göttern, Sonnengöttern, die die Große Mutter besiegen und töten (in Form einer Schlange, eines Drachens, eines Wales usw.). Auch einige christliche Heilige rühmen sich solcher Heldentaten. Nun befinden wir uns direkt in einem mutterfeindlichen Gesellschaftsbild, das seine Ursprünge vergessen hat und sogar versucht, diese zu vernichten!

Die Mythologie der Mondgöttin verliert zusehends an Kraft, bis sie als Jungfrau Maria ohne besondere weiblich-magische Fähigkeiten nur noch dazu da ist, Jesus das Leben zu schenken. Sie wird damit zur idealisierten Frau patriarchalischer Kultur, praktisch, rein und relativ kraftlos.

Die patriarchalisch geprägte Religion hat nun Spaß, Leidenschaft, Ekstase und alles, was an die Urmutter erinnern könnte, aus ihrem Konzept verbannt. St. Patrick, ein irischer Heiliger, vertrieb sogar leibhaftig alle Schlangen (die von je her Hüterinnen der Weisheit waren) von der irischen Insel. Zurück bleiben Kirchen, in denen ängstliche „Sünder" darauf hoffen, dass sie, wenn sie nur lange genug ausharren, in den Himmel kommen. Sie sitzen eher traurig klagend auf den Kirchenbänken, von Grabesmusik begleitet, und schämen sich, Menschen mit Gefühlen und „sündigen" Begierden zu sein. Priester kämpfen erfolglos gegen ihre sexuellen Wünsche an, im Namen eines Gottes, der erfunden wurde, um die weibliche Kraft und Lust zu besiegen. Alle leiden und keiner weiß, warum - alle vermissen die Freude, die alten Feiern und Bräuche, die auch durch die Instinktkräfte die Göttin verehrten.

Kein Wunder, dass es so viele psychische Erkrankungen und Psychotherapien gibt - denn wie soll die Seele sich schließlich heilen, wenn das, was der Zeitgeist als Heil oder Gott verkauft, schlichtweg falsch ist? Die Transzendierung des Egos, die Auflösung, das Einswerden mit dem Kosmos ist ein körperlich-seelisch-geistiger Akt. Wenn man eine dieser Ebenen auslässt, ist die Erfahrung nicht ganzheitlich.

Mondzeit und Kalender

Zur Zeit des Christentums kursierten zwei Kalender in Europa, der offizielle kirchliche, julianische Sonnenkalender und der inoffizielle, alte Mondkalender, der von der Landbevölkerung benutzt wurde.

Das Mondjahr bestand aus 13 Monaten, wobei ein Monat 28 Tage hatte und 7 Tage eine Woche bildeten. Die vier Wochen des Monats entsprachen Neumond, zunehmendem Mond, Vollmond und abnehmendem Mond bis hin zum nächsten Neumond. Ein Monat wurde auch geteilt in 14+14 Tage (zunehmender und abnehmender Mond).

13 x 28 Tage + 1 Tag ergaben ein Jahr. (Auch Märchen berichten von „einem Jahr und einem Tag", wenn sie den Ablauf eines Jahres benennen.) Die Tage dieser Kalenderrechnung begannen mit dem Mittag, so dass Mitternacht in der Mitte des Tages lag. Festlichkeiten alter Zeiten begannen in der Nacht, bei Mondschein.

Um die große Göttin, die Mondin, nicht zu stören, wenn sie von einem Stadium in das nächste überging, wurden Aktivitäten am siebten Tag jeder lunaren Phase verboten - selbst der biblische Gott ruhte am siebten Tag der Weltenschöpfung und brach nicht mit dieser Sitte.

Es scheint, dass der Mondkalender ursprünglich von Frauen angelegt wurde, die diesen ja als Menstruationszyklus in ihrem Körper tragen. Auch der Kalender der Maya beruhte auf dem Mond. Bei den Römern wurde die Berechnung der Zeit *mensuration* genannt, was „das Wissen um die Menses" bedeutet. Das gälische Wort für Menstruation und Zeit ist das gleiche: *miosach* und *miosachan*.

Wichtige Symbole des alten Matriarchats sind deshalb die Nacht, der Mond, die Dreizehn - im Unterschied zur patriarchalen Auffassung der Welt, die den Tag, die Sonne und die Zwölf wertschätzt.

Entwicklung des Mondkalenders

Bereits vor etwa 30000 Jahren hatten Frauen ein bestimmtes System entwickelt, um die Mondphasen zu beobachten. Sie benutzten Steine oder Knochen und versahen diese mit Kerben oder Ritzen verschiedener Form, Länge und Tiefe. Bei jeder neuen Mondphase änderten sie das Werkzeug, mit dem sie die Einkerbungen vornahmen. Jede Seite eines Knochens enthielt jeweils sechs Monate.

Anthropologen beschreiben Mondkalender, die von Frauen der Aborigines, sibirischer Stämme, Yurokindianer und Nordamerikaner geführt wurden. Australierinnen hatten eingekerbte Stöcke. Die Yurokfrauen warfen einen Monatsstock in einen zweiten Korb, bis sie 10 erreicht hatten. Auf diese Art konnten sie Geburten auf den Tag genau bestimmen. Am Ende der Altsteinzeit kannte man schon die Jahreszeiten, die Mondphasen und die jährlichen Wanderungen von Tieren, Vögeln und Fischen.

Diese ersten Kalender entwickelten sich zu großen Steingruppen, die auf eine bestimmte Art in der Landschaft angeordnet wurden, so dass nun jeder den Lauf des Mondes verfolgen konnte. Die ersten Steinkreise entstanden. Sie dienten zur Beobachtung und auch dazu, die besondere Kraft des Ortes und der jeweiligen Zeit (Mondphase) zu nutzen. Sie waren Zentren des auf die Jahreszeiten abgestimmten Rituals, lebendige Kalender, die befeiert und betanzt wurden. Die Tänze ahmten die Bewegungen der Sterne und des Mondes nach. Die Menschen der Frühgeschichte wussten auch, dass ein Kind nicht nur aus der Sexualität zwischen Mann und Frau erwächst, sondern auch ein Abkömmling der Vereinigung der Erdmutter mit dem Himmel und des astrologischen Einflusses zum Zeitpunkt seiner Geburt ist.

Mondastrologie

Astrologie und Astronomie waren ursprünglich nicht voneinander getrennt. Die Gestirne und Mondstellungen wurden beobachtet und darin gründete sich dann das (geheime) Wissen um die irdischen Zusammenhänge, die sich in der Natur beobachten ließen, aber auch deren Auswirkungen auf Geist und Körper.

Das Studium der Sterne wurde als „Grundstein aller intellektuellen Kultur" angesehen. Die Astronomie basierte zunächst auf der Bewegung der Mondgöttin, und Urania, die Muse der Astronomie, half bei den Beobachtungen. Den Tierkreis nannte man „die Häuser des Mondes". Priesterinnen beobachteten den Verlauf des Mondes, um die Jahreszeiten zu bestimmen und korrekte Anleitungen für Saat und Ernte zu geben. Sie zeichneten Kalender und berechneten Eklipsen. Ein archaischer Ausdruck für die Astronomie war *mathesis* = Mutterwissen. Astrologinnen/Astronominnen wurden auch *mathematici* genannt = studierte Mütter.

Ein „großes heiliges Jahr" war der Zeitraum zwischen zwei Übereinstimmung von Sonnen- und Mondzyklus, der insgesamt 56 Jahre beträgt. Diese 56 Jahre setzen sich zusammen aus 18+19+19 Jahren (18 ist die Zahl des Mondes, 19 die Zahl der Sonne). Es dauert also jeweils 56 Jahre, bis Sonne und Mond wieder vereint sind.

Das mythische Jahr

Die Mondzeit ist spiralförmig. Die kleinste Einheit erstreckt sich von Vollmond zu Vollmond und an diesen Kreislauf reiht sich der nächste, bis ein Sonnenkreislauf geschlossen ist und in den nächsten übergeht.

Ein mythisches Jahr dauerte 9 Monate, von der Frühlingstagundnachtgleiche bis zum ersten Vollmond nach der Wintersonnenwende. Die drei Monate dazwischen, Januar, Februar und März, zählten nicht, denn sie dienten der stillen Vorbereitung auf die Wiedergeburt des Frühlings. Das mythische Jahr war in drei dreimonatige Phasen (auch die Schwangerschaft dauert neun Monate) gegliedert: Frühling, Sommer und Herbst (die drei Gesichter der Mondgöttin), mit seinen rituellen festlichen Höhepunkten von Frühlingstagundnachtgleiche bis Vollmond danach (Initiationsspiele, die Vegetation kehrt wieder), Sommersonnenwende bis Vollmond danach (heilige Hochzeit/die Blütezeit), Herbsttagundnachtgleiche bis Vollmond danach (Opferfest für Heros/Sohn/Geliebten, Erntezeit), Wintersonnenwende bis zum Vollmond danach (Fest der Wiedergeburt des Lichtes oder Sonnensohnes, Vegetation ruht).

Die Hauptfeiertage im rituellen Kalender lagen an den Tagundnachtgleichen und den Sonnenwenden. Jedem Fest gingen Mondfeuer voraus, Freudenfeuer, die den Beginn des Festes einleiteten und gleichzeitig der magischen Reinigung dienten.

Das Jahr der Mondgöttin mit seinen Festen

1. Feste für die Göttin in ihrem weißen Mädchenaspekt

Fastnacht

Um den 2. Februar (je nach entsprechendem Vollmondtermin) erwachte die Göttin aus ihrem Wintertod und mit nächtlichem Kerzenzügen half man ihr bei der Wiedergeburt (Lichtmess; St. Brigid's Day in Irland). Man feierte das langsam wiederkehrende Licht. Mädchen wurden initiiert, in die Geheimnisse des Pflanzens, der Sexualität und der Geburt eingeweiht. Diese Zeit ist der einen Kerzenkranz auf dem Kopf tragenden Lichtgöttin Lucia geweiht oder der irischen Feuergöttin Brigid, die den Kessel des inspirierenden Feuers hütet. Brigid ist auch die Schutzgöttin der Dichter und Sänger. Das Brigids-Kreuz wird noch heute in Irland geflochten und am St. Brigid's Day an Freunde verschenkt. Es ähnelt dem Hakenkreuz, der Swastika, dem Mondrad.

Fastnacht findet am Vollmond nach dem 2. Februar statt und die „Narren" vertreiben das alte Jahr, um Platz für Neues zu schaffen - denn dem Neuen gehen immer Chaos, Ver-rücktsein, Umkehrung aller Regeln und chaotische Auflösung voraus.

Bei den Römern wurde Juno Februata, die Schutzgöttin der Liebesleidenschaft, durch orgiastische Riten im Februar gefeiert. Am Valentinstag zogen römische Männer Zettelchen mit Frauennamen und führten dann erotische Spiele aus. Später vereinigten sich Männer und Frauen sexuell vor einem Zeugen.

Ostern

Ostern ist am ersten Sonntag nach dem ersten Vollmond nach der Tag- und Nachtgleiche im Frühjahr. Rituell wurde der neu geborene, wiederauferstandene Sonnensohn durch die Göttin Ostara in ihrem Mädchenaspekt initiiert. Bei Wettspielen oder der heiligen Jagd fing sie ihn ein und besiegte ihn. Sie überreichte ihm dann den goldenen Apfel der Jugend. Noch heute werden mancherorts in der Nacht vor Ostern Osterfeuer entzündet. In Österreich verbrennt man in ihnen das alte Gerümpel des Winters. Im März empfing die Göttin durch das Essen magischer Speisen auch ihren neuen Sohn, die Sonne, die im Winter geboren wird. Gleichzeitig starb der Sohn des Vorjahres, verweilte drei Tage in der Unterwelt und wurde dann als Frühlingssonne wiedergeboren. Die ersten Ostereier waren in der Farbe des Blutes und des Lebens rot bemalt, mit goldenen Zeichen darauf als mystische Fruchtbarkeitssymbole.

Marici: Göttin der Geburt, des Sonnenaufgangs und des neuen Jahres. Im März ist die jungfräuliche Empfängnis der verschiedenen Sonnengötter, Feier der Wiederauferstehung der Sonne (siehe Attis).

Hilaria (engl.: hilarious = ausgelassen), der erste April, feiert diese Begebenheit als Fest der Freude, der „Hoch-Zeit“, denn die Göttin hat empfangen.

Walpurgisnacht

Zum 1. Mai wählte sich die Maikönigin mit einem Kuss ihren gehörnten, grün gekleideten Gefährten aus. Der Ort, ein Tanzplatz ihrer Wahl, wurde mit erotischen Symbolen geschmückt. Auch heute tanzen wir noch gerne in den Mai. In Norddeutschland tanzen die Junggesellen des Dorfes um den Maibaum und pflanzen des Nachts junge Birken vor die Häuser der Jungfrauen. Früher tanzte man in den Steinkreisen um einen mittleren Phallusstein, heute um den Maibaum, den ein weiblicher Kranz schmückt. Am ersten Mai tanzten die Mädchen und Jungen der Vorzeit in die Mitte eines Kreises, in dem sich das Mond- und Sonnenauge befand. Dies war der Ort der Empfängnis und man feierte in orgiastischen Festen, wobei man mit hocherhobenen Armen tanzte, als gehörnte Göttin. Jetzt konnten die ungeborenen Föten heranwachsen. Beltanefeuer wurden angezündet, man trank aus heiligen Quellen und umkreiste diese neunmal.

Möglicherweise dauerte dieses Fest bis zum folgenden Vollmond (Pfingsten), an dem der Pfingstochse geschlachtet wurde. Mit Blumen geschmückt diente er der Maigöttin als Reit- und Opfertier.

Mai war auch Monat der Maya in ihrem Mädchenaspekt, der jungfräulichen Göttin des Frühlings. Man trug grüne Kleidung, um das Wachstum zu unterstützen. Bis zum 16. Jahrhundert war es der Monat der sexuellen Freiheit, in dem eheliche Verpflichtungen außer Kraft traten. Rituale der „göttlichen Ehe“ wurden abgehalten, wobei die Maikönigin und ihr Gatte auf einem weißen und einem schwarzen Pferd in den Wald ritten, gefolgt von den paarweise angeordneten Männern und Frauen der Gemeinschaft. Diese übernachteten im Wald und kehrten am nächsten Morgen mit einem Baum zurück, den sie zum Zeichen der fruchtbaren Kraft in der Dorfmitte errichteten und schmückten. Die Mainacht heißt auch Walpurgisnacht oder Beltaine (in England und Schottland). Die Feuer, die hier angezündet werden, verbrannten früher tatsächlich einen den Liebestod gestorbenen Mann. Der göttliche Phallus wurde an diesem Tag als Baum in die Erde gepflanzt. Der Baum wurde geschmückt und heute noch wird um den Maibaum getanzt.

2. Feste für die Göttin in ihrem roten Geliebte- und Mutteraspekt

Sommersonnenwende

Das Fest der heiligen Hochzeit, bei dem sich die Göttin mit ihrem Sonnensohn/-gemahl ehelich verbindet und somit die Früchte der Erde segnet. Die weibliche Kraft des Vollmondes steht jetzt auf ihrem Höhepunkt. Noch heute werden Sonnenwendfeuer angezündet, durch die junge Paare springen, und Feuerräder (Mondräder, die den spiralförmigen Ablauf des Jahres symbolisieren) rollen in der Nacht des ersten Vollmonds nach der Sonnenwende die Berge hinab. Dies kennt man auch als Fest der Litha, einer keltischen Mondgöttin.

Juno: Große Mutter Roms. Als Juno Fortuna war sie die Schicksalsgöttin, als Juno Sospita die Erhalterin, als Juno Regina die Königin des Himmels und als Juno Lucina die Göttin des himmlischen Lichts. Im Juni wurde sie als Schutzpatronin der Ehe und Familie gefeiert. Juno tauchte auch als Kriegerin auf, die ihr Kind verteidigte.

Schnitterfest

Die Göttin ist herangereift - so auch die Natur - und ihr Geliebter ist heiratsfähig geworden. Am ersten August wurde die Göttin nun zur Mutter und das Erntekind wurde geboren (siehe Neumond). Sie war jetzt die Schnitterin und schnitt mit ihrer Mondsichel das reife Getreide ab. Gleichzeitig kastrierte sie ihren Geliebten, den die Vegetation symbolisierenden Sohn. Auch dies war eine Hochzeit (keltisch: Lugnasad, Hochzeit des Lug), die allerdings eng mit seinem Tod verknüpft war. Schnitterfeste reichten vom ersten August bis zum ersten folgenden Vollmond. Die Göttin bereitete allmählich den Tod ihres Sohnes vor und bald darauf begab sich dieser in die Unterwelt.

Juno Augusta: Orakelgöttin der Römer (Orakel = *augustae*).

Lammas fällt in den August, das Fest des Brotes. Lammas, der Getreidegöttin, wurde im Erntemonat August geopfert, irische Tänzer umkreisten dann ein weibliches Abbild und man glaubte, dies sei die richtige Zeit des Gebärens (Siehe Hekate/Neumond).

3. Feste für die schwarze Göttin der Unterwelt

Erntedankfest

Dieses Fest begann zur Tag- und Nachtgleiche im September und dauerte an bis zum ersten Vollmond danach. Der Göttin wurden nun die besten Früchte der Ernte geopfert, damit auch das nächste Jahr ertragreich würde. Auch das Ende ihres Sohns/Gemahls näherte sich jetzt. Er bekam nun keinen goldenen Liebesapfel, sondern einen Granatapfel, die Todesfrucht. Der Sohn wurde geopfert und sein Samen wurde gemeinsam mit den Getreidesamen in die Erde gebettet - denn das Leben musste weitergehen und die nächste Ernte sollte im kommenden Frühling sprießen. In späterer Zeit wurde kein Mensch mehr geopfert, sondern ein männliches Tier (Stier, Widder, Ziegenbock ...). Heute nimmt man dafür Strohmänner, Vogelscheuchen, die in der Erde überwintern, um im Frühling wieder ausgegraben zu werden. Sollten sich dann kleine Sprösslinge zeigen, ist es ein gutes Omen.

Halloween/Allerseelen

Im November verschwand die Göttin in der Unterwelt. Die Toten wurden im Kollektiv beerdigt, man tanzte durch Geburtskanäle, vaginaförmige Türen, in den Uterus (der Göttin). Der Winterochse wurde geschlachtet, nachdem er von der Göttin beritten wurde, um im Frühling wieder geboren zu werden. Die Grenze von Tod und Leben war überschritten. Frau Holle oder die Percht öffnete die Pforten zur Unterwelt und befreite die Toten. Ihre Anhängerinnen gingen mit Kürbislaternen zu den Stätten der Unterwelt, den Dolmen und Gräbern (heute: St. Martinszug). Nun konnten sich Lebendige und Tote austauschen. Sie versammelten sich in den runden Vorplätzen der Gräber und feierten hier gemeinsam. Dem geopferten Sohn/Gemahl wurden Speisen gebracht, damit sein Geist wohlwollend unter den Lebenden weilte. Noch heute gedenkt man der Toten an Allerseelen und bringt ihnen Zweige oder eine Kerze. Früher deckte man auch einen Tisch für die Toten, damit sie ins Haus kamen, dort speisten und einem ihr guter Geist sicher war.

Halloween ist die Nacht, die in den November führt - die Nacht der Zaubersprüche, der aufsteigenden Seelen der Toten, der „Ernte" (Kastration), die Nacht, in der man in die Zukunft blicken konnte mit Hilfe eines Spiegels und der Asche von Nussschalen. Heute noch sagt man, dass ein Mädchen, das einen Apfel vor einem Spiegel schält, in dieser Nacht ihren zukünftigen Mann darin erblickt. Man opferte den Toten, um sich ihr Wohlwollen zu erhalten, nutzte ihre Orakelkräfte und beerdigte die neuen Toten. In früheren Zeiten fanden auch Blutopfer statt. In Irland werden heute noch kleine Opfergaben oder Geldmünzen vor die Türe gestellt, die die Geister der Ahnen dann abholen.

Wintersonnenwende

Bis zum ersten Vollmond danach begaben sich Frauen der matriarchalen Kulturen in die Innenräume der riesigen Gräber (z.B. Newgrange) und warteten dort auf den ersten Sonnenstrahl, der dann ins innerste Zentrum, ihr Heiligstes, fiel. Das Leben hatte den Tod wieder besiegt und so auch das Licht die Dunkelheit. Gleichzeitig wurde der Sonnensohn von der

Göttin wieder geboren, die erste Priesterin brachte nun wirklich ein Kind zur Welt. Das ewige Leben und die ewige Wiedergeburt hat ihr Kontinuum.

Heute noch werden die Kinder an Weihnachten reich beschenkt. In früheren Zeiten war es Artemis, die in ihrem verjüngten Kindaspekt auf einem Schlitten, vor den sie ihre Hirsche gespannt hatte, aus dem nachtdunklen Himmel kam und den Kindern Geschenke mitbrachte - heute ist es der Weihnachtsmann.

4. Fest für die Göttin in ihrer Gesamtheit

Der danach folgende Vollmond (Epiphanias, Dreikönig) feierte das aus der Dunkelheit der Unterwelt geborene Licht. Die Göttin offenbarte sich jetzt selbst: Sie ist die Dreiheit, sie hat alle Aspekte ihres Wesens durchlebt und reist nun in ihrer dreifältigen Gestalt durch die Lande. Sie ist die weiße, die rote und die schwarze Göttin, die in Österreich noch heute in Gestalt dreier ebenso gekleideter Frauen, die ein neugeborenes Kind tragen, durch die Dörfer zieht und auf die Häuser segnend drei Kreuze zeichnet. Wir kennen die drei Heiligen Könige, die sich im Aussehen von der Göttin nur durch ihr Geschlecht unterscheiden und kein Kind, sondern einen Stern tragen ...

In den ersten Tagen im Januar wurde auch das Tor (Vulva) Junos (Janua) gefeiert. Juno konnte in beide Richtungen schauen (Vergangenheit und Zukunft, Tod und Geburt). Der Januar galt als das Tor des Jahres und der Gott des Aeons starb und wurde von Mutter Zeit wieder geboren.

Mond, Menstruation und Sexualität

Neumond und Menstruation

Die Mondphasen wurden auf die Pflanzungs- und Reifezeiten in der Natur bezogen, ebenso auf die weibliche Fruchtbarkeit. Man glaubte, dass sich ein Fötus ausschließlich vom Blut seiner Mutter ernährte, deshalb menstruierte diese auch nicht, während sie schwanger war. Dem Menstruationsblut wurde daher besondere Kraft zugesprochen: Es besaß Heilkraft, magische Kraft und ernährte.

Auch die Mondmutter menstruierte, ein Bild, das man z.B. in den blutigen Kleidern der indischen Kali findet, die sie zu diesem Zeitpunkt trägt, oder dem Blutmeer, durch das sie rudert. Die Flecken auf Kalis Kleidung verfügen über starke Heilkraft, der Ozean von Blut stellt das Leben schlechthin dar. Kalis Anhänger bemalen in regelmäßigen Abständen ihre Statuen und sich selbst mit diesem roten Lebenssaft.

Weil die Mutter ihre Kinder mit diesem Lebenssaft nährte, musste er auch der großen Mutter in periodischen Abständen geopfert werden. Was von der Erde geerntet wurde, gab man ihr in Form eines Blutopfers (Tier oder Mensch) wieder zurück. Ohne Blut konnte man sich nicht fortpflanzen, war man nicht fruchtbar. Blutopfer und damit verbundene sexuelle Rituale waren verknüpft mit der Trauer um die Toten, so auch um die „tote" Erde, die nach der Ernte brachliegenden Felder. Ihnen wurde geopfert, um das Gleichgewicht zu erhalten und sich zum anderen eine Wiederkehr des Wachstums zu sichern. Es wurde die Seele wieder geboren und auch die Vegetation.

Leben nährt sich vom Tod der Vegetation oder anderer Lebewesen - um zu leben, muss man töten. Das Fruchtbarkeitsritual kombinierte Tod mit sexueller Handlung und Kannibalismus, um dieses Ungleichgewicht wieder auszugleichen.

In der Mayakultur z.B. wurde nach einem mehrtägigen Fruchtbarkeitsritual eine Frau getötet. Sie verkörperte den Aspekt der Mondmutter, der sterben muss, damit neues Leben geboren werden kann. Hier finden wir auch Abbildungen von menschlichen Opfern, denen das Herz während der Geburt eines Babys herausgeschnitten wurde - die Göttin stirbt und opfert ihr eigenes Leben, um zu gebären.

Der Mondzyklus entsprach dem Menstruationszyklus: Die Mondmutter blutete während der drei heiligen Tage, in denen sie nicht zu sehen war (Neumond). Man huldigte ihr, indem man fastete. Der dunkle Mond wurde auch mit der Unterwelt assoziiert, die man später fürchtete. Der Sohn/Geliebte der Mutter verschwand für diesen Zeitraum in der Unterwelt und selbst Jesus musste drei Tage warten, bis er wieder auferstehen konnte.

Der „schwarze Mond" besaß Orakel-, Heil- und Erleuchtungskraft. Aus der gähnenden Tiefe der schwarzen Nacht steigt die magische Beschwörung. Menstruierende Frauen suchten in den Tempeln der Göttin Zuflucht, um ihre Stimme im Schlaf zu vernehmen. Hier empfingen sie prophetische Träume und konnten sich in Trance versetzen. Dunkelheit ist die Zeit des Fühlens und des Klanges. Der dunkle Mond regierte über Liebesmagie, Metamorphose, Wunder und medizinische Heilung.

Isis, Astarte, Ashtoroth, Ishtar, Artemis, Diane, Kali - alle Mondmütter tragen auch diese dunkle Seite in sich, sie zeigen sich dann unter anderem als Halbfisch oder Halbschlange. Sie erscheinen dem, der sie verdrängt, fürchterlich, feindlich, zerstörerisch, schmutzig, negativ - als gähnender Muttermund, der Kastration verspricht (Männer, denen der dunkle Mond im Traum erschien, mussten sich Frauenkleider anziehen und einem anderen Mann hingeben), und gewähren demjenigen, der sich in Einklang mit ihnen befindet, magische Kraft und kosmische Einsicht.

Die Energie des Neumondes ist fließend, veränderlich, so wie das Wasser, indem sie verbindet und gleichzeitig auflöst. Fast alle Gewässer werden in den Mythen von Schutzgeistern oder heiligen Schlangen bewohnt, denen man sich ehrfürchtig und respektvoll näherte, um ihnen Opfergaben darzubringen, denn man war sich der heilenden, reinigenden und Leben spendenden Kraft des Wassers bewusst. Man taucht ins Wasser, um neu geboren zu werden, um sich zu verwandeln. Man überquert ein Wasser, um zu einem neuen Ufer zu gelangen. Man trinkt Wasser, um sich zu reinigen oder zu genesen. Sind wir im Einklang mit uns selbst, sind wir im Fluss und tun instinktiv das Richtige zum passenden Zeitpunkt - wir haben Vertrauen in den Lebensfluss. So können wir nun auch in das schwarze Nichts der Neumonde tauchen, um uns zu regenerieren, unsere innere magische Wirklichkeit zu entdecken und ihr Leben verleihen. Neumond reinigt und wirkt aus dem Unsichtbaren.

Schwarze Mondgöttinnen

Kali

Auch als „schwarze Mutter" bekannt, ist diese dreigestaltige hinduistische Göttin damit beschäftigt, zu gebären, zu erhalten und zu zerstören. Sie ist die Mutter des Mitgefühls, die ihre Wesen ernährt, und Zerstörerin allen Lebens. Oft finden wir sie auf ihrem toten Gemahl Shiva reitend, wobei sie seinen Lingam (Penis) verschlingt (Liebe-und-Tod-Stellung). Sie ist auch die hungrige Erde, die ihre eigenen Kinder frisst und sich von deren Leichen ernährt. Sie ist die Verkörperung der unausweichlichen Realität des Todes. Ihr Anblick ist furchterregend, denn sie lehrt, dass es kein Leben ohne Tod gibt. Ihre Verehrung findet auf Friedhöfen, in Leichenhäusern oder an anderen gruseligen Orten statt. Blutopfer sind hierbei nicht ungewöhnlich. Kali ist auch der Ozean von Blut am Anfang und Ende der Welt. Sie ist der traumlose Schlaf, der Schoß der ungeborenen Welt, die Formlosigkeit zwischen Ende und Neuanfang, das elementare Chaos der Zeit. Sie ist die Urenergie in ihrem dynamischen Aspekt, zerstört die Nicht-Erkenntnis, hält die Weltordnung aufrecht, segnet und befreit. Kali ist die symbolische Mutter von Auflösung und Zerstörung.

Rhea

Sie ist eine archetypische dreifältige Göttin, in Russland bekannt als Rhea, die Rote, eine andere Version Kalis, der Mutter der Zeit, die mit Blut geschmückt die Götter, ihre Kinder, verschlingt. Das Bild der kannibalischen Mutter ist typisch für ihre Funktion als Mutter der Zeit, die das, was sie gebärt, wieder verschlingt, so wie die Erde auch.

Später bekommt Rhea einen Gemahl, Kronos (Vater der Zeit), der ebenfalls seine Kinder verschlingt und hierbei Rheas alte Funktion imitiert. Er kastriert und tötet seinen Vater, den himmlischen Uranus, und wird dann von seinem eigenen Sohn Zeus bedroht. Diese Mythen spiegeln die rituelle Kastration und Tötung des heiligen Königs durch seine Untertanen wider. Vor ihm jedoch war es Rhea Kronia, Mutter Zeit, die als Schnitterin mit ihrer Mondsichel den jetzt „himmlischen Vater" jährlich „erntete" (kastrierte).

Hekate und ihr dreiköpfiger Hund

Hekate ist der dunkle Mond in Griechenland. Sie ist die schreckliche Göttin der Nacht, sie regiert die Alpträume, bringt Angst und Schrecken, auch Epilepsie mit sich. Sie erscheint des Nachts mit ihren Pferden und schickt ihre Tochter Lamia (= Alpdruck). Gemeinsam verführen sie die Männer im Schlaf, saugen ihnen das Blut aus und verzehren ihr Fleisch. Sie erscheint blitzartig, vollzieht ihr grausames Werk und kehrt dann wieder in die Unterwelt zurück. Als Todesmutter trägt Hekate den Höllenschlüssel, die Geißel, Dolch und Fackel und ist Wächterin des Hades. Sie ist auch die Schutzgöttin der Moiren, die das menschliche Schicksalsnetz knüpfen, und die Königin der Geister. An ihr gewidmeten Wegkreuzungen wurden Mitternachtsrituale abgehalten. Des weiteren wirkt sie als Zerstörerin - neugeborene Menschen und Tiere wurden ihr geopfert. Sie brachte Regen und Hagelstürme und den Tod. In einem Mythos tötet sie in der Form einer Bärin ihren Sohn/Geliebten und gibt ihm bei Neumond das Leben wieder zurück.

Ihr Hauptfest fand am 13. August statt.

Zu späteren Zeiten treffen wir auf die Gorgone Medusa, die ihr Haar als gewundene Schlangen trug und diejenigen, die sie anblickten, zu Tode erschreckte und sie in Stein verwandelte. Hier ist der dunkle Aspekt der Mondmutter schon so weit degeneriert, dass er als Feindbild erscheint.

Lilith (Dämonin oder Windgeist)

Sie entspricht dem Bild der schwarzen Mutter, des schwarzen Mondes zu vorbiblischen Zeiten. Sie ist erste Gefährtin Adams und wurde von Gott aus schmutziger, verderblicher Materie geschaffen. Angeblich verweigerte sie Adam den Beischlaf, weil sie nicht unter ihm liegen wollte, und floh zum Roten Meer, um sich mit Dämonen und perversen Kreaturen zu vergnügen. Sie gebar teuflische Wesen und weil Gott diese vernichtete, rächte sie sich, indem sie alle Kinder erwürgte, die sie in menschlichen Häusern vorfand.

Kastration

Die männlichen Geschlechtsteile wurden einmal jährlich - zur Zeit der Ernte - geopfert. Der Samen konnte nun die Göttin befruchten und der Sohn stieg in die Unterwelt hinab.

Musste er für diese Reise seine Männlichkeit aufgeben? Musste er symbolisch geschlechtslos werden, um die Lektionen der anderen Seite zu lernen? Kann man der großen Mutter in ihrem dunklen Aspekt vielleicht als bekanntes männliches Wesen nicht begegnen?

All diese Fragen lassen sich nicht so ohne weiteres beantworten. Nur eines ist sicher: Manche Bereiche kann man mit dem Ego, den männlichen Anteilen, dem Verstand nicht betreten. Bei der spirituellen Erfahrung sind Ratio, Logik, analytisches Denken und Kontrolle eher hinderlich. Auch ein Musiker spielt erst dann „göttlich", wenn er sich selbst vergisst, ein Maler malt dann inspiriert, wenn er kein Kunstwerk mehr schaffen will, ein Poet schreibt dann wirklich, wenn er sich von seinen eigenen Gedanken befreit hat ... War die Kastration eine symbolische Darstellung der Überwindung der „männlichen" Seite des Bewusstseins?

Auf die Jahreszeiten bezogen war jetzt das Wesentliche getan. Die Ernte war eingebracht und das vegetative Leben starb allmählich. Auch der Mensch hatte jetzt im Außen wenig zu tun, er konnte seine Aktivitäten im Außen aufgeben und sich seinen inneren Qualitäten widmen, seiner Spiritualität und dem verborgenen Wissen, das aus dem Jenseits stammte. Möglicherweise war damit verknüpft, dass man seine weiblichen Seiten nun vollends entfaltete, seine Yin-Hälfte kultivierte und entwickelte. Dies ging nur, indem der männliche Schaffensdrang „starb" und damit auch die Arbeit im Außen.

Jeder künstlerische Mensch weiß, wie wichtig die Phasen des Nichtstuns sind, die Pausen, die Zeit zur Verarbeitung geben oder Raum schaffen, damit sich neue Ideen entwickeln und verbinden können, damit andere Sichtweisen entstehen. Wer immer nur „übt", produziert, schafft und vorwärts drängt, stagniert, weil sich nichts Neues entwickeln kann. Man tritt auf der Stelle, es fehlt der Raum für das innerliche Wachstum, denn das Bewusstsein braucht regelmäßig eine kreative Pause, um sich verändern zu können. Jeder Veränderung geht jedoch ein „Sterben" voraus, eine Zeit, in der man sich von einer alten Ansicht oder Verhaltensweise trennt, darüber Trauer oder Schmerz empfindet und noch keine Kraft oder inspirierende Ideen für Neues hat. Man weiß nur: So kann es nicht weitergehen. Bis ein altes Muster ganz verabschiedet ist, verstreicht Zeit - wenn man sich die nicht lässt, wirkt es weiter und das Neue lässt auf sich warten.

Insofern ist es weise, eine „Todesphase" in einen Zyklus einzubauen, eine Zeit, in der man jeden Gedanken an etwas Neues aufgibt, das sich gerade dadurch von innen vorbereiten kann. Aktiv nutzt man diese Zeit, indem man sich verabschiedet, in sich geht, die verborgene Welt aufsucht, die hinter dem Sichtbaren wirkt.

Neumond und die Männer der Vorzeit

Die ersten Männer traten als einzelne Besucher des Mutterclans auf. Erst allmählich schlossen sie sich zusammen und imitierten mit ihren Ritualen die weiblichen Prozesse. Man nimmt an, dass ihre männlichen Initiationsriten dem Bedürfnis entsprangen, den Vorgang von Menstruation und Geburt zu imitieren, denn dies war das göttliche Geheimnis, das nur Frauen besaßen. Blut versprach gesteigerte „weibliche" (= göttliche) Kraft und so finden wir z.B. Aborigines, die sich Wunden am Penis beibringen und diese mit einem eingefügten Stein anhaltend bluten lassen, um zum Mann zu werden, afrikanische Stämme, die sich mit Pfeilen oder Rasierklingen durchbohren, um zu bluten und so zum Mann zu reifen, und viele ähnliche Rituale. Während der Einweihung passieren die jungen Männer dann die Beine der älteren und werden aus der männlichen Gebärmutter „wieder geboren".

Je weiter wir fortschreiten in der Menschheitsgeschichte, desto größer wird die Kluft zwischen Lebenden und Toten und der Mensch verliert seinen Urinstinkt, der ihn mit den Kräften der Natur magisch verbindet. Das Patriarchat mit seiner hierarchischen Struktur und seinen neuen Göttern verdrängt zunehmend den sexuellen und tödlichen Aspekt der Mondmutter und beginnt diesen zu fürchten. Die neuen Priester können sich nicht mehr mit der dunklen Seite identifizieren, sondern spalten sie vom Bewusstsein ab und nennen sie „das Böse", vielleicht auch „die Hölle". Symbole der Kraft werden zu Symbolen des Bösen, die Natur des Weiblichen muss überwunden werden ...

Der universellen Wahrheit (Gottes) fehlt nun ein wichtiger Teil ihrer Gesamtheit. Allen männlichen Göttern wird dieser Teil für immer fehlen, da ihnen die Kunst des Blutens und alles, was damit verbunden ist, nicht als natürliche Anlage mitgegeben ist. Auf die dunkle Weisheit der großen Mutter wird Angst projiziert und mit Hilfe dieser Angst kann man nun andere beherrschen. Das, was man „vergaß", wird nun eingesetzt, um Macht zu erlangen. Ein Mensch, der den Tod nicht kennt, beginnt ihn zu fürchten und tut alles, um ihn zu vermeiden. Er hält sich an Regeln, folgt Gesetzen und möchte „gut" sein, wobei das „Böse" gar nicht wirklich existiert, sondern eher der eigenen Unwissenheit als Projektion entspringt - als vergessener, verdrängter Aspekt der Mondmutter.

Das Wissen um die Kraft des weiblichen Menstruationsblutes ist noch im heutigen Tantra des Buddhismus erhalten. Hier kann ein Mann nur dann sein höchstes Meditationsziel erreichen, wenn er sich mit einer menstruierenden Kraftträgerin vereint und so das Ritual erfüllt. Denn nun ist ihre „rote" Energie magisch wirksam und intensiviert.

Sexualität

Sexualität war in alten Zeiten vielschichtig. Die jungfräuliche Empfängnis im März (Ehe zwischen Göttin und Priesterin) erhält die Frau in ihrer Ganzheit als umfassende Mutter. Die sakrale Ehe im Mai (Ehe zwischen Mädchengöttin und Geliebtem) dient der Erotik. Die leibliche Ehe im Juni (Ehe zwischen Frau und Geliebtem) dient der Fortpflanzung, dem Irdischen. Die irdische Mutterschaft im August, verbunden mit Opfer, Erntezeit, Kastration, zeigt die unabhängige Göttin. Die tödliche Hochzeit im September (Ehe zwischen weiser Alter und Sohn) führt ins Jenseits. Die Sonnengeburt im Dezember erweckt den unabhängigen Aspekt der Mutter.

Die Mädchenfrau wurde eingeweiht, in ihren eigenen Körper und ihre eigene Spiritualität. Hier war die sexuelle Vereinigung frei von Bindungen, keine ehelichen Verpflichtungen oder Bezüge zum Alltag wurden hergestellt.

Mann und Frau vereinigten sich, um gemeinsam eine höhere Ebene zu erreichen. Diese Vereinigung war frei von persönlichen Gefühlen. Das erotische Element wurde hier als eine Art Fahrzeug zu einer tieferen Erlebnisebene benutzt. Die sakrale Hochzeit im Mai hatte diesen Charakter. Es scheint, als ob die alten Weisen wussten, dass man bestimmte psychische Ebenen nicht mit dem Mann erreichen kann, mit dem man auch sein Leben teilt, und deshalb im Ritual vermieden, dass sich Ehepartner trafen. Diese „himmlische" Sexualität war frei von Bindungen, aber voller erotischer Anziehungskraft. Kinder, die aus dieser Verbindung hervorgingen, waren göttliche Kinder, sie waren „vaterlos", da außerhalb der Ehe während des sakralen Rituals empfangen.

Dann gab es noch die sexuellen Riten, die der Fortpflanzung dienten. Hier wurde der Göttin geopfert und gehuldigt, damit ein Paar ein Kind empfing. In dieser irdischen Hochzeit stand auch die persönliche Liebe im Vordergrund. Gemeinsam huldigte man der Göttin.

Die letzte Form der sexuellen Verbindung führte in die Jenseitswelten. Dabei musste der Begleiter „sterben", um auf die andere Seite zu gelangen - für Menschen, die die Zeit als Kontinuum begreifen, kein unmögliches Unterfangen. Schließlich kam das „Opfer" auf diese Weise direkt zurück zu seinem Ursprung und konnte wieder neu geboren werden. Möglicherweise war es ja auch in der Lage, diesen Vorgang bewusst zu verfolgen. Hochentwickelte buddhistische Mönche vermögen ja auch bewusst in den Tod zu gehen und sich bewusst zu inkarnieren. So betrachtet verlieren viele der alten Bräuche ihre Schrecklichkeit. Wenn man die Zeit seines Lebens darauf verwendet, sich zwischen den Welten des Diesseits und des Jenseits zu bewegen, kann einen doch der Tod nicht schrecken!

Teil II

Mond und Märchen

Zwölf Tierkreis-Märchen

In den folgenden Kapiteln habe ich zwölf Märchen ausgesucht, die mir recht passend die jeweiligen Qualitäten des Mondes in Verbindung mit den verschiedenen Tierkreiszeichen zu illustrieren scheinen. Wichtig sind hierbei die Prinzessinnen, die sich mit ihren unterschiedlichen Aufgaben den Mondzeichen zuordnen lassen, und die Lernschritte, die unternommen werden, damit Weibliches und Männliches sich vereinen können - der Weg zueinander. Ganz im Allgemeinen lassen sich immer wieder auftauchende Personen in Märchen folgendermaßen verstehen:

- *Alle weiblichen Gestalten* des Märchens sind als Entwicklungsstufen der Seele (Mondbereich) zu deuten. Sie beschreiben die verschiedenen Phasen des weiblichen Initiationsweges. Deshalb finden wir sowohl Mädchen, Jungfrau, Frau als auch die alte Greisin, ganz dem jeweiligen Lernprozess entsprechend.
- *Alle männlichen Gestalten* des Märchens, der Knabe, der Heranwachsende, Mann und Greis, beschreiben die entsprechenden Entwicklungsstufen des Geistes.
- *Verbindung von Männlich und Weiblich.* Wichtig ist im Märchen, dass sich die entsprechenden männlichen und weiblichen Partner durch das Lösen der verschiedenen Aufgaben in Abhängigkeit voneinander entwickeln, d.h. der Geist braucht die Lernbereitschaft und Empfänglichkeit der Seele, um zu wachsen, und umgekehrt. Eine Hochzeit findet immer dann statt, wenn Geist und Seele eins werden. Hierbei lassen sich zwei Arten der Begegnung unterscheiden:
- *die mystische Hochzeit*, wenn sich die beiden Partner noch nicht erkannt haben, aber die Seele bereit ist zur Verwandlung und Reinigung, und
- *die tatsächliche Hochzeit*, die meistens stattfindet, nachdem die beiden Partner ihre Aufgaben unabhängig voneinander gelöst haben.

  Häufig verlieren sich Geist und Seele nach ihrer ersten Einswerdung und müssen dann getrennt voneinander reifen, um sich bewusst wieder begegnen zu können.
- *Das kleine Mädchen oder Kind* versinnbildlicht die junge, spielerische Seele in ihrer noch naiven Urform oder auch ihrem kindlichen Aspekt.
- *Die Eltern, häufig das Königspaar*, stellen die herrschenden Meinungen und Zielvorstellungen des Kollektiven dar. Sie müssen deshalb während des Individuationsprozesses verlassen werden. Während der Vater eher das abhängige, in eine Gemeinschaft eingebettete Selbst repräsentiert, ist die Mutter das dazugehörige Gefühl, die kollektive Seele.

- *Den Sohn* können wir als Ich verstehen, den Aspekt, der Befreiung sucht und bereit ist, auf „Heldenreise" zu gehen.
- *Die Tochter* wiederum ist die frei werdende, persönliche Seele (astrologisch: der Mond).
- *Stiefmütter und Stiefschwestern* wirken oft als materialistische, egoistische Seelenbilder, die starre, das Leben unterdrückende Moralvorstellungen haben und falsches, unechtes Wissen vermitteln.
- *Die alten Greise und Greisinnen* stellen das Weisheitswissen (des Mondes oder der Mondgöttin) dar, das jeweils entdeckt werden muss, bevor Seele und Geist sich befreien können. Nicht selten leben diese an entfernten Orten und müssen durch allerlei Irrfahrten gefunden werden. Um wirkliches Wissen muss man sich bemühen, es kommt selten zu einem, während man zu Hause sitzt und wartet.

Ich habe diese zwölf Märchen unter dem Aspekt ausgesucht, was die einzelnen Prinzessinnen und Prinzen vollbringen müssen, um zueinander zu finden, um die jeweilige Mondwelt zu veranschaulichen. Welche Erfahrungen werden gemacht, von welchen Motivationen sind diese begleitet, was müssen die beiden Partner, Geist und Seele, überwinden, um sich befreien und vereinen zu können?

Insofern kann man die zwölf Märchen als kleine Reisen verstehen, die alle eine Lektion in sich tragen und zusammengenommen einen vollkommenen Kreislauf beschreiben, wobei jede einzelne schon gleich die nächste vorbereitet.

Der Tierkreis ist ein immerwährender zyklischer Ablauf der Zeit, der gewährleistet, dass die Dimension der Erfahrung zunehmen kann, wenn wir uns all seinen Aspekten öffnen und bereit sind, die jeweiligen Lektionen anzunehmen und zu durchleben. So gesehen gibt es keine allgemeine Wahrheit und auch kein „einziges" passendes Märchen, es kommt immer darauf an, wo wir stehen und wie viel wir bereit sind zu lernen. Jeder Mensch besitzt eine andere Erlebnistiefe und unterschiedlichen Reifegrad; was heute noch stimmt, kann morgen schon wieder ganz anders sein. Die Wahrheit ist eine fortwährende Reise nach innen, in stetem Wandel, und man kommt wahrscheinlich nie an, denn es gibt nichts, was immer gleich bleibt.

Und doch gibt es Archetypen, die in allen Menschen gleich wirken und die Vollkommenheit oder Ganzheitlichkeit der Seele entwickeln helfen. Diese sind in den Märchen verborgen, in den alten Greisen und Greisinnen, die auf jede Frage eine Antwort bereit haben. Mögen wir sie finden und aufsuchen können, damit sich unser Verständnis umfassend erweitern kann ...

Mond im Widder

Das Mädchen mit den großen Augen

(Schwarzamerikanisches Märchen)

In einem Dorf in Afrika lebte ein wunderschönes Mädchen. Dieses hatte die leuchtendsten, strahlendsten Augen von allen. Wann immer ein Mann es betrachtete, stürzte er in große Verwirrung.

In dem Sommer, da die junge Frau verheiratet werden sollte, wurde die Gegend von einer großen Dürre heimgesucht. Die Menschen litten Hunger und keinem war nach einem Hochzeitsfest. Auch sie selbst hatte keine Zeit, über ihren zukünftigen Gemahl nachzudenken, denn sie musste jeden Tag hinausgehen, um für ihre Familie Wasser zu suchen. Das war schwierig und sie verbrachte meist den ganzen Vormittag damit.

Eines Morgens sah sie sich erneut nach Wasser um und kam dabei an ein Schlammloch. Gerade als sie ihren Krug füllen wollte, tauchte daraus ein großer Fisch hervor. Der sprach zu ihr: „Gib mir deinen Krug, ich fülle ihn dir mit Wasser." Das Mädchen wunderte sich, dass der Fisch sprechen konnte, und ein wenig unheimlich wurde ihr auch. Da sie aber noch kein Wasser gefunden hatte, reichte sie ihm den Krug. Er füllte ihn mit kostbarem, sauberem, klarem Wasser. Ihre Familie staunte, als sie damit nach Hause kam, und alle fragten neugierig, woher sie es hätte. Sie lächelte mit ihren großen Augen, sagte aber nichts.

Am nächsten Tag ging sie wieder zu der Stelle und das gleiche geschah. Und auch an den folgenden Tagen erhielt sie Wasser von dem Fisch, den sie mit der Zeit immer mehr lieb gewann. Er schimmerte in den Farben des Regenbogens, war sanft und freundlich und guten Herzens. Am siebten Tag gab sie sich ihm hin und wurde seine Frau.

Ihre Familie wurde immer neugieriger, und ihr Vater, ein Hexendoktor, fürchtete, sie habe sich mit bösen Geistern eingelassen. Eines Tages verwandelte er ihren Bruder in eine Fliege und riet ihm, sich in den Krug zu setzen, damit er herausfände, woher das Mädchen das Wasser habe.

Am geheimen Ort beobachtete die Fliege den Fisch und das Mädchen und sah, wie sie sich umarmten. Schnell flog er nach Hause, um dem Vater die Neuigkeit zu berichten. Als dieser hörte, dass seine Tochter einen Fisch geheiratet hatte, wurde er zornig und schämte sich. Denn nun kam kein junger Mann aus dem Dorf mehr für seine Tochter in Frage und das bedeutete Schande für die ganze Familie.

Zusammen mit dem Bruder ging er am nächsten Tag zur geheimen Stelle am Fluss. Die Tochter musste zu Hause bleiben. Sie riefen den Fisch und dieser tauchte auf. Sie töteten ihn, brachten ihn nach Hause und warfen ihn dem Mädchen vor die Füße. „Hier bringen wir dir deinen toten Ehemann", riefen sie.

Das Mädchen schaute traurig auf den Fisch. Er war jetzt blass und grau. Sie nahm ihn und trug ihn zum Fluss. Dabei dachte sie: „Was soll nur aus dem Kind werden, das ich unter dem Herzen trage? Bestimmt werden meine Eltern es ebenfalls töten." Sie lief immer weiter den Fluss entlang, so lange, bis sie an eine Stelle mit fließendem Wasser kam. Sie wusste, dass Leiden durch Geduld oder Medizin zu ertragen sind. Wenn beides keine Hilfe mehr bringt, dann bleibt nur der Tod.

Sie rief den Namen des Fisches und watete ins Wasser, bis es über ihrem Kopf zusammenschlug. Als sie jedoch starb, gebar sie viele Kinder. Die treiben noch immer im Fluss, bis heute. Sie heißen Seerosen.

Interpretation

Dieses Märchen verdeutlicht recht anschaulich die Qualitäten des Widdermondes. Das Mädchen hat wunderschöne Augen (Augen = Widder). Es sieht mit ihnen mehr als andere und sie ziehen die Blicke der anderen auf sich. Als einzige des Dorfes findet das Mädchen klares Wasser, aber nur, weil es bereit ist, den Fisch zu treffen und sich mit ihm einzulassen. Dazu muss die junge Frau ihre Angst überwinden. So lernt sie ihn zu lieben, ja sie merkt, dass er etwas Besonderes ist und sich von den ihr bekannten Männern im Dorf unterscheidet, denn er trägt die Farben des Regenbogens, ein allumfassendes „Gewand". Aufgrund ihres Mutes und ihrer Unvoreingenommenheit kann sie jetzt ihre Familie und sich selbst mit frischem Wasser versorgen. Ihr Seelenmaterial (das Wasser) ist rein und unverdorben und nährt die anderen mit. Weil sie sich darüber im Klaren ist, dass keiner ihre ungewöhnliche Heirat mit dem Fisch verstehen wird, hält sie diese geheim. Sie ist ganz alleine mit ihrem Wissen und ihrem nährenden Schatz.

Der Vater, ein starker Mann mit strengen Prinzipien, beargwöhnt seine Tochter. Er traut ihr nicht. Gemeinsam mit dem Bruder tötet er den Fisch. Er ist abhängig von der Meinung anderer und fürchtet nichts mehr, als sein Ansehen zu verlieren. Dafür begeht er sogar einen Mord. Die Tochter wiederum bleibt sich selbst und ihrer Wahl treu. Sie kann nicht mehr in ihrer Familie bleiben und zu dem Bekannten zurückkehren. Sie weiß für sich, dass keine Medizin ihr helfen wird und auch Geduld sie nicht weiterbringt. Sie hat ihren Gatten verloren, das, was sie am meisten liebt, und wählt deshalb für sich den Tod.

Jedoch trägt diese Wahl Früchte: Ihre Kinder verwandeln sich in Schwertlilien, die bis zum heutigen Tag auf Seen blühen, als Ausdruck ihrer unzerstörbaren weiblichen Reinheit. Lilien sind ein uraltes Symbol der Magie des Genitalbereiches der Mondgöttin, auch begleiten sie ihren Mädchenaspekt.

In diesem Märchen stellt die Tochter einen Kontakt mit der Magie ihres Unterbewusstseins her, mit der Urmutter in ihrem Fischeaspekt, in übertragenem Sinne mit ihrem Urvertrauen. Diese Begegnung kommt auf ganz eigene Weise zustande - durch den Mut und das Selbstvertrauen des Mädchens. Eine solche Charaktereigenschaft finden wir im Widdermond. Gleich dem Mädchen ist der Widdermond innovativ, bricht mit Traditionen und geht ganz eigene Wege - ohne sich an der Meinung anderer zu stören. Die junge Frau braucht kein Einverständnis, sie handelt aus Notwendigkeit (Zeit der Dürre), ohne bestimmte Absicht, als sie das erste Mal beschließt, mit dem Fisch zu sprechen und seine Hilfe in Anspruch zu nehmen. Spontan geht sie auf sein Angebot ein und verliert kein Wort darüber zu den anderen Mitgliedern der Familie. So entsteht ein für sie ganz neues Verhältnis, denn der Fisch ist anders als alle, die sie bisher kennt. Er legt fremde, für sie bessere Verhaltensweisen an den Tag, vereint in seiner Gestalt mehr als die Angehörigen ihres vertrauten Heimatortes (er schillert in allen Regenbogenfarben), und sie beginnt ihn zu lieben, ohne sich an seiner Erscheinung, seiner Andersartigkeit zu stören. Vielleicht ist es auch das, was sie besonders an ihm fasziniert. Ihre Zusammentreffen sind kurz, aber ergiebig, und ihr gemeinsames Abenteuer trennt sie von der Umwelt ab, doch trägt es Früchte und kommt auch den anderen in Form des klaren Wassers zugute - so lange, bis sie herausfinden wollen, wie das Mädchen das „Wunder“ zustande bringt.

Der Vater spiegelt einen anderen Aspekt des Widdermondes wieder. Er ist ein angesehener Mann und fürchtet um seine Anerkennung. Die Liebe seiner Tochter interessiert ihn in diesem Zusammenhang wenig und er vergisst, dass durch die Verbindung der beiden die ganze Familie mit Wasser versorgt wird. Rücksichtslos setzt er sich über all das Gute hinweg und bringt dem Fisch den Tod. Seine Macht und der Respekt der anderen Dorfbewohner sind ihm wichtiger als seine Seele. Der Vater ist das andere Extrem des gleichen Prinzips. Er ist die Maske der Stärke, das Angelernte, das, wonach man „normalerweise“ strebt. Er gewinnt innerhalb der ihm bekannten Welt. Für ihn gibt es keine Kompromisse. Er glaubt, für seine Tochter entscheiden zu können, und versucht nicht einmal, sie zu verstehen. Dazu müsste er sich ja in Neuland begeben und wäre den anderen Dorfbewohnern gegenüber nicht mehr loyal. Als Kontrollinstanz ist der Vater blind - für die Bedürfnisse seiner Tochter und auch seine eigenen. Denn was wird er nun tun, da keiner mehr Wasser spendet? Das hat er sich bei seinem impulsiven Handeln nicht überlegt. Und auch die Zukunft scheint ihn wenig zu kümmern. Er ist durch das Handeln seiner Tochter beschämt worden und tötet sofort - Eigenschaften des Widdermondes, die den schnell gekränkten Stolz beschützen und zum Handeln zu zwingen scheinen, ohne mögliche Konsequenzen in Erwägung zu ziehen.

Die Tochter zieht für sich die Konsequenzen. Sie handelt genauso impulsiv wie der Vater, denn ihr Leben ist sinnlos, wenn sie nachgibt, und Kompromisse kommen für sie nicht in Frage. Ihr Geliebter ist tot, also folgt sie ihm in seine Heimat, den Fluss. Sie folgt damit ihrer inneren Stimme, der sie vertraut und die sie mit dem verbinden möchte, was sie wirklich liebt und für sich gewählt hat.

Aus ihrem Freitod wachsen Schwertlilien, die sie überdauern, die in der Welt ein Zeichen von absoluter Reinheit und Unschuld setzen (denn sie hat sich keines Verrates schuldig gemacht, sondern ist für ihre Liebe ganz eingetreten) und von dem Schönen berichten, das sich entwickelt, wenn man seinen Weg kompromisslos zu Ende geht.

Mond im Widder lehrt uns genau diese Erfahrung. Ganz allein unsere individuelle Einstellung entscheidet über unseren Lebensweg. Haben wir einmal unsere Liebe zu irgend etwas entdeckt, können wir ganz dafür einstehen und uns über andere oder Altes - über die Norm - hinwegsetzen. Wer zu viele Kompromisse eingeht, bringt seine innere Quelle, sein Seelenwasser, zum Versiegen und es bricht die Dürre aus, so wie bei den anderen Dorfbewohnern.

Mond im Widder lehrt uns, ganz für die eigene Sache einzutreten und Aussichtsloses zu beenden, damit seelisches Neuland betreten werden kann. Warum sollte die junge Frau Geduld an den Tag legen, wenn es doch nichts mehr zu heilen gibt? Ihr Gatte ist tot und ihre Liebe lässt sich damit auf der irdischen Ebene nicht mehr erfüllen. Genauso sterben auch bestimmte Dinge im gewohnten Umfeld allmählich ab, wenn man sich nicht mehr mit ihnen identifizieren kann. Widdermond hilft nun, den Übergang in das Neue, die eigene Wirklichkeit zu vollziehen. Man bricht auf zu neuen Ufern, verlässt das Beengende und begibt sich ins Ungewisse. Ohne links und rechts zu schauen, können wir uns nun dem klaren Wasser hingeben, das unsere Seele nährt und unsere Liebe stärkt. Dazu braucht es keinen vorgeschriebenen Weg, aber unvoreingenommenen Wagemut und Charakterstärke - und dies sind Qualitäten des Widdermondes. Wenn das Alte nicht mehr funktioniert, gibt es nur noch den Sprung ins Neue - auch wenn man (scheinbar) selbst dabei stirbt (die alte Welt aufgibt). Die junge Frau verlässt ihre Welt nicht aus Langeweile, sondern weil ihr geliebter Fisch nicht mehr in ihr anzutreffen ist. Sie macht sich alleine auf ins Neue und niemand unterstützt sie bei ihrer Suche. Sie weiß jedoch, wohin die Stimme ihres Herzens sie führt, sie folgt ihrem Urvertrauen, dem Fisch, und überschreitet so die Schwelle des bisher Bekannten.

Neumond im Widder

Nutze diese Zeit, um dir über deine Eigeninitiative Klarheit zu verschaffen.

- Welche Bereiche deines Lebens brauchen mehr Initiative?
- Wo bräuchtest du mehr Mut?
- Für was lohnt es sich zu kämpfen?
- Wann bist du unnachgiebig, kompromisslos und überzeugt, im Recht zu sein?

Male ein Bild von deiner Antriebskraft, male es so, dass du dich stark fühlst, wenn du es betrachtest.

Erstelle eine Liste und schreibe auf, was du alles bist. Ordne diese „Ich bin ...“-Sätze nach ihrer Wichtigkeit.Stelle dir folgende Fragen:

- Mit welchem Typ Mensch gerätst du immer wieder in Kämpfe?
- Was bringt dich immer wieder zur Weißglut, zur Raserei, verwandelt dich in einen wutschnaubenden Drachen?
- Was unterstützt deine Kraft, was hemmt sie?
- Gibt es ein Tier, mit dem du dich identifizieren kannst?

Vollmond im Widder

Feiere ein Fest der Stärke und Kraft. Erinnere dich, wann du in deinem Leben mutig warst und immer noch bist. Denk dir ein Abenteuer aus, das dich bis an deine Grenzen oder darüber hinaus fordert. Unternimm etwas, was dir wirklich Spaß macht und Kraft gibt. Sei heute die Heldin deiner Geschichte, verhalte und kleide dich entsprechend. Lass dir von niemandem etwas sagen oder dich einschränken. Heute regierst du alleine und stärkst ausschließlich deine Kraft. Mach dir selbst Komplimente oder such dir jemanden, der bereit ist, dir welche zu machen. Lass keine Gedanken aufkommen, die dir deine Kraft rauben. Bastle etwas, das ein „Werk deiner Kraft" wird (einen Talisman, ein Stirnband oder ähnliches). Dieser Kraftgegenstand kann dich nun in der kommenden Zeit begleiten. Erinnere dich den ganzen Tag daran, dass du dir selbst die Grenzen deines Erlebnisraumes setzt, sonst niemand!

Mond im Stier

Allerleirauh

(Deutsches Märchen)

Es war einmal ein König, der hatte eine Frau mit goldenen Haaren, und sie war so schön wie sonst keine auf der Erde. Als sie krank wurde und merkte, dass sie sterben musste, nahm sie dem König ein Versprechen ab: Er solle keine Frau nehmen, die weniger schön sei als sie und nicht auch solch goldene Haare habe. Der König versprach's und sie schloss die Augen.

Überall suchten die Boten des Königs, sie fanden jedoch auf der ganzen Welt keine Gattin, die ebenso schön gewesen wäre wie die Verstorbene. Der König aber hatte eine Tochter, die sah ihrer Mutter zum Verwechseln ähnlich. Als er es bemerkte, verliebte er sich gleich aufs heftigste in sie. Er sprach zu seinen Räten: „Ich werde sie heiraten, denn sie gleicht meiner Frau, und sonst kann ich ja doch keine finden." Die Räte erschraken und die Tochter, als sie dies hörte, noch mehr. Sie versuchte, ihn von seinem Vorhaben abzubringen. Also gab sie ihm drei Aufgaben: Sie wollte ein Kleid, das so golden war wie die Sonne, eins, das so silbern war wie der Mond, und eines, das so funkelte wie die Sterne, und einen Mantel, der aus tausenderlei Pelzen und Rauhwerk zusammengesetzt war. Ein jedes Tier im Lande sollte ein Stück seiner Haut dazugeben. „Das kann er mir nie beschaffen", dachte sie. Da kannte sie jedoch ihren Vater schlecht. Der ließ alles anfertigen und beschloss, nun die Hochzeit zu feiern.

Die Tochter aber floh. Sie packte ihre Kostbarkeiten, einen goldenen Ring, ein goldenes Spindelchen und eine goldene Haspel. Die drei Kleider versteckte sie in einer Nussschale und zog den Mantel aus den Pelzen an. Sie färbte sich ihr Gesicht und ihre Hände rußig und ging bis zu einem großen Wald, in dem sie sich versteckte. Als sie einen hohlen Baum gefunden hatte, legte sie sich hinein und schlief.

Sie schlief bis weit in den nächsten Tag hinein und daher kam ein König, der auf der Jagd war. Ihm gehörte der Wald. Seine Diener berichteten ihm aufgeregt von dem seltsamen schlafenden Tier, das sie im Baum gefunden hatten. Der König wollte, dass sie es einfingen. Als die Diener sich näherten, wachte sie erschrocken auf und rief: „Ich bin ein armes Kind, von Vater und Mutter verlassen, bitte tut mit nichts und nehmt mich mit." Die Diener antworteten: „Allerleirauh, du bist gut für die Küche, komm nur mit, dann kannst du die Asche zusammenkehren."

Unter der Treppe, im Schloss, dort, wo kein Licht hinfiel, war ihr neuer Wohnort. In der Küche arbeitete sie, trug Wasser und Holz, schürte das Feuer, rupfte die Hühner, säuberte das Gemüse, kurzum tat alles, was sonst keiner tun wollte.

Eines Tages wurde im Schloss ein Fest gefeiert. Allerleirauh bat den Koch, zuschauen zu dürfen. „Ich will mich auch vor die Türe stellen", versprach sie. Der Koch billigte ihr eine halbe Stunde zu. Schnell verschwand sie mit einer Lampe unter der Treppe, wusch sich und zog sich ihr Sonnenkleid an. Als sie den Schlosssaal betrat, in dem das Fest stattfand, machten ihr alle Platz, so groß war ihre Schönheit. Der König hatte nur Augen für sie und tanzte mit ihr. Nach einer halben Stunde jedoch verschwand sie und keiner sah, wohin. Schnell färbte sie sich wieder rußig, zog ihren Pelz an und kehrte in die Küche zurück. Dort bat sie der Koch, ausnahmsweise die Suppe für den König zu kochen, denn er wollte auch ein wenig zusehen. Sie kochte eine Brotsuppe und legte ihren goldenen Ring hinein. Der König genoss die Suppe. So gut hatte ihm noch keine bisher geschmeckt. Als er auf den Grund des Topfes kam, fand er den Ring. Verwundert rief er den Koch. Dieser gab zu, dass nicht er die Suppe gekocht hatte, sondern Allerleirauh. Der König fragte sie nach dem Ring. Sie gab vor, davon nichts zu wissen.

Als das nächste Fest gefeiert wurde, zog Allerleirauh ihr Mondkleid an. Alles geschah wie zuvor, nur dass sie jetzt dem König das Spindelchen in die Suppe tat. Aber auch diesmal konnte dieser nichts herausfinden.

Beim dritten Fest steckte der König ihr während des Tanzes unbemerkt den Ring an die Hand. Sie trug das Sternenkleid. Weil der Tanz besonders lange dauerte, hatte sie jedoch weniger Zeit als sonst, sich bei ihrer Rückkehr schmutzig zu färben. Auch konnte sie sich den Tiermantel nur noch über das Kleid werfen. Deshalb vergaß sie, einen Finger zu färben. Der blieb weiß. Sie kochte wieder die Brotsuppe und legte die Haspel hinein. Der König ließ sie rufen. Da erblickte er ihren sauberen Finger und den Ring. Er hielt sie an der Hand und als sie sich losreißen wollte, öffnete sich der Pelzmantel ein wenig und das Sternenkleid leuchtete hervor. Ihre langen goldenen Haare fielen herab und nun stand sie in ihrer ganzen Pracht vor ihm, schöner als alles, was man je auf der Erde gesehen hatte. Der König nahm sie sofort zur Braut und sie lebten glücklich und vergnügt, bis sie starben.

Interpretation

Die Prinzessin dieses Märchens eignet sich gut, um die Charakterzüge des Stiermondes aufzuzeigen. Sie ist die einzige Tochter des Königs und soll eine unrechtmäßige Ehe eingehen. Da sie das mit ihrem Gewissen nicht vereinbaren kann, gibt sie ihrem Vater zunächst drei schwierige Aufgaben. Auch Menschen mit Stiermond fühlen sich verpflichtet. Sie versuchen zunächst, ihrer Familie treu zu bleiben, und fühlen sich eng an diese gebunden. Die Prinzessin möchte ihren Vater nicht kränken oder ihm ungehorsam sein, sie kann jedoch unmöglich auf seine Forderung eingehen. Deshalb wünscht sie sich die drei Kleider und den Mantel aus Pelz. Jedes Tier im Lande soll ein Stück seiner Haut dazugeben. Sie möchte eine neue natürliche Haut, die sich aus der instinktverbundenen Tierwelt zusammensetzt, und glaubt, dass der König diesen Wunsch nicht erfüllen kann. Mit diesem Mantel wäre sie ein Kind der Natur, der Erde, von dieser beschützt, und in seiner Einfachheit würde der Mantel sie vor einem „falschen“, unrechtmäßigen Leben schützen. In ihm kann sie sich verbergen und selbst ein Tier sein, einfach, natürlich und ohne falsche Absicht. Kein Stiermond handelt gerne unrechtmäßig. Als der Vater seine Aufgaben erfüllt, bleibt ihr nur die Flucht. Die Königstochter muss ihre Seele schützen und moralisch einwandfrei handeln und rettet sich zunächst in einen fremden Wald. Sie verlässt ihre Heimat und vertraut sich den Kräften der Natur an und fällt in tiefen Schlaf. Dieser Schlaf löst sie von ihrem alten Leben und führt sie in die nächste Stufe ihrer Entwicklung. Als die Jäger des Königs sie finden, erkennen sie ihre Herkunft nicht. Sie täuscht vor, ein armes, elternloses Mädchen zu sein. In der Küche findet sie ihre neue Aufgabe. Auch hier zeigen sich wieder Eigenschaften des Stiermondes. Sie beruft sich auf ihr ureigenstes Wesen, ihre Bescheidenheit und ihre Einfachheit und arbeitet mit diesen Charakterzügen, indem sie für das körperliche Grundbedürfnis, die Ernährung der Königsfamilie, sorgt. Keine Arbeit ist ihr zu niedrig, ja sie tut alles, was sonst keiner tun will, und bereitet so den Boden, die Grundlage, auf der alles Leben im Schloss beruht. Auf diese Art bleibt sie unerkannt, aber sich selbst treu.

Sie hat sich drei sehr persönliche Dinge mit auf ihr Abenteuer genommen, einen Ring, eine Spindel und eine Haspel. Der Ring, in diesem Märchen als Ehering, Symbol der Treue und des Allumfassenden, gedacht, dient ihr im Verlauf der Geschichte dazu, vom König erkannt zu werden. Mit der Spindel spinnt sie den Lebensfaden und die Haspel dient dazu, die Fäden zum Bund zusammenzuschlagen, mit ihrer Hilfe lassen sich logische Gedankenfäden zur Gesamtheit verbinden, Schlussfolgerungen ziehen und Zusammenhänge herstellen, wichtige Eigenschaften des Stiermondes. Auch dieser ist stetig darum bemüht, zwischen Recht und Unrecht zu unterscheiden, da er über ein innerliches natürliches Gespür für Karma, das Gesetz von Ursache und Wirkung, verfügt. Solange die Prinzessin noch keinen Ausweg aus ihrer Lage gefunden hat, fügt sie sich in ihr Schicksal und arbeitet als niedrigste Dienerin im Schloss. Auf diese Weise macht sie sich nicht schuldig und trägt durch die Selbsterniedrigung sogar noch schlechtes Karma vom Vater mit ab. Vielleicht will sie sich auch selbst bestrafen für das Ungehörige, das von ihr verlangt wurde. Sie ist lieber die ärmste Dienerin als die unrechtmäßige Gattin ihres Vaters und so kann sie nun guten Gewissens die Zeit überbrücken, bis sich etwas Neues ergeben hat.

Als die Zeit der Feste im Schloss anbricht, erkennt sie ihre Chance. Nun setzt sie all ihre Habseligkeiten ein, um sich zu erkennen zu geben. Die Kleider, die sie von ihrem Vater anfertigen ließ, helfen ihr bei ihrem Vorhaben. Sie bricht nicht völlig mit ihrem alten Leben, sondern benutzt die Vergangenheit, um die Zukunft zu gestalten. Die drei Kleider sind die archetypischen Gewänder des Himmels, sie zeigen Sonne, Mond und Sterne, das Licht der himmlischen Welt, ihr eigenes Licht, das sie nun am Leibe trägt.

Der König ist von ihrer Schönheit angetan. Jedoch gibt sie sich ihm nicht ohne weiteres zu erkennen. Zunächst übernimmt sie die Rolle des Kochs. Sie kocht Brotsuppe, ein elementares Essen. Jetzt ernährt sie den König und ihm schmeckt ihre einfache Speise besonders gut, so gut wie sonst nichts auf der Welt. Er findet die drei wichtigsten Zeichen der Königstochter auf dem Grund seiner Suppe, mit denen sie ihre Absicht zu erkennen gibt.

Doch ist der König nicht dumm. Er befiehlt, den dritten Tanz länger als die vorherigen beiden dauern zu lassen, und nun führt die fehlende Zeit dazu, dass sich die Prinzessin nicht völlig verkleiden kann (ein Stiermond kommt nicht gerne zu spät zur Arbeit). Sie bleibt ihrer Verpflichtung treu und genau dadurch kommt ihr wahres Wesen zum Vorschein. Der König hat ihr unbemerkt den Ring an den Finger gesteckt und diesen Finger kann sie nicht mehr schwärzen. Er bleibt rein und auch ihre Tierhaut, die sie bisher vor einem falschen Leben schützte, ist jetzt überflüssig. Unter ihm strahlt ihr wirkliches Wesen, das Sternenkleid, hervor und verrät ihre Herkunft. Glücklich kann sie sich nun mit ihrem rechten Gemahl vereinen.

Dieses Märchen hat eine ganz deutliche Moral. Die Tochter, obwohl unschuldig, schämt sich für ihren Vater und seine unrechtmäßigen Heiratsabsichten. Deshalb verlässt sie ihre Heimat und ihre alte Rolle als seine Tochter. Sie streift sich eine neue Haut über, die Haut der Tiere, und beschmutzt sich mit Ruß, so wie sie durch die unmögliche Forderung ihres Vaters beschmutzt worden ist. Als letztes Glied im Schloss arbeitet sie sich nun die Schande ab. Keiner kennt sie, doch alle lieben und achten sie, wenngleich ihre neue Rolle mit der alten wenig gemein hat. Diesmal wirkt sie durch ihr Wesen, nicht durch ihre äußere Erscheinung oder ihren gesellschaftlichen Rang. Sie hat sich auf das Minimum reduziert und bereitet nicht einmal, obwohl sie in der Küche arbeitet, die Speisen zu. Diese Aufgabe bekommt sie erst, als sie ihren rechtmäßigen Gatten getroffen hat. Ihm „gesteht" sie zunächst durch die Zeichen ihrer Habseligkeiten. Erst als der König die ganze Geschichte kennt und versteht, kann er sie „finden". Die Königstochter braucht ein reines Gewissen, sonst kann sie keine Prinzessin sein und keine Ehe eingehen.

Mond im Stier spiegelt ähnliche Qualitäten wider. Hier finden wir Pünktlichkeit, Zuverlässigkeit und das Gesetz der Ordnung. Es gibt bestimmte Prinzipien im Leben, die eingehalten werden müssen, sonst würde man sich selbst verleugnen. In dem Märchen ist der Wald der Ort der Transformation, an dem das alte Leben in das neue übergeht. Für den Stiermond ist es die Natur, die bei der Regeneration hilft. Die Prinzessin erarbeitet sich nun ihren neuen Lebensabschnitt als Küchenmagd, d.h. sie beschäftigt sich mit den einfachsten Fragen der Ernährung, ebenfalls ein Thema des Stiers. Sie schläft in einer dunklen Kammer unter der Treppe, wohin kein Lichtstrahl fällt, wohnt also völlig im Verborgenen. Sie hat nur ihre ureigensten magischen Dinge bei sich, den Ring, die Spindel und die Haspel, und diese helfen ihr dabei, wieder ihre rechtmäßige Stellung zurückzugewinnen. Mond im Stier lehrt uns bestimmte Gesetzmäßigkeiten, schrittweises Vorgehen, die Vorteile der Einfachheit, die uns dem, was wir lieben, annähern. Es gibt so etwas wie Pflicht, Treue und Ehrlichkeit, und dies sind Richtlinien, an die man sich halten muss.

Wäre die Prinzessin sie selbst geblieben, ohne den Umweg der Verkleidung zu gehen, hätte sie niemals ihren Gatten getroffen. Sie wäre dann die ungehorsame Tochter ihres Vaters gewesen, hätte sich seinen Zorn verdient und aus dieser Position heraus keinen anderen Mann treffen können. Ihr wäre ein Leben in Unglück und Schmerzen beschieden gewesen. So nimmt sie aber das Unglück vorweg und beschließt, es zu verarbeiten. Sie dient jetzt dem Schicksal und ist als Rauhtierchen auch keinem Königshof mehr verpflichtet. Dadurch hält sie ihr Leben ganz selbstständig in den Händen, ohne äußerlichen Zwang oder gesellschaftliche Normen, die sie zu erfüllen hätte. Sie kann nun ihr Leben selbst gestalten und findet auf diese Art zu ihrem wirklichen Gatten. Der schätzt sie wegen ihrer innerlichen und äußerlichen Qualitäten und befreit sie aus ihrer selbst gewählten sozialen Freiheit als unterste Dienerin. Mond im Stier entspricht genau dieser Loyalität gegenüber den eigenen, wirklichen, wahren Gefühlen, die ein Mensch an den Tag legt. Äußerliche Verpflichtungen und innerliches Verpflichtet-Sein müssen ineinandergreifen, wenn wir „richtig" leben wollen. Wir erkennen das Gesetz der Einfachheit, innere Glaubenssätze, die sich im Äußeren manifestieren, und lernen, uns immer wieder auf das Wesentliche, die Basis unseres Wesens, zu reduzieren. Vielleicht müssen wir uns sogar für eine Weile verstellen, kleiner machen, als wir sind, um wieder etwas Neues aufbauen zu können. Die Wurzeln unserer Gefühle müssen gesund sein, das Innerste muss stimmen, damit die Seelenkräfte Früchte tragen können. Was würdest du mitnehmen, wenn du die Prinzessin wärst, um dich in einem neuen Lebensabschnitt offenbaren zu können?

Neumond im Stier

Nutze diesen Mond, um dir über deinen Körper und deine karmischen Verpflichtungen Klarheit zu verschaffen. Pflege deinen Körper als den Tempel deiner Seele, ernähre dich gut und genieße, was du heute zu dir nimmst.

- Welches Verhältnis hast du zu deinem Körper?
- Wie ernährst du dich?

Ordne deine Gedanken. Schreibe auf, was dir wirklich wichtig ist, und stelle dem gegenüber, was dir weniger wichtig ist, was du aber trotzdem tust.

- Beschäftigst du dich ausreichend mit dir wichtigen Themen?
- Welcher Teil in dir braucht mehr Nahrung, hungert nach Futter?

Frage dein inneres Kind, was es von dir momentan am meisten braucht. Versprich ihm, es mit dem, was es sich wünscht, ausreichend zu versorgen.

Erfüllst du dir deine existenziellen Bedürfnisse ausreichend?

Vollmond im Stier

Feiere ein Fest, das du dem ernährenden Mutteraspekt in dir widmest. Heute bist du die Mutter, die umsorgt wird. Male ein Bild von deiner Idealvorstellung einer Mutter. Was umgibt diese, was sind ihre Qualitäten, was macht sie, mit was beschäftigt sie sich? Lass es dir gut gehen und versorge dich mit dem, was dir im Moment am meisten fehlt. Widme diesen Tag ganz deinen wirklichen Bedürfnissen und ernähre den Teil in dir, der hungrig ist. Genieße deinen Körper, deine sexuelle Ausstrahlung, deine innere Wärme und richte es dir heimelig ein, so dass du dich wirklich geborgen und beschützt fühlst. Vielleicht brauchst du heute Mutter Natur, die du genießen möchtest, oder ein besonders gutes Essen oder einen kuscheligen Tag im Bett - versprich deinen Sinnen, dich besonders um sie zu kümmern. Sei dir bewusst, dass du andere umso besser nähren kannst, je mehr du dich selbst nährst, also lasse dir zumindest heute so viel Aufmerksamkeit zukommen wie möglich.

Mond in den Zwillingen

Die Froschfee

(Elsässisches Märchen)

Eine arme Witwe lebte mit ihrem Sohn in einer Hütte am Waldrand. Sie hätte ihn gerne in die Schule geschickt, aber ihre Armut erlaubte das nicht, und so verbrachte dieser den Tag damit, Holz und Reisig zu sammeln. Die großen Stücke verkauften sie und die kleineren behielten sie, um damit ihre Hütte zu heizen.

Eines Tages sammelte der Junge wieder Holz, als er Rufen und Schreie hörte. Schnell eilte er hin und fand einen Frosch, der von einem Fuchs bedroht wurde. Er rettete den Frosch und beschloss, ihn mit nach Hause zu nehmen. Er setzte ihn in ein schönes Glas und sorgte für ihn.

Von diesem Tag an zog der Wohlstand in die kleine Hütte ein. Die Mutter fand eine Geldbörse, ohne dass sie wusste, wie sie ins Haus gekommen war, und wenig später fiel ihr eine Erbschaft zu. So konnte sie ihren Sohn nun endlich in die Schule schicken. Er wurde sehr gelehrt und klüger als alle anderen. Die Mutter war glücklich. Sie erzählte den Nachbarn vom Frosch und dass er ihnen wohl Glück gebracht haben müsste. Sie liebte den Frosch und pflegte ihn aufs sorgfältigste, wenn ihr Sohn nicht da war. Als der Gelehrte von einer seiner Reisen zurückkam, dankte er dem Frosch für alles, was er für seine Mutter und ihn getan hatte. „Du sollst einen Ehrenplatz an unserem Tisch bekommen und mit uns speisen“, sagte er zu dem Frosch. Dieser begann zu singen und zu tanzen. Dann setzte er sich auf den Sessel, der ihm bestimmt war.

Doch nun geschah etwas Seltsames: Er verwandelte sich in ein junges Mädchen von großer Schönheit. Nach kurzem Schweigen sprach es: „Ich bin eine Waldfee. Ich habe dich lange im Wald beobachtet und dein Eifer und Mut haben mir gefallen. Ich wünschte dir Gutes und deshalb habe ich die Gestalt des Frosches angenommen, um dein Herz zu erproben. Du hast die Prüfung gut bestanden und du bist all dessen würdig, was ich für dich getan habe. Ich habe das Geld in die Truhe gelegt und euch die Erbschaft geschickt und ich habe dir auch Klugheit und wissenschaftlichen Geist geschenkt. Jetzt möchte ich dich etwas fragen: Ich liebe dich, möchtest du mich heiraten?“

Der Sohn stotterte: „Schöne Fee, ich würde dich gerne heiraten, aber wir haben schon alles Geld ausgegeben und jetzt ist kaum mehr etwas für uns übrig. Ich möchte nicht, dass du Not leidest.“

„Sind dies deine einzigen Bedenken?", fragte die Fee. „Dann schau, was ich kann."

Und sie ergriff eine Handvoll Bohnen, die in einem Sack lagen, und verwandelte sie in schöne, blanke Geldstücke. Der junge Mann war nun glücklich. Eine Woche später hielten sie Hochzeit in der nahen Kirche.

Als sie aber zurückkehrten, war seine Verwunderung noch größer, denn die Fee hatte an die Stelle der armen Hütte ein schönes Schloss gezaubert, in dem sie seither glücklich mit ihrem Gatten lebt.

Interpretation

Dieses Märchen zeigt die wichtigsten Punkte des Zwillingemondes auf. Es berichtet von einem armen Jungen, der mit seiner Mutter im Wald lebt. Er hat sich mit seinem Schicksal abgefunden und sich in seine armseligen, aber natürlichen Verhältnisse gefügt. Innerhalb seiner Grenzen tut er sein Bestes. Er sammelt Holz und hilft seiner Mutter, ist bemüht und eifrig und kann so beider Grundbedürfnisse erfüllen. Seine Einfachheit wärmt das Haus und ernährt ihn und seine Mutter, wenn auch auf äußerst bescheidene Art. Er träumt davon, sich zu bilden, kann aber selbst nichts an seiner Lage verändern.

Die Froschfee beobachtet ihn und ihr gefällt der bescheidene, zufriedene Junge. Um sein Herz zu testen, verwandelt sie sich in einen Frosch, der von einem Fuchs gefressen werden soll. Der Fuchs ist in allen Märchen ein Sinnbild für Schläue, List und Tücke. Er bedroht das Leben der Froschfee, wie auch zu viel Intellekt die Seelenkräfte ersticken kann. Hier findet sich der erste Hinweis auf den Zwillingemond. Die Gefühlswelt kann bedroht sein von zu viel Information und zu vielen Gedanken. Zu viel Wissen schadet den Bildkräften der Seele, die sich dann nicht mehr natürlich entfalten können. Die Froschfee scheint sich dieser Tatsache bewusst zu sein. Sie verliebt sich in den armen Jungen, der ohne ihre Hilfe keine Bildung erfahren kann und sich eben diese doch sehnlichst wünscht. Also beschließt sie, ihm zu helfen. Der Junge ist einfach und handelt spontan. Er rettet den Frosch und befreit somit seine eigene noch nicht bewusste Intelligenz. Er hat ohne Absicht im Hier und Jetzt gehandelt, der Situation angemessen, aus Mitleid. Auch dies sind Eigenschaften des Zwillingemondes. Jetzt bekommt er als Lohn die finanziellen Mittel für seine Ausbildung. Eifrig lernt er und erfüllt damit seinen eigenen Wunsch und den seiner Mutter. Er wird ein Gelehrter, der alle anderen an Klugheit übertrifft, denn er lernt aus seinem inneren Bedürfnis heraus, nicht weil er irgend etwas damit erreichen will. Die Froschfee unterstützt ihn freudig, sie hilft ihm, indem sie ihm zusätzlich Klugheit und wissenschaftlichen Geist schenkt. Zum Dank wird sie von ihm und seiner Mutter gepflegt und umsorgt. Erst als die beiden erkennen, dass der Frosch ihnen gleichwertig ist - dass seine Hilfsbereitschaft ebenso viel zählt wie die Klugheit des Sohnes - und der Sohn ihm einen Platz an ihrem Tisch anbietet, gibt er sein wahres Wesen zu erkennen. Der Sohn hat sein inneres Wesen nun auf die gleiche Ebene mit seinem erfüllten Wunschtraum gestellt und damit den Frosch aus seiner niederen Stellung befreit. Er ist jetzt erwachsen, er kennt sich und seinen Traum, und beides ist gleich wichtig. Jetzt können die beiden heiraten, denn die Fee hat sich von seinem guten Herzen überzeugt und er umgekehrt davon, dass ihn seine gewonnene Klugheit wirklich ernähren kann. Beide glauben jetzt aneinander und die Hütte der Armen verwandelt sich in ein wunderbares Schloss, in dem sie nun glücklich leben können.

Auch der Zwillingemond birgt solche Qualitäten, indem er bemüht ist, die Wirklichkeit mit dem intellektuellen Traum zu verbinden. Oft ist es schwierig, diese einfache Wahrheit zu leben, denn man muss einerseits in der Lage sein, seine Situation objektiv einzuschätzen, das Hier zu begreifen, und andererseits im Jetzt angemessen handeln. Herzenswahrheit gepaart mit Klugheit ergibt die optimale Kombination, denn zu viel Wissen, dem der warme Anschluss oder menschliche Anteilnahme fehlt, kann der Seele nicht bei ihrer Entfaltung helfen.

Der Junge kennt seine Lage und vertraut seiner gewonnenen Bildung zunächst noch nicht. Er glaubt nicht, dass ihn sein Wissen ernähren kann. Doch die Fee überzeugt ihn vom Gegenteil. Sie zeigt ihm nun ihre und so auch seine Macht. Damit lernt er sich selbst und dem Neuen zu vertrauen. Er liebt nun als Wissender, sie wird geliebt und stellt jetzt großzügig ihren inneren Reichtum zur Verfügung. Ohne diesen Austausch hätte sich keiner der beiden befreien können. Die Fee brauchte Menschlichkeit und der Sohn Wissen und Bildung. Indem sich beide Qualitäten trafen und nährten, konnten sie eine ertragreiche Einheit bilden. Im Zwillingemond treffen wir auf Menschlichkeit gepaart mit nimmermüdem Wissensdurst - er lehrt die einfachen Gesetze der menschlichen Fürsorge und versinnbildlicht die Anstrengung, die mit dem objektiven Lernen verbunden ist. Erst wenn sich beides zu gleichen Maßen miteinander verbindet, ist die Seele reich.

Der Sohn hat trotz der gewonnenen Anerkennung nicht vergessen, dem Frosch zu danken, und die Fee eingesehen, dass ihr als Feenwesen die menschliche Wärme fehlt. So dient letztendlich der Intellekt der Seele und der wissenschaftliche Geist kann sich die Einfachheit seines Gemütes bewahren, was dazu führt, dass das Haus, der Körper, in dem beide wohnen, sich in ein blühendes Anwesen verwandeln kann, dem alle Potenziale der Entwicklung zur Verfügung stehen.

Neumond in den Zwillingen

Nutze diese Zeit, um dir über die Kraft deiner Gedanken und deine Kontaktfähigkeit Klarheit zu verschaffen.

- Bist du im Kontakt mit deiner Umgebung?
- Welches Verhältnis hast du zu deinen Nachbarn?
- Wie ist dein Verhältnis zu deinen Arbeitskollegen?
- Wie oft triffst du deine Freunde?
- Hältst du deine Verabredungen ein, kommst du zu spät oder zu früh?
- Wie offen bist du gegenüber Neuem?

Stell dir vor, du betrittst einen Raum voller dir fremder Menschen. Wie findest du den ersten Kontakt? Wartest du, bis dich jemand anspricht, oder suchst du dir ein sympathisches Gesicht?

Schreibe auf, wen du kennst, alle Namen, die dir einfallen.

- Was verbindet dich mit all diesen Menschen?
- Hast du Freunde, von denen du etwas lernen kannst?
- Was würdest du gerne lernen, wenn du dir mehr Zeit nehmen würdest?
- Was interessiert dich noch außerhalb deines gewohnten Tagesablaufes?

Male ein Bild, das dich mit Gegenständen oder Symbolen deines Interesses umgibt.

Vollmond in den Zwillingen

Feiere ein Fest, das der Freundschaft gilt. Lade einen oder mehrere Freunde ein und veranstalte einen Spieleabend oder bereite ein Thema vor, das dir schon immer am Herzen liegt, um es zu besprechen. Achte auf die luftige Verbindung zu deinen Freunden, auf deinen Spaß am Kontakt. Beobachte dich und versuche herauszufinden, was dich öffnet und was dich verschließt. Genieße die Kraft der Freundschaft, die keine alltäglichen Verpflichtungen enthält. Schenke all deinen Freunden irgend etwas, entweder wirklich oder im Geist.

Mond im Krebs

Die Gänsehirtin am Brunnen

(Deutsches Märchen)

Es war einmal ein altes Mütterchen, das lebte inmitten eines tiefen Waldes, in der Einöde, zusammen mit ihren Gänsen. Jeden Tag ging sie in den Wald und sammelte Beeren und Früchte und Gras für die Gänse. Obwohl dies immer eine ungewöhnlich schwere Last für sie war, trug sie doch alles erfolgreich nach Hause. Den wenigen Menschen, denen sie begegnete, war sie unheimlich und viele nahmen an, sie sei eine Hexe, obwohl sie stets freundlich mit ihnen sprach.

Eines Tages begab es sich, dass ein junger Mann, der Sohn eines Grafen, durch den Wald ging und der alten Frau begegnete, die mit ihrer Sichel das Gras schnitt. „Wie kannst du nur all dies von hier wegtragen?", fragte er zweifelnd, indem er auf die umliegenden Körbe voller Äpfel und Birnen zeigte. „Wollt Ihr mir helfen?", fragte sie ihn zurück. „Ich wohne nicht weit und Ihr seid weitaus jünger und stärker als ich." Aus Mitleid stimmte er zu und ließ sich die Körbe und das mit Gras gefüllte Tuch umhängen. „Seht Ihr, es geht ganz leicht", meinte die Alte. Er aber, der Lasten nicht gewohnt war, stöhnte und wollte gleich wieder aufgeben. „Was", entsetzte sich die Alte, „der junge Herr will nicht tragen, was ich alte Frau schon so oft geschleppt habe? Mit den Worten ist er schnell bei der Hand, aber jetzt will er sich gleich wieder aus dem Staub machen." Das wollte er nun nicht auf sich sitzen lassen und so ächzte er den Berg hinauf. Als er jedoch rasten wollte, wusste sie ihn schnell aufzuhalten. „Geht weiter, Ihr könnt euch ausruhen, wenn wir angekommen sind, wer weiß, wozu es noch gut ist", versprach sie. Er fand sie unverschämt und wollte die Last abwerfen, jedoch hing nun alles an ihm, wie festgeklebt. Zu allem Unglück sprang die Alte auch noch auf seinen Rücken und trieb ihn mit Brennnesselschlägen an. Bei jedem Schritt, den er tat, schien das Gewicht auf seinem Rücken zuzunehmen.

Endlich kamen sie an und er brach schweißgebadet zusammen. Eine Schar Gänse begrüßte sie freudig. Diese wurde von einer hässlichen Trulle vorangetrieben. Die Alte bedankte sich jetzt freundlich beim Grafensohn und versprach ihm Lohn für seine Mühen. Dieser machte es sich unter einem wilden Apfelbaum bequem und schlief. Die Alte weckte ihn jedoch nach kurzer Zeit wieder auf und gab ihm eine Büchse, die aus einem einzigen Smaragd geschnitzt war. „Dies ist mein Dank", sagte sie, „sie wird dir Glück bringen." Der junge Mann nahm die Büchse an sich und verabschiedete sich. Dann irrte er drei Tage im Wald herum, bis er wieder heraus fand. Er gelangte in eine fremde Stadt und wurde gleich vor den König und die Königin geführt, da ihn keiner kannte. Er legte der Königin die Büchse zu Füßen. Diese warf einen Blick hinein und stürzte ohnmächtig zu Boden. Sie fing an zu weinen und fragte ihn, wo er die Büchse her habe. Sie erklärte ihm: „Ich hatte drei Töchter, von denen die jüngste so weiß wie Schnee, so rosig wie eine Apfelblüte war, mit goldenen Haaren, so glänzend wie Sonnenstrahlen. Wenn sie weinte, hatte sie keine Tränen, sondern Perlen und Edelsteine tropften aus ihren Augen. Als sie 15 Jahre alt war, rief der König alle drei Töchter zu sich und fragte sie, wie lieb sie ihn hätten. Derjenigen, die ihre Liebe am besten ausdrücken konnte, versprach er das Beste nach seinem Tode. Die Älteste sagte, sie liebe ihn wie den süßesten Zucker, die Mittlere sagte, dass sie ihn liebe wie ihr schönstes Kleid. Die Jüngste aber schwieg. Sie könne ihre Liebe mit nichts vergleichen, sagte sie, doch schmecke die beste Speise nicht ohne Salz, sie liebe ihn wie Salz. Der König aber wurde zornig und teilte sein Reich zwischen den beiden Älteren. Die Jüngste aber jagte er davon. Zwei Knechte mussten sie in den wilden Wald führen. Sie weinte so, dass der ganze Weg mit Perlen und Edelsteinen übersät war. Bald darauf reute den König sein Verhalten und er ließ sie im ganzen Wald suchen, doch konnte sie keiner jemals mehr finden. Und nun liegt in Eurem Büchslein eben solch eine Perle, wie sie meine Tochter immer geweint hat. Bitte sagt mir, wie Ihr zu ihr gekommen seid."

Der Grafensohn erzählte alles und der König und die Königin beschlossen, die Alte aufzusuchen, um sie zu fragen, ob sie etwas vom Verbleib ihrer Tochter wisse. Das Königspaar und der Grafensohn machten sich gemeinsam auf den Weg.

Die Alte saß währenddessen an ihrem Spinnrad und spann. Die Trulle kam heim vom Gänsehüten und setzte sich zu ihr. Beide spannen gemeinsam, ohne ein Wort zu sagen. Eine Eule kam und schaute durchs Fenster herein und rief dreimal uhuu. Da schickte die Alte das Mädchen hinaus. Es ging zum Brunnen, der unter drei alten Eichenbäumen stand. Der Vollmond stand hoch am Himmel. Es zog eine Haut ab, die auf seinem Gesicht lag, und begann sich zu waschen. Die Haut legte es in den Mondschein, um sie zu bleichen und zu trocknen. Das Mädchen war wunderschön, jung und zart wie eine Apfelblüte. Es weinte bitterlich und aus seinen Augen fielen Perlen. Da knackte es in den Bäumen und erschrocken sprang es auf, zog sich seine Haut an und lief zurück ins Haus. Der Grafensohn aber, der im Baum saß, hatte genug gesehen ... (Er war nämlich nachts vom Weg abgekommen, hatte die Eltern der Prinzessin verloren und wollte deshalb in einem der Bäume übernachten.)

Ins Haus zurückgekehrt fand das Mädchen eine lachende Alte vor, die schon alles wusste. Sie befahl der Tochter, das Haus zu putzen. Diese wunderte sich ob einer solchen Arbeit zu so später Stunde. „Weißt du nicht, dass du heute vor drei Jahren zu mir gekommen bist? Deine Zeit bei mir ist um, du musst nun gehen", sagte die Alte. Das Mädchen erschrak, denn es wusste nicht, wie es von hier aus weitergehen sollte. Die Alte jedoch blieb ungerührt und wollte, dass es die falsche Haut ablege und sich kleide, wie es gekommen war. Sie befahl ihm, in seinem Zimmer bis auf weiteres zu warten.

Der Grafensohn hatte mittlerweile die Königseltern wiedergefunden und gemeinsam klopften sie an die Tür des Waldhäuschens. Die Alte verließ ihr Spinnrad und lud sie zum Essen ein. Auf einem reich gedeckten Tisch dampften schon die Speisen. Die drei freuten sich, denn sie waren beim Wandern hungrig geworden. Doch entsetzt verzogen sie die Gesichter, denn alles schmeckte fade und öd. „Wo ist denn das Salz?" rief der König und da mussten alle lachen und weinen zugleich. Die Alte öffnete die Zimmertüre und die Königstochter trat heraus, sie war jetzt noch schöner als zuvor. „Den weiten Weg hättet ihr euch sparen können, hättet ihr nicht euer Kind ungerechterweise verstoßen", sagte die Alte, „doch Eure Sorgen sind genug der Strafe. Ihr hat es nicht geschadet, denn sie hat drei Jahre lang die Gänse gehütet. Jetzt wollen wir feiern." Die Königstochter sah den Grafensohn und errötete und wenig später feierten sie Hochzeit. Die Alte schenkte der Königstochter zum Lohn für ihre Mühen alle Tränen, die sie bisher von ihr gesammelt hatte, und ihr Haus. Daraufhin verschwand sie und es knatterte im Gebälk. Ein wunderschönes Schloss stand nun an der Stelle der Hütte und der König, der sich schämte, weil er nichts zu der Hochzeit beitragen konnte (sein Königreich hatte er ja verschenkt), war nun froh. Die vielen Perlen und Edelsteine seiner Tochter waren ohnehin zusammengenommen wesentlich mehr wert als sein Reich und jetzt war alles gut. Wenn sie nicht gestorben sind, dann feiern sie noch heute.

Interpretation

Dieses Märchen enthält viele Hinweise auf die Urmutter, die alte Mondgöttin, die den Krebs regiert. Das alte Mütterlein wohnt mit ihren Gänsen im Wald. (Im alten Ägypten war Hathor, die Mondgöttin, auch die Gänsegöttin, die ihr goldenes Ei, die Sonne legte und gleichzeitig die Patin aller Kinder war.) Sie kann Lasten tragen, die anderen Menschen zu schwer sind, und sitzt die meiste Zeit zu Hause und spinnt den Lebensfaden. Den Menschen jener Zeit ist sie unheimlich, denn sie fühlen ihre Kraft und können doch aufgrund des herrschenden Zeitgeists nichts mehr mit ihr anfangen. Da ist es einfacher, sie Hexe zu schimpfen.

Die Königstochter wird von ihrem Vater verstoßen, da er den Wert ihrer Antwort nicht erkennt. Er weiß nichts vom Salz des Lebens und kann nur mit Süßem und Anmutigem (Zucker und schönen Kleidern) umgehen. Seine Frau ist kraftlos und kann seinen Zorn nicht bändigen. Also findet die Tochter ihren Weg zur wirklichen Mutter - der Urmutter, die im Wald lebt. Dort wird sie während dreier magischer Jahre initiiert. Sie betreut die Gänse, die das magische Weltenei oder die Sonneneier legen. Ihr geht es gut und doch muss sie ihr wahres Gesicht verbergen. Sie bekommt von der Alten eine falsche Haut, die sie in eine hässliche Trulle verwandelt, aber gleichzeitig während der dreijährigen Lehrzeit ihre Schönheit vor fremden Blicken schützt. Das Mädchen weint Perlen und Edelsteine, keine Tränen, sein Schmerz ist kostbarer als das Königreich seines Vaters, seine Gefühle sind sein Schatz und verraten den unermesslichen Wert der innerlichen Welt.

Der Grafensohn hilft zunächst dem Mütterchen, obwohl ihn sein Angebot schon gleich darauf wieder reut. Ihm ist die Last der Verantwortung zu groß und eigentlich fühlt er sich noch nicht recht reif für sein Abenteuer. Das Mütterchen kennt aber kein Erbarmen, mit Brennnesselstichen treibt sie ihn voran und er muss Schmerz aushalten, bevor er eine Belohnung erhält. Er versucht, zwischendurch auszusteigen, kann aber den einmal eingeschlagenen Weg nicht mehr verlassen und die Last klebt an ihm, bis er, am Ende seiner Kräfte, die Hütte erreicht. Sein Weg ist der gelenkte Weg des Schicksals, willentlich vermag er keinen Einfluss mehr auf die vorgegebene Richtung zu nehmen, er kann sich nur noch fügen und vertrauen. Deshalb erkennt er auch die Königstochter nicht, sondern hält sie für eine hässliche Trulle, denn seinen Augen ist der innere Wert noch verschlossen und er reagiert mit einer gewissen Abscheu auf das äußerliche Bild. Ihm passieren die Dinge, er muss geschehen lassen. Er lernt jetzt die erste Lektion des Krebsmondes: Sich lenken zu lassen, anstatt selbst zu lenken.

Wir haben nicht immer Einfluss auf unser Schicksal, manches fügt sich von ganz alleine zusammen, aber erst dann, wenn die Zeit reif ist. Der junge Mann jedenfalls zeigt Vertrauen und folgt den Anweisungen des Mütterchens, wenngleich nicht ohne Murren. Dies ist der Zustand, in dem man sich befindet, wenn sich Einfluss die Welt scheinbar gegen einen verschworen hat und man mit seinen Plänen und Willenskräften auf nichts als Widerstände stößt. Alles Klagen hilft dann meistens nicht, der Weg geht wie von Zauberhänden geführt weiter und man muss ihn gehen, auch wenn die Last der Verantwortung einen zu erdrücken scheint oder wenn man, wie der Grafensohn, auf dem Weg aus dem Wald heraus erst einmal völlig im Dunkeln tappt.

Auf diese Weise allerdings gelangt er auf seinem Schicksalsweg (nicht dem vertrauten Willensweg) in die fremde Stadt der Königseltern. Hier erfährt er die ganze Geschichte und wird nun neugierig. Eigentlich möchte er wieder nach Hause zurück, in seine vertraute Umgebung, und der Alte bleiben, jedoch geht dies nicht mehr. Erneut kommt er vom Weg ab und schläft auf dem Eichenbaum, von dem aus er nun die Transformation der Trulle erlebt. Deren Lehrzeit, Initiationszeit, ist nun abgelaufen. Sie wäscht sich und ihre falsche Haut im Brunnen unter den drei Eichen und erlangt so magische Kraft und Weisheit, was ihr aber nicht viel zu nützen scheint, denn sie weint noch immer über die Trennung von ihren Eltern. In diesem Moment kracht es im Baum und sie flieht schnell zurück zum Mütterchen - jedoch hat der Grafensohn ihr wahres Wesen nun gesehen.

Doch beim Mütterchen findet sie keine Zuflucht mehr, denn dieses weiß, was die Stunde geschlagen hat, und lässt sie nun das Haus reinigen, den Ort, an dem sie inneres Wissen und Weisheit sammeln konnte. Es wird Zeit, selbstständig und erwachsen zu werden und sich aus der Tochterrolle zu lösen. Das Mädchen ist sich seines Reichtums jedoch noch nicht bewusst. Es reagiert unsicher und weiß nicht, wie es weitergehen soll. Da erscheinen die reumütigen Eltern. Ihnen tut ihr Verhalten leid und selbst der Vater merkt anhand der ungesalzenen Speisen, wie unrecht er seiner Tochter getan hat. Als sich alle über ihre Fehler klar geworden sind, kann der Grafensohn erscheinen. Nun hat die Alte keine Aufgabe mehr. Ihre Kinder sind erwachsen geworden und haben sich erkannt. Sie verschwindet und schenkt ihnen das Haus, den Ort, an dem sie lernen konnten. Auch dieser kann sich jetzt verwandeln, denn wirklich gefühlter Schmerz leitet eine tiefgehende Transformation ein. Die gesammelten Tränen der Prinzessin sind wertvoller als das verlorene Königreich ihres Vaters. Ihre Liebe und der damit verbundene Schmerz machen sie unglaublich reich (und zu einer guten Partie für den Grafensohn, dem immer noch alles geschieht). Der Vater kann nun auch froh sein, denn seine Tochter hat wegen seiner Dummheit nichts verloren, sondern durch ihre ehrliche, aber einfache Antwort, die sie ihm gab, ihr eigenes, unabhängiges Leben gewonnen. Nun erkennen alle ihre tiefe Liebe und können feiern - die traurigen Seelen sind befreit und alle haben etwas über die Liebe gelernt.

In diesem Märchen reift die Prinzessin durch den Schmerz. Ihre Liebe zum Vater bringt ihr zunächst die Trennung von den Eltern, denn dieser versteht sie nicht, weil er nicht so tief empfinden kann wie sie. Deshalb führt sie ihr Weg zu ihrer wirklichen Mutter, der Urmutter, dem Ort ihrer seelischen Herkunft. Bei ihr lernt der Krebsmond sich zu entfalten und die innerlichen Werte auszubilden. Doch auch hier darf sie nicht abhängig werden und ewig die Kindrolle weiter spielen. Sobald genug Schmerz empfunden worden ist, kann sie wieder in ihre alte Welt zurückkehren, sich mit ihren irdischen Eltern aussöhnen und wieder vereinen und bekommt sogar noch einen Gemahl dazu, denn nun ist sie selbst in der Lage, für ein

Heim zu sorgen, und ihr innerer Reichtum hat sich in Form der Perlentränen materialisiert und veräußerlicht.

Genau dies lehrt uns der Krebsmond - tief und wirklich zu empfinden, für unsere Liebe notfalls auch zu leiden und für etwaige Fehler reumütig einzustehen. Gleich der Prinzessin und dem Grafensohn müssen wir lernen, dem Schicksal zu vertrauen, unseren Willen und das Eigenständige aufzugeben, damit sich der Weg der Bestimmung öffnen kann. Es gibt kein Richtig oder Falsch, nur den Weg, der von ganz alleine seinen Lauf nimmt, wenn wir bereit sind, unseren Gefühlen Ausdruck zu geben, selbst wenn die äußeren Widerstände dagegen zu sprechen scheinen. Die Prinzessin wollte ihrem Vater nicht schmeicheln, sondern ihm ihre Wahrheit sagen. Dass er sie nicht verstand, war nicht ihre Schuld. Und doch gelangte sie aufgrund ihrer Aussage in eine weitaus tiefere Schicht ihres Selbst und traf so das Mütterchen, die Kraft ihrer wirklichen Herkunft.

Neumond im Krebs

Nutze diese Zeit, um dir über deine Träume Klarheit zu verschaffen.

Gibt es einen wichtigen Traum, der dich beschäftigt? Schreibe ihn auf und versuche, jeden Teil des Traumes sprechen zu lassen.

- Was haben die einzelnen Teile zu sagen?
- Wie ist das Gesamtgefühl, die Atmosphäre des Ortes?
- Welchem Aspekt vertraust du am meisten?

Stell dir vor, dein Leben wäre ein Traum.

Unternimm eine Phantasiereise, die dich mit dem, was du dir erträumst, in Kontakt bringt.

- Glaubst du an die Kraft der Wünsche?
- Welchen Gegenstand würde dir die alte Mondmutter schenken?

Vollmond im Krebs

Feiere ein Fest des Klanges. Alles ist Klang. Schaffe dir eine gute Atmosphäre, spiele entsprechende Musik und versuche zu hören. Was macht die Musik mit dir? Lasse dich von den Klängen tragen und vergegenwärtige dir, dass deine Seele in eben solchen Klängen „denkt". Versuche, mit der Musik eins zu werden, und höre von innen. Aus jedem Klang entsteht ein Bild, entsteht ein Gedanke, und dieser kehrt wieder zurück an den Ort seiner Entstehung. Widme diesen Tag dem Hören. Höre auf alles, auch auf die Pausen. Beobachte deinen Körper: Wo empfängt dieser welchen Ton?

Mond im Löwen

Der treue Johannes

(Deutsches Märchen)

Es war einmal ein König, der lag im Sterben. Er rief seinen treuen Diener Johannes zu sich, um ihm seine letzten Worte mitzuteilen. Er sprach: „Ich bitte dich, erziehe und unterrichte du meinen Sohn, bis er erwachsen ist, und versprich mir, dass du sein Pflegevater sein wirst, sonst kann ich nicht in Frieden sterben." „Das werde ich tun, und wenn's mich das Leben kostet", sagte dieser. „Danke", antwortete der König, „du sollst ihm nach meinem Tod das Schloss zeigen, alle Säle, Kammern und Schätze, aber bitte zeige ihm nicht die letzte Kammer, worin das Bild der Königstochter vom goldenen Dache verborgen ist. Wenn er das Bild erblickt, wird er heftige Liebe zu ihr empfinden und ohnmächtig niederstürzen. Er wird sich vielen Gefahren aussetzen und ich möchte ihm all dies ersparen." Damit starb der König.

Der treue Johannes erzählte dem Königssohn nun alles, was ihm der König aufgetragen hatte (bis auf das Geheimnis), und zeigte ihm das Schloss. Der Königssohn merkte aber ganz genau, dass er immer eine Kammertüre ungeöffnet ließ, und bat den treuen Johannes, das Zimmer zu sehen. Johannes berichtete ihm vom Verbot des Vaters, doch es nützte alles nichts, der Königssohn behauptete, nie mehr glücklich sein zu können, wenn er nicht hineingeschaut hätte. Dem treuen Johannes blieb weiter nichts übrig, er musste die Türe öffnen. Alles kam so, wie es der König gesagt hatte, und der treue Johannes trug ihn ohnmächtig ins Bett. Als er die Augen aufschlug, konnte er an nichts anderes mehr denken als an das Bild. Er rief Johannes und sagte: „Du musst mir helfen, die Prinzessin zu gewinnen, sonst hat mein Leben keinen Sinn."

Der treue Johannes dachte nach: „Alles, was die stolze Prinzessin besitzt, ist aus Gold. Sie liebt Gold über alles. In deiner Schatzkammer liegen fünf Tonnen davon. Nimm diese und lasse die wunderbarsten Gerätschaften und Kunstwerke anfertigen. Dann werden wir alle Kostbarkeiten auf ein Schiff laden und zu der Prinzessin segeln."

Als alle Goldschmiede des Landes mit ihren Arbeiten fertig waren, verkleideten sich die beiden als Kaufmannsleute und fuhren los. Dort angekommen, legte sich der treue Johannes ein paar Goldarbeiten in seine Schürze und suchte die Prinzessin auf. Derweil schmückte der Königssohn das Schiff. Die Königstochter war von den schönen Golddingen sehr angetan. Als sie hörte, dass auf dem Schiff noch mehr anzuschauen und zu kaufen sei, folgte sie Johannes bereitwillig mit. Auf dem Schiff brach sie in Begeisterung aus, ihr gefiel eine Goldarbeit besser als die andere und sie vergaß darüber ganz die Zeit.

Als sie wieder an Deck kam, fand sie sich mitten auf dem Meer. „Oh Schreck“, rief sie, „ich bin entführt worden und in die Gewalt eines Kaufmannssohnes geraten, doch lieber möchte ich auf der Stelle sterben.“ Der Königssohn aber gab sich nun zu erkennen und beruhigte sie, er gestand ihr seine Liebe und berichtete ihr, wie er ohnmächtig geworden war, als er ihr Bild zum ersten Mal gesehen hatte. Sie war nun getröstet und fand ihn auch nicht übel, also beschlossen sie zu heiraten. Der treue Johannes saß derweil auf dem Schiff und musizierte.

Drei Raben flogen herbei und ließen sich nieder. Der erste sprach: „Da führt er die Königstochter vom goldenen Dache heim.“ Der zweite sagte: „Ja, aber noch hat er sie nicht.“ Der dritte fügte hinzu: „Genau. Wenn sie an Land sind, wird ein fuchsrotes Pferd kommen und der Königssohn wird sich aufschwingen wollen. Wenn dann keiner in die Halfter greift und mit dem Gewehr, das darin steckt, das Pferd erschießt, ist es um ihn geschehen. Er wird in den Lüften verschwinden. Und wenn's ihm einer verrät, wird er von den Füßen bis zu den Knien zu Stein.“ Der erste ergänzte: „Wenn sie dann im Schloss ankommen, liegt dort ein gemachtes Brauthemd bereit, das sieht aus, als wäre es aus Gold und Silber gewebt, in Wirklichkeit ist es aber aus Pech und Schwefel. Wenn er es anzieht, wird es ihn bis auf die Knochen verbrennen. Dieses muss man ins Feuer werfen, dann ist der Königssohn gerettet. Wer's weiß und ihm sagt, wird halb zu Stein.“ Da sprach der zweite: „Und selbst dann sind noch nicht alle Gefahren ausgestanden. Wenn nach der Hochzeit der Tanz beginnt, wird die Königin erbleichen und hinfallen. Wenn ihr dann keiner drei Tropfen Blut aus der rechten Brust zieht und sie wieder ausspeit, so stirbt sie. Aber verrät das einer, so wird er ganz zu Stein.“

Dann flogen die drei Raben weiter und der treue Johannes sprach kein Wort mehr auf der ganzen Fahrt. Er wollte seinen Herrn retten, auch wenn es ihn das Leben kosten sollte.

Er schoss das feuerrote Pferd nieder und warf das Hemd im Schloss ins Feuer. Die anderen Diener hielten ihn für verrückt. Der Königssohn aber beschwichtigte sie und vertraute seinem Johannes. Am Tag der Hochzeit, beim Tanz, erbleichte die Königin dann und fiel hin wie tot. Schnell sprang Johannes herbei und trug sie in eine Kammer, legte sie nieder und sog die drei Blutstropfen aus ihrer rechten Brust und spie sie wieder aus. Sie atmete nun wieder und kam zu Leben. Der König aber wurde zornig und verurteilte den treuen Johannes. Man führte ihn zum Galgen und er erbat sich dort ein letztes Wort. Als er die ganze Geschichte erzählt hatte, schämte sich der König. Jedoch war es zu spät. Der treue Johannes war zu Stein geworden. Der König ließ das Bildnis in sein Schlafgemach bringen und weinte immer, wenn sein Blick darauf fiel. Wie schlecht hatte er dem Johannes seine Treue gedankt!

Nach einer gewissen Zeit gebar die Königin Zwillinge, die waren die ganze Freude der Eltern. Eines Tages spielte der König mit ihnen in seinem Schlafzimmer. Da fiel sein Blick wieder auf das steinerne Bild. „Gibt es denn keine Rettung für dich, Johannes?“, fragte der König verzweifelt. Das Bild sprach: „Eine gibt es schon, aber du musst dabei dein Liebstes opfern.“ Der König rief ganz aufgeregt: „Alles, was ich habe, würde ich geben, wenn du nur wieder lebendig wärest!“ „Du musst den Zwillingen die Köpfe abschlagen und mich mit ihrem Blut bestreichen, nur so kann ich wieder lebendig werden.“ Dem König blieb fast das Herz stehen, als er dies hörte. Dann aber dachte er an die große Treue von Johannes und dass dieser sein Leben für ihn gelassen hatte. Kurzum, er hieb seinen Kindern mit dem Schwert die Köpfe ab und bestrich den Stein mit ihrem Blut. Der treue Johannes war nun wieder lebendig und gesund. „Deine Mühe soll nicht unbelohnt bleiben“, sprach er, setzte den Kindern die Köpfe wieder auf und bestrich die Wunden mit ihrem eigenen Blut. Da waren sie wieder lebendig wie zuvor. Der König freute sich sehr und versteckte Johannes und die beiden Kinder im Schrank.

Als die Königin zurückkam, erzählte er ihr, wie sie den Johannes retten könnten. Die Königin erbleichte, dachte nach und sagte: „Wir sind es ihm wohl schuldig, wegen seiner großen Treue." Er freute sich nun noch einmal, dass sie genauso dachte wie er, und holte alle drei aus dem Schrank. Sie feierten ein großes Fest und lebten glücklich zusammen, bis sie starben.

Interpretation

Dieses Märchen illustriert typische Charakterzüge des Löwemondes.

Die Prinzessin vom goldenen Dache verkörpert zunächst einen unerreichbaren Traum des Königssohns. Von stolzem Gemüt lebt sie in einem Schloss, umgeben von purem Gold. Sie stellt hohe Ansprüche ans Leben und gibt sich mit Geringem nicht zufrieden. Sie führt ein unabhängiges, autonomes Leben und es mangelt ihr an nichts.

Der Königssohn wiederum ist allein schon von ihrem Bild betört. Es bewirkt, dass er in Ohnmacht fällt und völlig die Kontrolle verliert. Er muss jetzt die Prinzessin bekommen, sonst gibt es für ihn kein Glück mehr in diesem Leben, er ist sozusagen leidenschaftlich von seinem Besitzanspruch besessen. Auch dieses absolute Gefühl ist ein Charakterzug des Löwemondes. Der Königssohn ist bereit, sein ganzes Gold dafür zu geben, um die Gunst der Prinzessin zu gewinnen, und hält sich an die Ratschläge seines treuen Dieners. Er hat keine Ahnung, wer oder was sich in der Person der Prinzessin verbirgt, was ihn aber nicht weiter stört. Seine Liebe ist von der Art eines Jägers, der seine Beute besitzen muss. Er glaubt, die Prinzessin kaufen zu können (er verkleidet sich als Kaufmannssohn), und falls dies nicht funktioniert, wird er sie eben (heldenhaft im Stil des Löwen) entführen.

Der treue Diener Johannes bemüht sich, das Versprechen zu halten, das er dem König auf seinem Sterbebett gegeben hatte, und versucht den Königssohn vor den bevorstehenden Gefahren zu retten. Er verkörpert die edlen Absichten des Löwemondes und besitzt zudem eine weitere seiner charakteristischen Eigenschaften: Er ist „treu wie Gold". Er setzt sein eigenes Leben dafür ein, seine Aufgabe zu erfüllen. Das Abenteuer beginnt mit dem Plan des Dieners, der weiß, wie schwierig es ist, die Gunst der Prinzessin zu erlangen, und deshalb eine listige Entführung ausheckt. Er kennt die „Schwäche" der Prinzessin, ihre Vorliebe für Gold und kunstvolle Gegenstände, und verführt sie damit. Die Prinzessin vergisst sich selbst, als sie im Schiff die Kostbarkeiten bewundert, und als sie wieder zu sich kommt, ist es zu spät. Sie ist ver- und entführt, und jetzt entdeckt sie, dass sie nicht mehr alleine umkehren kann.

Der Königssohn gesteht seinen Trick ein und gibt sich gleichzeitig zu erkennen. Nun ist sie erst einmal beruhigt und willigt in eine Heirat ein, denn sie verliert zumindest nicht ihren gesellschaftlichen Rang und ist außerdem von der Heftigkeit seiner Leidenschaft beeindruckt. Immerhin fiel er in Ohnmacht, als er ihr Bild erblickte. Jedoch ist eigentlich keiner der beiden bisher gereift, sie lieben sich nicht für das, was sie sind, sondern für das, was sie darstellen. Die Prinzessin hat sich sozusagen vom Gold und seinem Rang als Königssohn kaufen lassen und der Königssohn ist bisher blind seinem ursprünglichen Trieb gefolgt und hat sich seine Beute listig erobert. Der einzige Weise dieser Geschichte, der treue Johannes, erfährt nun von den Raben, dass die Liebe der beiden in Gefahr und ihrer beider Leben bedroht ist.

Die drei Raben, Schicksalsboten (der Mondgöttin), lassen ihm eine Nachricht zukommen. Sie verkünden die Zukunft und geben gleichzeitig Lösungsvorschläge, jedoch ist eine Bedingung daran geknüpft: Der treue Johannes muss Stillschweigen bewahren, sonst droht ihm die Versteinerung. Er schweigt also und beschließt, die beiden noch einmal zu retten. Symbolisch hat er dabei für sie drei Aufgaben zu erfüllen:

1. Ein feuerrotes Pferd wird versuchen, den König in die Lüfte zu entführen. Dieser befindet sich also in Gefahr, aufgrund seiner Leidenschaft völlig kopflos zu werden, und ist somit eigentlich noch nicht wirklich reif für die Ehe. Nur indem ein anderer diesen wilden, ungestümen Freiheitstrieb in ihm tötet, also das Pferd erschießt, kann er seinen Weg weiter verfolgen. Würde der treue Johannes ihm dies aber verraten, könnte er sich selbst nicht mehr fortbewegen, er wäre bis zu den Knien versteinert. Denn es nützt wenig, wenn man einen Menschen belehrt, bevor er selbst dazu bereit ist, durch Einsicht seine Lage zu verändern. Die Raben sind weise genug, dies zu erkennen.

2. Auf den König wartet ein schönes Brauthemd, das aus Gold und Silber gewoben scheint, in Wirklichkeit ist es aber aus Pech und Schwefel. Zöge er es an, würde es ihn verbrennen. Seine Liebe zur Königstochter ist blind, das, was ihm wie die Vereinigung von Sonne- und Mondbewusstsein (Gold und Silber) erscheint, droht ihn in Wirklichkeit zu vernichten. Er ist verblendet, nicht in der Lage, Pech und Schwefel zu sehen, die ihn verbrennen würden. Er ist ganz in seinem unwirklichen Traum gefangen.

3. Beim Hochzeitstanz droht nun ihr der Tod. Sie ist eine Heirat eingegangen, die auf nichts Wirklichem basiert, sie hat noch kein lebendiges Gefühl für die Verbindung entwickelt. Das Blut weicht ihr aus dem Gesicht und sie stürzt nieder wie tot. Sie ist nun ein lebloser Körper, der sich erst mit richtigem Leben füllen muss. Ein Mann muss ihr drei Blutstropfen aus der rechten Brust saugen und diese wieder ausspeien, eine seltsame Aufgabe. Sie muss etwas von ihrem alten Leben lassen, das nun so nicht mehr weitergeführt werden kann. Ihre rechte Brust soll nun auf die „rechte“ Weise nähren und deshalb werden ihr drei magische Blutstropfen abgezapft. Sie muss ihre alten Vorstellungen verlassen, damit sie nun als Königin und Gattin ihre Aufgaben erfüllen kann. Dem treuen Johannes droht die völlige Versteinerung, wenn er dieses Geheimnis verrät, denn würde er ihr diese Erfahrung vorwegnehmen, könnte sie niemals erwachsen und verantwortlich werden.

Dennoch beschließt er, die beiden zu retten. Er hat auch Erfolg dabei und der Königssohn vertraut ihm bei seinen ersten beiden Handlungen, obwohl sie seltsam anmuten. Die dritte Prüfung jedoch begreift er nicht. Diesmal muss er der Wirklichkeit der Prinzessin begegnen und das überfordert sein bisheriges Verständnis. Gekränkt und zornig wie ein Kind will er seinen treuen Diener aufhängen. Diesem bleibt nun nichts anderes übrig, als die beiden über ihr unreifes Verhalten aufzuklären. Dafür wird er versteinert, denn nun kann er ihnen nicht mehr weiterhelfen. Jetzt müssen die beiden selbst erwachsen werden.

Reumütig sehen sie ihre Fehler ein und merken, dass sie sich ohne die Hilfe ihres treuen Dieners nie gefunden hätten, da ihnen beiden das nötige Verständnis füreinander fehlte. Jedoch entwickeln sie sich weiter und bekommen Zwillinge. Die beiden Kinder sind nun die ganze Freude der Eltern, die über sie ihre eigene Liebe entwickeln können. Und genau diese ist es nun, die den treuen Johannes retten kann. Der König und die Königin sollen einen hohen Preis für ihren unreifen Fehler bezahlen. Das, was ihnen am liebsten ist, das Leben ihrer Kinder, Zeugnis ihrer natürlich gewachsenen Zuneigung, muss nun geopfert werden.

Doch beide willigen unabhängig voneinander ein. Sie wissen, was sie dem treuen Johannes schuldig sind, und dass ohne seine Hilfe ihr Glück nicht zustande gekommen wäre. Nur das Leben ihrer Kinder, deren Blut, die lebendige Verbindung aus ihrer Ehe, kann die Treue des Johannes aufwiegen und ihm das Leben wiedergeben.

Der König bestreicht die Steinstatue mit dem Blut und nun bekommt die Treue des Johannes wieder Kraft und gliedert sich als lebendiges Element in das Leben der Königsfamilie ein. Dadurch, dass die beiden Eltern ihre Lektion verstanden und nun wirklichen Wert zu schätzen gelernt haben, sind sie zu Menschen gereift. Sie haben beide ihren Traumcharakter verloren und sind real geworden. Johannes kann jetzt auch den Kindern ihr Leben wiedergeben, denn diese sind unschuldig und daher unsterblich in ihrer Eigenschaft als Seelenelemente.

Auch der Löwemond hat diese Lebenslektion zu lernen. Reichtum und äußerliche Zeugnisse der Liebe und Zuneigung führen noch nicht zur wirklichen Verbindung, sie sind nur Mittel zum Zweck, nur der Einstieg in die Seelenreise. Die Loyalität und Weisheit des Dieners sind das menschliche Bindeglied, das den beiden Partnern im Märchen hilft, sich letztendlich zu erkennen und zu vereinen. Immer wieder ist eine solche Herzensqualität vom Löwemond gefragt, mit deren Hilfe man sich entwickeln und wachsen kann. Wunschträume, Idealvorstellungen und Leidenschaften brauchen die Loyalität des Herzens, um zu Wirklichem zu werden.

Neumond im Löwen

Nutze diesen Neumond, um dir über deinen Selbstausdruck klar zu werden.

- Wie drückst du dich aus? Schreibe alles, was dir dazu einfällt, auf.
- Wie wünschst du dir zu sein?
- Was glaubst du verändern zu müssen, um zu werden, wie du es dir im Idealfall erträumst?
- Gibt es ein Idealbild, eine ideale Vorstellung deiner selbst? (Ist es wichtig, dass du diese erfüllst?)
- Kannst du dich durchsetzen?
- Welches Tier könnte deine Leidenschaftlichkeit am besten verkörpern?
- Was kannst du gut?

Vollmond im Löwen

Feiere ein Fest und widme es deiner Herzenskraft. Alles, was du heute tust, sollte von Herzen kommen, sonst lasse es lieber sein. Wobei geht dir das Herz auf? Was brauchst du, um dich stark und glücklich zu fühlen? Du bist heute das Zentrum des Universums. Alles, was dir geschieht, hast du selbst so gewollt, das Leben liebt dich so, wie du es auch liebst.

Unternimm etwas, das dir Spaß macht und deine Lebenskräfte mobilisiert. Genieße ...

Mond in der Jungfrau

Der Karfunkelstein

(Deutsches Märchen)

Es war einmal eine Königstochter, die heimlich in einen Grafensohn verliebt war. Als ihre Eltern davon erfuhren, wurden diese sehr zornig, denn sie sollte niemanden heiraten, der von geringerer Herkunft war als sie selbst. Deshalb flohen die beiden, nicht ohne einige Pferde mit ihren Habseligkeiten zu bepacken. Sie ritten durch einen großen Wald und gegen Mittag wurde die Prinzessin sehr müde. Sie legte sich unter einer Eiche nieder und bettete ihren Kopf in den Schoß des Grafen. Dieser freute sich an ihrer friedvollen Schönheit und blickte auf ein Säckchen, das sie an ihrem Hals trug. Er öffnete es und fand darin einen Karfunkelstein, den er herausnahm. Weil er ihn gerne einmal im Sonnenschein funkeln sehen wollte, entfernte er sich vorsichtig von der Prinzessin und begab sich auf eine Lichtung. Hast-du-nicht-gesehen flog ein Rabe daher und stahl den Karfunkelstein. Der Grafensohn verfolgte ihn und als er sich um einiges von der Prinzessin entfernt hatte, verschwand der Rabe im Gebüsch.

Jetzt erst bemerkte der Graf, dass er sich verirrt hatte. Ein Baum sah aus wie der andere und er konnte den Weg zurück nicht mehr finden. Traurig und verlassen stand der Grafensohn alleine im Wald, als ein feiner Herr vor ihm erschien. „Komm mit mir", sagte dieser, „es wird dir nicht schlecht bei mir ergehen." So folgte er dem Herrn, bis sie an ein Waldhaus kamen, in dem elf Handwerksburschen an einem reich gedeckten Tisch saßen. „Nun ist eure Zahl voll", sprach der Herr, „ihr zwölf bleibt jetzt hier um Jahr und Tag. Euch soll es gut gehen und ihr werdet alles in Fülle haben, nur sollt ihr mir zum gegebenen Zeitpunkt drei Rätsel lösen. Wem es gelingt, der wird einen Geldbeutel erhalten, der nie leer wird, wer danebenrät, soll sein Leben verlieren." Die elf jubelten und lebten fortan in Saus und Braus und luden während des folgenden Jahres den Grafen ein, an ihrer Lust und ihrem Vergnügen teilzunehmen. Dieser aber war still und in sich gekehrt, aß und trank wenig und dachte ununterbrochen an seine arme Braut.

Diese war seit seinem Verschwinden ihres Lebens nicht mehr froh geworden. Als sie erwachte, griff sie sich an den Hals und merkte, dass ihr Säckchen fehlte. Sollte der Graf sich den Stein genommen haben und geflohen sein? Dieser Gedanke raubte ihr fast den Lebenswillen und hätte sie nicht doch noch an etwas geglaubt, so hätte sie jetzt aus Enttäuschung ihrem Leben ein Ende bereitet. So aber überließ sie sich ihrem Schicksal und irrte lange durch den Wald, bis sie wieder herausfand. Kreuz und quer durchsuchte sie das Land nach ihrem Liebsten, ohne auch nur eine Spur von ihm zu finden. Allmählich verkaufte sie all ihre Habseligkeiten und ließ eine Herberge erbauen, worauf geschrieben stand: „Jeder Kranke, der des Weges kommt, soll hier umsonst gepflegt werden." Dabei dachte sie an ihren Liebsten. Wer weiß, was ihm passiert war, vielleicht war er krank und hilflos.

Unterdessen ging das Jahr im Waldhaus seinem Ende entgegen. Die elf Handwerksburschen dachten überhaupt nicht mehr an das Rätsel, der Graf dafür umso mehr. Eines Nachts, als er erneut nicht schlafen konnte, ging er in den Wald, um über das Bevorstehende nachzudenken. Da flogen drei Raben herbei und ließen sich auf einem Baumstamm nieder. „Morgen schlachten wir", tönte eine wohlbekannte Stimme, nämlich die seines Herrn. „Bist du denn sicher, dass sie dir verfallen sind?" fragte der zweite Rabe. „Natürlich, sie müssen drei Rätsel lösen und kennen nicht eines davon", krächzte der erste. „Was denn für Rätsel?", erkundigte sich der dritte. „Woraus ist das Haus gebaut, woher kommt das Essen und woher das taghelle Licht im Haus?", sprach der erste Rabe. „Hihi, ich weiß die Antwort", ließ sich der dritte Rabe vernehmen. „Das Haus ist aus Armsünderleinknochen gebaut, das Essen kommt von des Königs Tafel und das taghelle Licht ...", „... kommt von dem Karfunkelstein, den du der Königstochter gestohlen hast und der jetzt an der Decke im Haus hängt", fiel der zweite diesem ins Wort. Alle drei lachten und flogen weg, der Grafensohn aber schlief zum ersten Mal beruhigt in seinem Bett.

Am nächsten Morgen mussten alle zwölf antreten und vernahmen die Rätsel ihres Meisters. Keiner konnte sie beantworten außer dem Grafensohn. Dieser bekam den Geldbeutel, der nie leer wurde, die anderen verloren ihre Köpfe.

Flugs ging der Grafensohn ins Haus, nahm den Karfunkelstein an sich und wanderte weiter durch den Wald, bis er wieder unter Menschen war. Jahr um Jahr suchte er seine verlorene Braut, bis er so krank und schwach wurde, dass er sich kaum noch im Sattel halten konnte. Da las er ein Schild an einer Herberge, worauf geschrieben stand, dass hier Kranke gesund gepflegt würden, und müde klopfte er an. Er wollte aus seinem Geldbeutel auch eine reichliche Menge beisteuern. Als er in einer Kammer lag, sprach er: „Licht brauche ich nicht." Er zog den Karfunkelstein aus seiner Tasche und dachte dabei an seine Prinzessin. Eine Magd sah den taghellen Schein durch das Fenster fallen und berichtete ihrer Herrin davon. Diese begab sich in die Kammer und die beiden sprachen miteinander, ohne sich zu erkennen. Als aber der Karfunkelstein auf ihrer beider Gesichter schien, fielen sie sich unter Tränen in die Arme und wussten nun, wer sie waren.

Flugs wurde der Graf gesund und beide ritten zu den Eltern der Prinzessin. Diese hatten jetzt nichts mehr gegen eine Hochzeit und so wurden alle froh.

Interpretation

Dieses Märchen berichtet uns einiges über den Jungfraumond.

Die Eltern der Königstochter sind gegen die Verbindung zwischen den beiden, weil der Grafensohn nicht standesgemäß ist. Sie repräsentieren alte Bewusstseinsteile des Jungfrauarchetypen, die sich an äußerlichen Werten orientieren und aus ihnen ein „richtig" und „falsch" ableiten. Eine richtige Königstochter heiratet natürlich einen richtigen Königssohn und außerhalb dieser Vorstellung gibt es für die Eltern keinen Kompromiss, daher der für sie berechtigte Zorn. Niemals gäben sie ihr Einverständnis und so bleibt dem Paar nichts anderes, als zu fliehen. Die beiden müssen sich aus ihrem bekannten System entfernen, mit überlieferten Werten brechen und ihren eigenen Weg zueinander finden, wenn sie zusammen bleiben wollen. Sie können nicht in ihrer gewohnten Umgebung bleiben, sondern wagen sich ins Unbekannte, Ungewisse, um dort zu eigenen richtigen Vorstellungen zu gelangen.

Zunächst stellen sie sich ihr Entkommen ganz einfach vor. Sie packen ihre Habseligkeiten auf Pferde und reiten los, auf naive Weise gewiss, dass ihnen nur Gutes widerfahren kann. Wer schon einmal einer Jungfrau beim Packen zugeschaut hat, weiß, dass die beiden sicherlich für eine Weile gut versorgt wären. Leider reicht es nicht aus, sich aus den Reserven des vergangenen Lebens (dem Gepäck) zu ernähren. Die Königstochter sucht zunächst einmal den Schlaf, um zu einer neuen Bewusstseinsstufe erwachen zu können. Verliebt in der neu gewonnenen Freiheit, ruht sie selig im Schoß des Grafensohns und ihre noch kindliche Seele fühlt sich geborgen und beschützt im fremden, dichten Wald. Auch der Graf betrachtet genüsslich den Spiegel seiner Seele, die Prinzessin, und freut sich an ihrem Anblick. Nichts scheint diesen freudigen Moment des ersten unternommenen Schrittes in ein neues Leben zu trüben. Nun treibt ihn die Neugier, er möchte doch genauer herausfinden, welchen Schatz er sich hier geangelt hat. Er findet den Karfunkelstein, das wache Bewusstsein der Königstochter, das diese in einem Säckchen um den Hals trägt, also nicht benutzt. Sein reines, helles Licht erfreut den Grafensohn und zu gerne möchte er ein wenig damit spielen. Er entfernt sich von der Königstochter und verliert gleich darauf beides, das geliehene neue Bewusstsein und seine Geliebte.

Er tritt nun in die nächste Lektion des Jungfraumondes ein, denn Bewusstheit und Klarblick lassen sich nicht stehlen, sondern müssen selbst erarbeitet werden. Auch wenn die Königstochter mit Hilfe dieses Steines ewige Helligkeit in die Dunkelheit des Unbewussten bringen könnte, so wäre dies doch nicht seine Erfahrung, sondern gestohlenes Gut. Es würde ihm nichts nützen, den Leitbildern der Prinzessin zu folgen, er muss schon selbst herausfinden, wie er sein Leben gestaltet. Nach echter Jungfrauart verirrt er sich völlig im unbekannten, unbeschilderten Wald. Hier gibt es keine Wegweiser, keine Zeichen, keine Wege - nur Bäume, von denen einer dem anderen gleicht.

Da er weiß, dass er alleine verloren ist, schließt er sich dem feinen Herrn an, der zunächst eine Art Erleichterung anbietet. Seine Person ist doppeldeutig. Er verspricht ihm ein gutes, angenehmes, wenn auch befristetes Leben, an dessen Ende entweder der Tod oder eine reiche Belohnung wartet. Der Grafensohn hat keine andere Wahl und geht auf das Angebot ein, stellt sich also der ersten Aufgabe seiner Bewusstwerdung. Er ist das letzte fehlende Bindeglied in der neuen Gemeinschaft, der zwölfte Handwerksbursche, und das Jahr, ein geschlossener Kreislauf, kann nun beginnen. Die Jungfrau lernt, sich dieser Abhängigkeit bewusst zu werden, lernt zu erkennen, dass sie nur ein kleines Teilchen in einem größeren Ganzen ist. Für die kommende Zeit ist er nun eingebunden in diese Einheit der Gemeinschaft und kann ihr auch nicht entkommen, denn er muss auf die drei Rätsel warten, um aus dem Pakt austreten zu können. Sein Ego hat während dieser Phase keine Kontrolle mehr über das Schicksal, sondern wartet, bis sich die Zeit erfüllt. Dies hinzunehmen fällt ihm schwer, unablässig denkt er an seine Aufgabe und an die verlorene Prinzessin und genau das rettet ihn letztendlich. Während die anderen feiern und den Moment genießen, ja sogar vergessen, dass sie nach einem Jahr das Rätsel lösen müssen, beschäftigt er sein Unterbewusstsein ununterbrochen damit, die Antwort zu finden. Er begnügt sich mit dem wenigsten, isst gerade genug, um am Leben zu bleiben, und wandert ansonsten umher, bemüht, eine Lösung zu finden. Seine Seele ist in Aufruhr und er beweist Treue und Ausdauer, indem er an dem grundlegenden Problem festhält, ohne sich ablenken zu lassen.

Zur Belohnung werden ihm die Fragen und Antworten von den drei Schicksalsraben zugetragen. Nun weiß er, wo er sich im vergangenen Jahr aufgehalten hat. In einem Haus aus Armsünderleinknochen hat er des Königs Speisen zu sich genommen und wurde vom Karfunkelstein der Königstochter be(er)leuchtet. Er befand sich also an einem Ort, der aus der Substanz der armen Sünderlein geformt war. Sein Herr, der, wie wir wissen, allzu gerne am Jahresende die Handwerksburschen verspeist und mit seinen Rabenbrüdern genüsslich teilt, baut mit deren Knochen sein Haus. Er nährt sich von dem Unwissen und der trägen Bequemlichkeit derjenigen, die vergessen haben, dass sie auf der Suche sind, die vergessen haben, Bewusstsein in die dunklen Bereiche ihrer Seele zu bringen. Auf sie wartet nur ein kurzer Lohn, ein kummerloses, genussreiches Jahr mit dem darauffolgenden Tode, denn ihnen ist keine Seelensubstanz geblieben, die es zu transformieren gäbe. Sie alle ernährten sich königlich, mit gestohlenen Speisen von des Königs Tafel, und fragten nicht einmal danach, woher sie kamen. Nur unser Held hielt sich zurück und fand so das rechte Maß zwischen Ernährung und Bildung seiner unterbewussten Kraft. Auch das Licht in diesem falschen Heim ist gestohlen, denn ohne den Karfunkelstein wären sie alle dem natürlichen Wechsel von Hell und Dunkel ausgesetzt gewesen und hätten sich vielleicht so eher bemüht, ihre Schicksalsaufgaben zu lösen. Wer kennt nicht das Hochgefühl, das sich einstellen kann, wenn alles in schönster, perfekter Ordnung ist und man darüber seine Vorsicht vergisst und damit seine Bewusstheit. Insofern warnt uns hier das Märchen davor, inmitten eines unrechtmäßig erworbenen Wohlstandes das Bewusstsein zu verlieren, die Bemühung und fortwährende Beschäftigung mit den Fragen, die von den drei Schicksalsraben am Ende eines Zyklus immer gestellt werden: Hast du das wirklich begriffen? Hast du dich tatsächlich um eine Lösung bemüht? Lebst du das wirkliche, dir gemäße Leben? Falls nein, fordert die Transformation einen Egotod. Die elf Handwerksburschen müssen sterben, um so in Kontakt mit der Unterwelt, ihrem Unterbewusstsein zu kommen. Ihr unbedachtes Vergnügen ist des Lehrmeisters Nahrung, der ihre fetten Körper verspeist und mit den Knochen sein Haus erweitert.

Der Grafensohn ist nun einen Schritt weitergekommen. Er besitzt einen Geldbeutel, der nie leer wird, und hat auch den Karfunkelstein wieder in seinen Besitz gebracht. Er weiß, dass seine Suche noch nicht beendet ist, und hat so gleich noch eine weitere Aufgabe erfüllt. Er hätte ja damit zufrieden sein können, nun für immer ausgesorgt zu haben. Aber er weiß, dass Liebe und Reichtum zusammengehören, und somit ist seine Reise noch nicht abgeschlossen.

Betrachten wir nun, was die Königstochter, die weibliche Entsprechung des Jungfraumondes, unternimmt. Sie erwacht völlig verlassen aus ihrem Schlaf. Ihre Fähigkeit, Licht in alle Dunkelheit zu bringen und des Nachts zu sehen, ist verschwunden und ebenso der Grafensohn. Misstrauisch fühlt sie sich im ersten Moment beraubt. Hier finden wir eine Eigenschaft des Jungfraumondes gespiegelt, der zunächst enttäuscht auf das Naheliegende reagiert, das jedoch nur einen winzigen Ausschnitt aus dem großen Ganzen darstellt. Ihre erste Reaktion ist, sich angesichts der großen Ungerechtigkeit, die ihr widerfuhr, umzubringen. Sie hatte sich anscheinend dem falschen Mann anvertraut und wurde betrogen. Eigentlich bleibt ihr aus jungfräulicher Sicht nur der Tod. Doch die Vernunft sagt ihr, dass dies nicht der richtige Weg ist. Indem sie innehält, zögert und sich besinnt, findet sie zu ihrem Glauben an das Gute (oder auch die göttliche Kraft) und sie beschließt bewusst, sich in die Hände des Schicksals zu begeben. Sie besitzt noch immer all ihre Habseligkeiten (außer ihrer Fähigkeit zum übernatürlichen Sehen) und findet den Weg aus dem Wald. Während ihrer Suche beschwichtigt sich ihr jungfräuliches Misstrauen und gleichzeitig entsteht Hoffnung. Sie möchte den Grafensohn wiederfinden - vielleicht ist ihm ja Furchtbares zugestoßen, womöglich liegt er krank in irgendeinem Winkel dieser Welt. Nach vergeblicher Suche erkennt sie, dass sie zunächst einmal ihr Leben selbst in die Hand nehmen muss. Zu ihren Eltern, den alten Glaubenssätzen und Wertvorstellungen, kann sie nicht zurückkehren, denn dies käme einem Verrat an ihrer Liebe gleich und würde bedeuten, dass sie die Werte ihres neuen Bewusstseins aufgeben würde. Also verkauft sie lieber die verbliebenen Reserven ihres Daseins als Königstochter, all ihre Habseligkeiten, und beginnt auf ganz veränderte Weise der Welt zu dienen. Sie verspricht, unentgeltlich alle Kranken zu pflegen, die in ihrer Herberge Zuflucht suchen, und ist sich gewiss, dass, wenn ihrem Geliebten jemals etwas zustieße, er sie auf diese Weise treffen würde. Tatsächlich gelingt es ihr so, die heilende, fürsorgliche Aufgabe des Jungfraumondes zu erfüllen und auf diese besondere selbstlose Weise zu einer Vereinigung beizutragen.

Denn der Grafensohn, der noch viele Jahre andere Wege geht als sie und so manches Abenteuer besteht, wird doch eines Tages der Suche und des Andersseins überdrüssig - er wird krank. Nun braucht er sie wirklich und findet auch zu ihr, indem er in der Herberge um Aufnahme bittet. Diesmal kommt er jedoch mit seinem verdienten Geldbeutel, einem Reichtum, der sie beide bis in ihre letzten Tage ernähren kann, er ist ihr jetzt nicht mehr unterlegen. Die vielen Jahre der Trennung haben die beiden voneinander entfremdet. Sie erkennen sich nicht mehr. Erst als die Klarheit des Karfunkelsteins auf beider Gesichter fällt, können sie sehen. Sie erkennen das Gesicht und damit die Persönlichkeit des anderen und können sich nun im Lichte ihres Bewusstseins vereinen. Jetzt ist auch die Freude bei den Eltern der Königstochter groß, die gegen eine reife, bewusste Beziehung der beiden nichts mehr einwenden können.

Die beiden Seelenpartner haben in dieser Geschichte durch Ausdauer, getrennte Wege, Hoffnung und Suchen, Heilen und Rätseln zusammengefunden und hätten sich doch ohne den Karfunkelstein nicht erkannt. Dies scheint mir typisch für eine weitere Jungfrau-eigenart, sich so mit einer Aufgabe zu identifizieren oder einer Suche zu beschäftigen, dass unter Umständen vergessen wird, warum man sie in Angriff nahm. Sicherlich wäre die Königstochter eine heilige Heilerin geworden und hätte die Kunst der Pflege bis ins Kleinste vervollkommnet und der Grafensohn wäre vielleicht durch die ganze Welt gereist, um viele Abenteuer zu bestehen bei seiner Suche nach der Königstochter. Doch musste er krank werden, damit Ruhe einkehren konnte, die ein Zusammentreffen vorbereitete. Der Grafensohn erkannte so, dass er die Hilfe seiner weiblichen Entsprechung zum Überleben braucht, und wendet sich jetzt vertrauensvoll an sie. Doch erst das bewusste Licht, das er ihr unwissentlich entführt hatte, kann die beiden wieder zusammenbringen, indem sie nun klar erkennen, wer sie eigentlich sind. Es gibt nichts mehr voreinander zu verbergen, keine getrennten Aufgaben mehr zu erfüllen. Nun kann sich die weibliche Seite mit der männlichen vereinen, denn beide sind auf ihren langen getrennten Reisen zu einem Königspaar geworden, das nun das vereinte Schicksal zusammen regieren kann.

Neumond in der Jungfrau

Nutze diesen Mond, um dir Klarheit zu verschaffen.

Räum auf! Was willst du, was tust du, was kannst du? Wo stehst du in deinem Leben, in der Mitte, am Rand, oben, unten? Male ein Bild.

- In welchen Bereichen des Lebens bist du zuverlässig, in welchen unzuverlässig?
- Was macht dir ein schlechtes Gewissen?
- Male dein schlechtes Gewissen. Was sagt es, wie sieht es aus?
- Bekommst du so viel Hilfe, wie du gibst?

Vollmond in der Jungfrau

Feiere ein Fest für das, was dir schon immer unangenehm war, den Teil in dir, den du lieber nicht hättest. Hege und pflege ihn für diesen einen Tag. Gib ihm all die Aufmerksamkeit, die er braucht. Beschließe, etwas in dir heute zu heilen, ihm zur Ganzheit zu verhelfen. Wem oder was gegenüber bist du verpflichtet? Wie ist dein Alltag? Nimm dir einen unauffälligen alltäglichen Gegenstand und feiere ihn ganz besonders, und wenn's die Bratpfanne ist. Achte heute auch auf die Kleinigkeiten, auf das, was selbstverständlich erscheint. Widme diesen Tag dem Kleinen, Unbeachteten, Unwichtigen, allem, was dich normalerweise nervt.

Mond in der Waage

Die schönste Braut

(Deutsches Märchen)

Es lebte einmal ein Bauer, der hatte drei Söhne. Die ersten beiden waren ihm lieb, denn fleißig halfen sie ihm bei der Arbeit, der Jüngste aber war auch der Dümmste. Er saß den ganzen Tag lang am Ofen und keiner mochte ihn, obwohl er keinem etwas zuleide tat. Was auch immer er anfasste, er konnte es den beiden Älteren nicht recht machen, und deshalb tat er eben gar nichts mehr.

Als der Vater alt wurde, wollte er seinen Besitz unter den Brüdern aufteilen, doch sie konnten sich dabei nicht einigen, keinem war ein Vorschlag recht. Also sprach der Vater: „Wer von euch mir die schönste Braut nach Hause bringt, der soll alles haben, die anderen beiden gehen leer aus." Gesagt, getan, der Jüngste kletterte hinter dem Ofen hervor, wusch sich und packte sein Bündel. Seine Brüder lachten ihn aus und verhöhnten ihn, er jedoch blieb unbeeindruckt und wanderte los. Die anderen beiden folgten ihm kurze Zeit später.

Der Jüngste hatte nichts bei sich außer einem Stück Schwarzbrot, einem Stück Ziegenkäse und seinem Sonntagsanzug. Er wanderte und wanderte, bis er in einen Wald kam, worin Blumen und allerlei Kräuter wuchsen. An einem Brunnen setzte er sich nieder und aß. Da kam ein kleines Männchen zu ihm, das trug einen langen grauen Umhang und eine grüne Kappe und bat ihn um etwas zu essen. „Wenn's dir gut genug ist, so wollen wir teilen", sprach der jüngste Sohn und so verspeisten sie die bescheidene Mahlzeit.

Das Männlein lauschte der Geschichte Gottschalks (so war sein Name) und ihm tat es leid, dass die beiden Brüder diesem so übel mitgespielt hatten. Es kämmte seine Haare mit einem besonderen Kamm und sogleich krauste es sich in den schönsten Locken um seinen Kopf. Auch befahl es ihm, seinen Sonntagsanzug anzuziehen, zeigte ihm einen Weg und verabschiedete sich.

Gottschalk lief immer weiter, bis es Abend wurde. Da hörte er plötzlich einen wunderschönen Gesang und sah einen wunderbaren Garten, dessen Tür weit offen stand. Ohne zu zögern ging er hinein und fand in einer Laube ein wunderschönes Mädchen, das sehr erschrak, als es ihn sah. Sie kamen ins Gespräch und kurz darauf fragte Gottschalk die Schöne, ob sie seine Braut werden wolle. Da kam aber die Mutter des Mädchens dazu, eine mächtige Fee. Zunächst erzürnt, ließ sie sich doch von den angenehmen Umgangsformen des Jungen überzeugen und gab ihr Einverständnis. Nun konnte Hochzeit gefeiert werden und alle

Freunde kamen von nah und fern, auch der Tod und die Todin erschienen in blitzenden Gewändern. Es funkelte und glitzerte und Gottschalk konnte kaum seinen Augen trauen. Noch besser allerdings schmeckten ihm die Speisen, die aufgetragen wurden, und fast hätte er darüber seine neue Braut vernachlässigt. Sie führten ein glückliches Leben und hatten von allem mehr als genug. Gottschalk ließ es sich gut gehen und war zufrieden.

Nur eines wurmte ihn: Alle acht Tage verschwand seine Frau und schloss sich in einer dunklen Kammer ein. Sie wollte ihm auf keinen Fall sagen, was sie darin tat, denn dann wäre es zu Ende mit ihrer beider Glückseligkeit. Eines Tages hielt er es nicht mehr aus und schaute durchs Schlüsselloch: Oh Schreck, seine Frau saß in der Kammer und ihre Beine waren bis zu den Schenkeln behaarte, dürre Bocksfüße - schlichtweg, sie war ein Ungeheuer! Schnell tröstete er sich wieder und wartete darauf, dass sie sich zurückverwandeln würde. Doch nichts geschah. Stattdessen hörte er Weinen und Schluchzen aus der Kammer kommen und ging hinein. „Ja, jetzt ist es aus mit unserem Glück," sprach seine Frau, „ich muss nun in dieser Gestalt bleiben, weil du mich so gesehen hast, und du musst gehen. Nur durch Ausdauer und Treue kannst du wieder gutmachen, was du mir angetan hast." Gottschalk wollte seine Frau schnell noch einmal umarmen, jedoch war im selben Augenblick alles verschwunden, das Schloss, der Garten und natürlich auch seine Frau.

Als er so dastand und jammerte, erschien auf einmal das kleine Männlein wieder. „Da hast du dir ja Schönes eingebrockt," war sein Kommentar. „Ich kann dir nur sagen, dass du Ausdauer beweisen musst und nicht vergessen darfst, dass du das Schloss wieder finden willst. Zeigen darf ich dir den Weg dorthin nicht, aber frag die Frau Sonne, vielleicht kann sie dir weiterhelfen."

Gottschalk bekam nun frischen Mut und begann, die Frau Sonne zu suchen. Er wanderte schon ein Jahr lang ohne Speis und Trank hin und her, da fühlte er es merklich wärmer werden. Es flimmerte und blitzte durch den Wald und je näher er kam, desto heißer wurde es ihm. Tatsächlich, in einem kleinen, gläsernen Häuschen saß Mutter Sonne und drehte ein Rädchen, mit dem sie die zartesten Goldfäden spann. Ihr Kopf brannte lichterloh und sie trug einen purpurseidenen Rock, der nach unten dunkler wurde. Ihre Füße zierten kohlschwarze Schuhe.

Gottschalk konnte nicht so nah herankommen, deshalb schrie er aus einiger Entfernung, ob sie wisse, wohin das Schloss mit seiner Frau verschwunden sei. Die Sonne bat ihn, sich hinzulegen und zu schlafen. Darauf schien sie in alle Winkel der Erde, aber sie konnte das Schloss nicht finden. Deshalb schickte sie Gottschalk zu ihrer Gevatterin, der Mondin, denn die schien ja nachts, wenn sie selbst nichts sehen konnte.

Erneut machte sich Gottschalk auf den Weg, bis er ein Silberlicht in der Ferne sah und gleich darauf ein gläsernes Häuschen. Darin saß eine alte Frau mit schneeweißem Haar. Sie trug ein graues Kleid, Schuhe mit Silberschnallen und war umringt von leuchtenden Fliegen. Dort war es so kalt, dass Gottschalk zitterte und wieder aus einiger Entfernung sein Anliegen vortrug. Auch diesmal legte er sich schlafen und die Mondin schien in alle Ecken und Winkel der Erde. Jedoch erfolglos, sie konnte das Schloss nicht finden. Deshalb schickte sie ihn zu ihrem Gevatter, dem Wind. „Geh nur immer in die Richtung, aus der er bläst, dann wirst du ihn schon finden."

Er wanderte und wanderte, bis er an einen großen, hohen Berg kam. Dieser hatte vier Löcher, nach jeder Himmelsrichtung eines, und daraus blies mächtig der Wind. Gottschalk kämpfte sich in den Berg und fand ein kleines Kämmerlein, darin saß der Wind und blickte ihn böse an. Erst als er den Gruß von der Mondin überbrachte, bat der Wind ihn freundlich herein. Er trug eine grüne Kappe, war auch sonst ganz grün gekleidet und hatte statt eines Bauches einen Blasebalg. Damit blies er abwechselnd aus den verschiedenen Löchern des Berges. Als er von dem Kummer des Jungen hörte, rief er alle seine Windgesellen zu sich, jedoch wusste keiner etwas von dem Schloss. „Nun habe ich nur noch einen buckligen Gesellen, vielleicht kann der dir weiterhelfen," sprach der Wind. Als dieser mit einiger Verspätung eintraf, lachte er: „Ich komme gerade von diesem Schloss und habe dort die Wäsche getrocknet. Dort sah ich ein wunderschönes Mädchen mit grässlichen Bocksbeinen."

Gottschalk tanzte vor Freude und stieg auf den Rücken des Buckligen. Nach drei Tagen Flug ließ dieser ihn wieder absteigen und war verschwunden. Vor Gottschalk stand jetzt seine Frau und ihre scheußlichen Beine waren verschwunden. „Nun ist alles wieder gut", lachte sie, „du hast Treue und Ausdauer bewiesen und wir können nun wieder glücklich sein." Sie stiegen in eine prächtige Kutsche, verabschiedeten sich von der Mutter und flogen durch die Lüfte zurück zur Heimat des Jungen. Dort schenkte dieser den beiden älteren Brüdern die Wirtschaft seines Vaters, denn obwohl er die schönste Braut von allen Dreien gefunden hatte, verzichtete er doch großzügig auf sein Erbe. Seine Frau beschenkte die neuen Schwägerinnen mit Gold und Edelsteinen und sie nahmen den Vater mit in ihr neues Reich. Dort lebten sie lange und glücklich, nicht ohne alle fünf Jahre die beiden Brüder zu besuchen.

Interpretation

Der jüngste Sohn in diesem Märchen ist mit dem Grundthema des Waagemondes konfrontiert: Er bemüht sich, es allen recht zu machen, erntet jedoch nur Kritik bei seinen Handlungen und ist deshalb frustriert. Die beiden Brüder repräsentieren hier die angepassten Teile der Persönlichkeit, die sich in die Welt des Vaters eingliedern und ihm daher tatkräftig zur Seite stehen können. Wen wundert es, dass der Vater die beiden bevorzugt und der Jüngste sich aus diesem Grund dem manchmal etwas trägen Waagemond gemäß untätig auf die Bank neben dem Ofen zurückzieht. Sein größter Wunsch, akzeptiert und gemocht zu werden, bleibt ihm untersagt und er besitzt zu wenig Eigeninitiative, um etwas an seiner Lage zu verändern. Wenn ihn schon keiner mag, braucht er auch nicht an der ihn umgebenden Welt teilzunehmen. So sitzt er am wärmenden Ofen und macht sich seine Gedanken, wahrscheinlich über das Leben schlechthin ... Hier können wir das passive, träumerische Element des Waagemondes erkennen.

Bald schon erfahren wir, dass die Uneinigkeit nicht seine Schuld ist, sondern wohl ein Familienproblem darstellt, denn als der Vater seine Habe gerecht unter den Brüdern aufteilen will, kann er es auch keinem recht machen. Also stellt er den drei Brüdern eine gemeinsame Aufgabe, nämlich die schönste Braut zu finden. Er möchte wissen, welche Bindungen jeder der Brüder wohl einzugehen in der Lage ist, und stellt ihre Beziehungsfähigkeit auf die Probe. Die schönste Braut scheint hier eher eine Metapher für den „schönsten" Seelenspiegel zu sein. Dem weisen Vater ist das Innere seiner Söhne wichtiger als die Aufgaben, die sie bisher im Leben erfüllt haben.

Kaum hat der Jüngste die Aufgabe vernommen, so macht er sich auf den Weg. Er ist als Erster bereit, sich ins Neue, Ungewisse zu begeben, denn er hat nichts zu verlieren und schon viel zu lange hinterm Ofen gesessen. Daher können ihn die Spottrufe seiner Brüder auch nicht entmutigen. Mit dem Notwendigsten ausgerüstet geht er los und gerät gleich in eine lieblichere, gesündere Umgebung, einen Wald mit Blumen und Kräutern. Wir können daraus entnehmen, dass ihn sein eingeschlagener innerer Weg heilen und sein Seelenleben zur Blüte bringen wird. Er lässt sich also frohen Mutes am Brunnenrand nieder, um dieses innere Leben zu nähren.

Das Männlein, das ihm erscheint, trägt eine grüne Kappe und verrät damit seine Naturverbundenheit und das Luftelement, dem er zugehört. Es scheint Gottschalks Problem zu kennen und zeigt ihm den Weg zu seiner zukünftigen Braut. Es repräsentiert den Teil in uns, den wir erst antreffen können, wenn wir uns voller Hoffnung auf den Weg machen, um unsere am trauten Herd entstandenen Träume in die Tat umzusetzen, und bereit sind, ihnen in der Welt zu begegnen. Das hilfreiche Männlein kämmt nun die Haare des jüngsten Sohnes und verwandelt ihn so in einen schmucken jungen Mann mit lockigem Haar, und da er jetzt auch noch seinen Sonntagsanzug anlegt, ist er bereit, seiner Braut zu begegnen.

Gegen Abend ist es dann so weit: Er vernimmt die Stimme seiner Seele, wunderbaren Gesang, und kann nun den inneren Garten betreten. Er ist über sich selbst erstaunt - so schön hätte er es sich nicht geträumt. Und auf wundersame Weise versteht er sich sogleich vertraulich mit seiner zukünftigen Braut. Alles scheint von selbst zu gehen, ohne Anstrengungen und schwere Prüfungen gewinnt er durch seine nette, charmante Art das Mädchen und kurz darauf auch dessen Mutter, die mächtige Fee, für sich. Sein ursprüngliches Problem, in einer Umgebung zu leben, ohne gemocht zu werden, und deshalb tatenlos vor sich hin zu träumen, kehrt sich jetzt ins Gegenteil um und er wird auf Anhieb in seine neue Familie aufgenommen. Dass diese nicht irdischen Ursprungs ist, stört ihn nicht weiter. Allzu fasziniert berauscht er sich an der feenhaften Hochzeitsfeier, genießt die erlesenen Speisen und lässt es sich gut gehen im neu gefundenen Paradies, in dem selbst Herr und Frau Tod in glitzernde Gewänder gekleidet erscheinen und damit ihre traurige Wirklichkeit verhüllen. Kein Wässerchen trübt sein errungenes Glück und so scheint sich die Zeit der Tagträumerei, in der er seine kreative Phantasie dazu einsetzte, sich eine solche Welt zu erträumen, gelohnt zu haben. Die Kraft der positiven Gedanken ist durchaus nicht zu unterschätzen. Der Waagemond hat nun alles, was er braucht: eigene Schönheit, ein wunderschönes Schloss mit einer ebensolchen Frau, eine ihm wohlgesonnene, mächtige Schwiegerfee und auch sonst alles, was Harmonie und Glück für ihn ausmacht. Wenn nur seine Frau nicht alle acht Tage in einer dunklen Kammer verschwinden würde!

Als er durchs Schlüsselloch lugt, erschrickt er zu Tode. Dieses Unwesen soll seine Frau sein? Bisher war er nicht bereit, ihre „hässliche" Seite zu sehen, und auch jetzt tröstet er sich mit dem Gedanken, dass sie sich ja gleich wieder in ihr schönes Wesen verwandeln wird. An der Wirklichkeit ist er noch immer nicht interessiert. Seine Gemahlin, ganz auf Waage-Mondin-Art, hatte sich redlich bemüht, ihre unansehnliche Seite vor ihm zu verbergen. Auch sie war bisher nicht daran interessiert, ihm ganz und gar als wirkliche Frau zu begegnen. Das Risiko war ihr zu groß, denn vielleicht hätte er sich ja von ihr abgewandt und eine neue Braut gesucht, wer weiß? Wir alle kennen diese Phase in einer Beziehung, da alles scheinbar wie von selbst läuft und sich von Zauberhand harmonisch zu ergänzen scheint. Die Gefahr liegt jetzt darin, dass man sich an der Oberfläche weiterbewegt und nun anfängt, diesen Zustand zu schützen. Jeder der beiden Partner nimmt sich zusammen, geht Kompromisse ein und versucht das Erreichte zu erhalten, ohne den nächsten Schritt zu gehen und sehen zu lernen. Was macht der andere, wenn er nicht harmonisch und lieb ist? Wie geht es ihm, wenn er sich versteckt, um weiterhin die Illusion des Traumprinzen oder der Traumprinzessin zu erhalten, damit er seiner „hässlichen Seite" alleine begegnen kann?

In diesem Märchen erschrecken beide gleichermaßen. Die Prinzessin, weil sie sich ertappt fühlt, und der jüngste Sohn, weil er merkt, dass sein Traum nicht der Wirklichkeit entspricht. Er will ihr so nicht begegnen, sondern lieber warten, bis sie wieder so ist wie sein Traum von ihr. Doch es ist zu spät, die Prinzessin schluchzt, denn sie weiß, wie viel Mühe es kostet, Traum und Wirklichkeit innerhalb einer Beziehung zu verbinden, und der junge Mann sieht sich seiner unwirklichen Vorstellung von Glück beraubt. Er hat alles verloren.

Genauso alleine wie anfangs, begegnet ihm das Männlein wieder. Es spricht für unseren Helden, dass er erkennt, dass er ohne die Prinzessin nicht mehr leben will, möge sie nun Bocksbeine haben oder nicht. Er weiß jetzt, dass er sie selbst liebt und nicht mehr ausschließlich seinen Traum von ihr. Deshalb kann ihm das Männlein seinen zweiten Rat geben, nämlich die Sonne aufzusuchen, die ihm sicherlich weiterhelfen könne. Das Männlein weiß, dass nur die Zeit und kontinuierliches Bemühen einen Bewusstseinsprozess in Gottschalk einleiten werden, denn dieser hat zeit seines Lebens noch nichts Wirkliches getan, was seine Beziehung zur Außenwelt verbessern würde. Zwar konnte er leben, aber bisher noch nicht selbst zum Leben erwecken, und den Schattenseiten des Lebens war er ja bisher erfolgreich ausgewichen. Doch jetzt beschließt er sich zu stellen und wandert einen Zyklus (ein Jahr) lang umher, um die Sonne zu finden. Irdische Nahrung braucht er auf diesem Weg nicht, denn er sucht nach neuen Wegen zu seinem Bewusstsein, nach einem neuen Bewusstsein, repräsentiert durch die Sonne. Die Selbsterkenntnis ist groß, aber sie kann auch verbrennen, und so wagt er es kaum, der Sonne zu begegnen. Aus respektvoller Entfernung ruft er ihr seine Frage zu. Da Bewusstwerden alleine noch nicht genügt, schickt die Sonne unseren Helden zu ihrer Schwester, der Mondin. Nachdem er sich auf diesen Weg in seine eigenen Tiefen gewagt hat, kann er jetzt die Mondin nach dem weiteren Weg fragen und sie schickt ihn zum Wind, zum Luftelement.

Dies ist der Wind der frischen Bewegung, der in alle Ecken bläst und auch die Richtung wechseln kann. Gottschalk ist jetzt bereit, ganz neu anzufangen, gegen den Strom zu laufen (er muss sich gegen den Wind bewegen, um in die Bergkammer zu gelangen, ja sogar gegen ihn ankämpfen). Und sicherlich wäre er hier gestorben, hätte er nicht den Gruß der Mondin überbringen können. Ein kräftiger Wind lässt einen schnell größenwahnsinnig werden und ohne Kontakt zum Unbewussten, der Verbindung zum Urvertrauen, kann seine Macht einen zerstören. Ein Ego, das durch die Macht des Windes aufgebläht ist, wird zum Tyrannen, bis es sich selbst wieder vernichtet. Nicht so unser Held - diesem gelingt es, sich den Wind zum Freund zu machen, und der wiederum ist mächtig genug, all seine (Gedanken-)Gesellen zu versammeln und zu konzentrieren.

Doch noch immer scheint die Suche aussichtslos. Das Perfekte, Gesunde, das, was in Ordnung ist, Sonne, Mondin und die Winde, können nicht dabei helfen, die verlorene Braut zu finden. Erst der bucklige alte Wind (das alles vervollständigende Luftelement), der sich verspätet, weil er langsamer ist als die anderen, weiß Bescheid. Er ist auch in der Lage, den Jüngsten auf seinen Buckel zu nehmen und ihn an den Ort seiner Suche zu bringen, denn er kennt das Unfertige, die Verletzungen, das, was aus der harmonischen Einheit gefallen ist. Er verkörpert es und ist daher fähig, es zu verstehen und ihm zu begegnen. Er hat keine Angst, denn er ist selbst ein betroffener, ein „buckliger" Wind, der sich von den anderen durch eine „Verunstaltung" unterscheidet. Gottschalk hat aber zum Glück während seiner Reise diese Seite des Lebens kennen und schätzen gelernt und verschließt vor ihr nicht mehr die Augen. Er ist realistisch geworden und deshalb ist ihm nun egal, ob seine Frau Bocksbeine hat oder nicht, denn er liebt sie jetzt mit all ihren Schwächen, genauso wie sich selbst.

Und, wer glaubt's? Als sie sich wieder begegnen, ist alles beim Alten, die Bocksbeine sind nicht mehr veräußerlicht und beiden steht sogar eine Kutsche zur Verfügung, die sie zu seiner irdischen Familie bringen kann. Sie können sich jetzt zwischen Traum und Wirklichkeit hin und her bewegen, gemeinsam wachsen und zwischen Gut und Böse vermitteln. Die Welt ist nicht mehr nur schwarz und weiß, sondern besteht vielmehr aus unzähligen, gangbaren Wegen in den unterschiedlichsten Schattierungen. Beide Partner sind nicht mehr darauf angewiesen, sich ein Paradies zu schaffen, das von der Wirklichkeit bedroht wird oder das die „niederen, bösen" Elemente verdrängen oder ausklammern muss, sondern verstehen es, kreativ immer wieder aufs Neue nach der harmonischen, aber realistischen Mitte zu suchen. Ihre Beziehung ist nicht darauf beschränkt, sich ein kosmisches Ei zu schaffen, in dessen friedlicher Geborgenheit beide ersticken könnten, sondern wächst in eine schöpferische, spiralförmige, zyklische Entwicklung, die alle Erfahrungen, selbst die traurigen, zornigen, schwarzen beinhaltet. Diese etwas schwierige Lektion für einen Waagemond haben die beiden erfolgreich gelernt und so können sie getrost auf den irdischen Lohn des Vaters verzichten und noch dazu die neuen Schwägerinnen aus ihrem gemeinsamen Leben reich beschenken. Ihre Beziehung ist unabhängig geworden, darf natürlich wachsen und ist keinen falschen moralischen Zwängen und Beschränkungen unterworfen, deshalb hat der weise Vater nun auch seinen Platz innerhalb ihrer Beziehung gefunden. Er kommt mit in die „bessere Welt" - und wer weiß, wie ihm dort die feenhafte Mutter seiner Schwiegertochter gefällt?

Neumond in der Waage

Nutze diese Zeit, um dir über deine Beziehungen Klarheit zu verschaffen:

- Wie ist deine derzeitige Beziehung zu ... (deinem Partner)?
- Was fehlt?
- Was kannst du dafür tun, um das zu kreieren, was fehlt?
- Was kannst du dir selbst Gutes tun, damit du vollständiger wirst?
- Was brauchst du, um dich harmonisch zu fühlen?
- Wo ist dein innerer Ort des Friedens?

Wo ist die schmerzhafte Stelle der Wirklichkeit, die du nicht sehen willst? Sieh sie dir genau an, male ein Bild oder schreibe ein Gedicht darüber, nimm dich ihrer an, wie eine Mutter sich ihres Kindes annimmt ... Hier sitzt etwas, das lebendig ist und nach wirklicher Harmonie sucht.

- Wie ist deine Beziehung zu deinen Arbeitskollegen?
- Was fehlt?
- Welche Rolle spielst du? Wie siehst du die Welt? Deine Position in der Welt?
- Hast du Einfluss auf die Beziehung zwischen dir und der Welt?

Male ein Bild, das dich in völliger Harmonie zeigt, und trage dieses Bild in die nächsten Tage und Wochen hinein ...

Zeichne einen Kreis mit deinen momentanen Wünschen. Schreibe die Namen der Menschen hinein, die dich bei der Erfüllung deiner Wünsche unterstützen. Außerhalb des Kreises schreibst du die Namen derer, die dich momentan behindern. Versprich dir, diese bis auf weiteres loszulassen ...

Vollmond in der Waage

Mach es dir schön und feiere die Hochzeit zweier scheinbarer Gegensätze in dir, entweder allein mit einem vorgestellten oder vorzugsweise mit einem realen Partner. Sucht euch ein konträres Thema und findet dessen gemeinsame Mitte, ohne zu früh Kompromisse einzugehen. Richtet euer Augenmerk auf die gegensätzlichen Standpunkte und wie einer den anderen bedingt. Schmückt das Zimmer, in dem ihr euch befindet, kocht etwas Gutes und deckt den Tisch so, wie es euch angenehm ist, ohne dass es zwanghaft wirkt. Genießt den Raum, der die scheinbaren Gegensätze umhüllt. Achtet darauf, dass ihr immer in Verbindung mit der Mitte bleibt. Ihr könnt auch in die Mitte des Tisches einen Gegenstand oder ein Blatt Papier legen, das euch erinnern hilft.

Verkleidet euch, wenn ihr wollt, als Prinz und Prinzessin, und sucht euren teuflischen Gegenpart oder umgekehrt. Dies ist eine Feier, die der Begegnung zwischen Traum und Wirklichkeit gewidmet ist!

Mond im Skorpion

Des Toten Dank

(Deutsches Märchen)

Es war einmal ein reicher Kaufmann, der überseeisch Handel trieb und einen Sohn besaß. Als er alt wurde, wollte er seinem Sohn die Geschäfte überlassen. Dieser aber fürchtete die Seeräuber. Der Vater gab ihm einen Brief, der erklärte, wer er sei, denn er selbst hatte im Laufe seines Lebens gute Kontakte zu den Seeräubern geknüpft und ihnen immer reichlich Trinkgeld gegeben. Der Sohn konnte nun nicht mehr nein sagen und begab sich auf seine erste Handelsreise nach England. Dort verkaufte er die gesamte Ladung und erzielte reichlichen Gewinn.

Als er abends in einem Gasthaus in London saß, gab es einen großen Aufruhr. Ein Kaufmann war gestorben und weil er viele Schulden hinterlassen hatte, sollte seine Leiche nach dem hiesigen Brauch in der Stadt herumgeschleift werden. Dies ging dem Kaufmannssohn sehr nahe und er wollte den Toten erlösen. Also beglich er alle Schulden und ließ ihn ordentlich begraben. Doch nun war sein Geld aufgebraucht und er kehrte mit leeren Händen heim. Sein Vater war zwar erzürnt, ließ es ihm jedoch dieses eine Mal durchgehen, und im folgenden Jahr schickte er ihn erneut los.

Diesmal begegnete der Sohn auf hoher See den Seeräubern, die ihm gleich freundlich gesinnt waren, als sie den Brief seines Vaters lasen. Sie baten ihn auf ihr Schiff und er konnte sich aussuchen, was er von dort wollte. Ihm gefiel aber nichts als ein schönes, junges Mädchen, das die Seeräuber geraubt hatten, um es zu verkaufen. Er konnte es jedoch nicht ohne weiteres haben, sondern musste es auslösen. Die Seeräuber verlangten die gesamte Fracht und der Kaufmannssohn willigte ein. Er bat das Mädchen gleich, seine Frau zu werden, und es gab freudig sein Jawort. Es war dankbar, aus der grausamen Sklaverei befreit zu sein.

Sie reisten gemeinsam in seine Heimat zurück. Der Kaufmannssohn getraute sich nicht, dem Vater zu begegnen, deshalb ließ er nur der Mutter eine heimliche Nachricht von seiner Rückkehr zukommen. Sie schickte ihnen Geld und Essen und berichtete dem Vater davon, der aber nichts mehr von seinem Sohn wissen wollte.

Alsbald schickte die junge Frau ihren Mann los, um verschiedene Besorgungen in der Höhe von zehn Gulden zu machen, und schloss sich daraufhin für acht Tage in einer Kammer ein. Nach dieser Frist hatte sie eine wunderschöne Schabracke gestickt, mit der sie ihn auf den Markt schickte. Er sollte sie nicht unter fünfhundert Gulden verkaufen.

Auf dem Markt blieben alle Menschen stehen und bewunderten die Schabracke. Auch der alte Kaufmann kam und bot sechshundert Gulden. „Willst du mich nicht, bekommst du auch die Schabracke nicht", bekam er zur Antwort und musste zusehen, wie ein anderer sie erstand. Jetzt war es endgültig aus zwischen den beiden und der junge Mann kehrte heim, um seiner Frau von den Vorkommnissen zu berichten.

Diese bat ihn jetzt um zwanzig Gulden und schloss sich diesmal für vierzehn Tage ein. Sie stickte eine Fahne, auf der geschrieben stand, wer sie war und wie es ihr ergangen war. Nun bat sie ihren Gatten, mit zu ihrer Familie zu kommen, und sie bestiegen ein Schiff, hissten die Fahne, und los ging die Fahrt. Sie selbst war natürlich eine Königstochter und ihrem Vater waren seine drei Töchter schon vor drei Jahren gestohlen worden. Seither sandte er Kundschafter durch die Welt, um die Verlorenen wieder zu finden. Ein solches Boot stieß nun auf ihres und unter Jubelrufen stiegen die Prinzessin und ihr Gemahl auf das Schiff.

Unglücklicherweise waren die drei Befehlshaber richtige Bösewichter, und da sie zu gerne die Belohnung selbst gehabt hätten, warfen sie den Kaufmannssohn über Bord und ließen verlauten, er sei verunglückt. Kaum hatte die Prinzessin die Nachricht vernommen, wollte sie ihm nachspringen, die Befehlshaber hielten sie jedoch zurück und nahmen ihr einen Schwur ab, dem König nichts von dem Geschehenen zu berichten. „Wir haben deine Tochter gerettet", sagten sie zum König und die Prinzessin sagte nichts dazu. Die drei wurden nun reich belohnt und der Mächtigste unter ihnen sollte sie zur Frau bekommen. Sie wünschte sich eine Frist von Jahr und Tag, nach deren Ablauf sie ihrer Heirat zustimmen wollte. Nur bat sie darum, dass ihr Bräutigam die drei Brautzimmer nach ihren Gedanken ausmalen lassen sollte. Obwohl die besten Maler aus der ganzen Welt geschickt wurden, konnte es keiner der Prinzessin recht machen, denn nie war es nach ihren Gedanken.

Der Kaufmannssohn war zum Glück nicht ertrunken. Da er ein guter Schwimmer war, konnte er sich lange über Wasser halten. Als er gerade doch kraftlos untergehen wollte, traf er einen Schwan, der ihn ans Ufer einer nahen Insel zog. Hungrig und durstig wünschte sich er sich etwas zu essen und zu trinken und schon standen ein Schoppen Wein und ein köstlicher Braten vor ihm. Nach dem Essen wünschte er sich ein Pfeifchen und auch das wurde ihm erfüllt. So ging es weiter, Jahr und Tag, der Kaufmannssohn aß und trank, was er sich wünschte, und genoss ansonsten die weite Aussicht.

Endlich trieb dann eines Tages ein Nachen an, in dem saß ein kleines, graues Männchen. „Was gibst du mir, wenn ich dir helfe?", fragte es. Und der Kaufmannssohn versprach ihm alles, was er und seine Frau im ersten Jahr zusammen gewinnen würden. „Die Hälfte ist auch genug", sprach das Männchen. „Möchtest du Lebkuchenbäcker in der Stadt werden?", fragte es dann. Der Kaufmannssohn überlegte nicht lange. Zwar kannte er sich nicht aus mit der Bäckerei, ihm war es jedoch egal, Hauptsache, er konnte die langweilige Insel verlassen. Er stieg zu dem Männchen in den Nachen und dieses ruderte ihn weit entfernt in die große Stadt. Dort angekommen, brachte es ihn zu einer Bäckerei und da dort gerade ein Geselle fehlte, wurde er gleich genommen. Er stellte sich gut an und bemalte und schmückte die Lebkuchen, dass es eine Pracht war. Davon erfuhr der König und ihm gefiel das feine Backwerk ausgesprochen gut. Vielleicht konnte der junge Mann auch die Gemächer seiner Tochter so anmalen, dass sie ihr gefielen? Natürlich willigte der Kaufmannssohn ein und begab sich ins Schloss.

Er malte die beiden ersten Zimmer an, eines schöner als das andere, und an die Decke des dritten malte er, wie er die Prinzessin gerettet hatte und dann verraten worden war. Dann ging er wieder nach Hause. Als die Prinzessin in die drei Zimmer geführt wurde, stutzte sie im ersten, im zweiten sagte sie, so wäre es recht, und im dritten stürzte sie hin wie tot. Als sie wieder zu sich kam, weinte sie lange und heftig und warf sich ihrem Vater zu Füßen und erzählte ihm endlich die ganze Geschichte. Dies konnte kein anderer gemalt haben als ihr geliebter Retter. Der König betrachtete die Bilder und verstand. Flugs ließ er die drei Verräter hinrichten und gab ein großes Fest, der Kaufmannssohn bekam seine Frau wieder und das Königreich gleich mit dazu. Beide lebten glücklich zusammen, seine Eltern wurden auch geholt und bald darauf bekam die Prinzessin einen kleinen Jungen.

Als sie eines Sonntags spazieren gingen, kam ihnen ein kleines graues Männlein entgegen. „Du willst sicher deinen Lohn abholen", sprach der Kaufmannssohn. „Gleich lasse ich dir alles Geld und Gut holen, das wir im letzten Jahr gewonnen haben." „Habt ihr denn nichts anderes gewonnen?", fragte das Männlein und wies mit dem Finger auf das Kind. Dem Kaufmannssohn stellten sich die Haare zu Berge vor Schreck. Doch das Männlein beruhigte ihn gleich darauf: „Hab keine Angst, ich will nichts von euch. Ich bin der Schwan und auch der Geist des Mannes, dessen Leiche du freigekauft und begraben hast. Nun kann ich endlich weiterziehen und in Ruhe gehen." Und gleich darauf war es verschwunden.

Interpretation

Untersuchen wir dieses Märchen nach Elementen, die auf den Skorpionmond hinweisen, so fällt als Erstes auf, dass der Held seine Braut mit Hilfe des Geistes eines Verstorbenen gewinnt. Hier ist also das Thema Tod und Wiedergeburt angesprochen, eine Reise, die aus dem Jenseits unterstützt wird.

Betrachten wir zunächst einmal die Herkunft des Kaufmannssohnes. Er kommt aus einer wohlhabenden Familie und sein Vater ist ganz nach Skorpionart mit seinem Besitz fest verhaftet. Er reiste zeit seines Lebens übers Meer und trieb Handel, wobei er auch die räuberischen Elemente seines Unterbewussten (die Piraten) unter Kontrolle hatte und durch seine berechnende Großzügigkeit deren Freundschaft erlangte. Mit dieser Vorgeschichte hat nun der Sohn beste Voraussetzungen, selbst erfolgreich ins Leben zu ziehen und die Tradition seines Vaters fortzusetzen. Obwohl er die Gefahr fürchtet (er möchte den Seeräubern lieber nicht begegnen), vertraut er der Macht seines Vaters und dessen Empfehlungsschreiben und begibt sich so gerüstet auf seine erste eigene Handelsfahrt. Das naheliegende Ziel ist klar: Er möchte den Reichtum des Vaters vermehren und ebenfalls erfolgreich Handel betreiben. Dies ist die erste, äußere Zwiebelschicht des Skorpionmondes, der Besitz erhalten und vermehren will und dazu bereit ist, einige Risiken in Kauf zu nehmen.

Als der Kaufmannssohn in England ankommt, erfüllt er eifrig seine Aufgabe und ist somit der treue, gelehrige Sohn seines Vaters und handelt ebenso erfolgreich wie dieser selbst.

Da begegnet ihm eine Sitte aus fremden Landen, die er nicht recht einzuordnen weiß. Der Leichnam eines Toten soll durch die Stadt geschleift werden, weil dieser mit Schulden starb. Unser Held scheint ein tiefes Verständnis für Karma und großen Respekt vor dem Tod zu haben, denn gleich regt sich in ihm das Mitleid. Er kauft die Seele des Verstorbenen frei und spendiert ihm ein ordentliches Begräbnis. Dies verrät uns, dass er die tieferen Zusammenhänge kennt und weiß, dass das Leben alleine nicht alles ist. Indem er dem Toten seinen Respekt erweist, ja für dessen Begräbnis mit seinem ersten selbst verdienten Gewinn aufkommt, fügt er sich in den Kreislauf von Leben und Tod richtig ein und zollt dem Jenseits den gebührenden Respekt. Er ist nicht an den Zusammenhängen interessiert, die den anderen Kaufmann zum Schuldner gemacht haben, sondern er handelt direkt, aus dem Moment heraus, an der Schwelle zwischen Leben und Tod, einem ihm durchaus vertrauten Bereich seiner Psyche.

Jene Tat kostet ihn die Anerkennung seines Vaters und unterscheidet ihn nun von dessen Lebensmoral. Einmal ist dieser zunächst gewillt, das materielle „Versagen" seines Sohnes zu übersehen. Nach einiger Zeit vertraut der Vater dem Sohn erneut sein Schiff an und er bricht auf zu seinem nächsten Abenteuer. Diesmal begegnet er, ohne an seinem Ziel angekommen zu sein, gleich den Objekten seiner größten Angst, den Seeräubern. Doch rettet ihn das Schreiben seines Vaters und er merkt, dass er nichts zu befürchten hat. Er wird sogar belohnt, denn großzügig bieten die Piraten ihm etwas von ihrem Schiff an. Jene Szene im Märchen zeigt uns, dass der Mut, sich direkt in die Höhle des Löwen, das Zentrum der Angst, zu begeben, durchaus Glück bringen kann - was der Skorpionmond wiederum unterbewusst weiß.

Unser Held beachtet das materielle Raubgut wenig und ist nur an dem einzigen Lebendigen interessiert, der schönen jungen Frau, seiner seelischen Entsprechung. Doch ausgerechnet diese kann er nicht so einfach bekommen - wiederum muss er gegen das Gebot seines Vaters verstoßen und all seine Güter gegen sie eintauschen. Er muss allen angesammelten Reichtum der Vergangenheit geben, um die junge Frau aus der Sklaverei zu befreien. Er weiß, dass diese nur dann frei wird, wenn er selbst die Glaubens- und Wertsysteme seines Vaters losgelassen hat. So gibt er den Räubern, den Verbündeten seines Vaters, den gesamten Besitz und erhält dafür die Freiheit seiner Seele.

Trotz allem kehrt er mit ihr nach Hause zurück, meidet aber instinktiv den Vater, da er sich seiner Missbilligung gewiss ist. Er wendet sich an die Mutter und sie hilft mit dem Notwendigsten, Speise und ein wenig Geld. Die beiden leben nun in Abhängigkeit von ihrem Wohlgefallen. Alle Einlenkungsversuche der Mutter gegenüber dem Vater helfen nicht. Dieser bleibt ungnädig und verstößt seinen Sohn, da er seine Erwartungen nicht erfüllt hat.

Nun wird die gerettete Frau aktiv. Sie will nicht länger in Abhängigkeit leben und zeigt, dass sie fähig ist, beide zu ernähren. Sie schließt sich auf skorpionische Weise acht Tage in eine Kammer ein und stickt eine Schabracke. Das Sticken ist hier ein Hinweis darauf, dass sie fähig ist, selbst das Muster des Lebens zu zeichnen, und damit ganz bewusst Verantwortung für die momentane Lage übernehmen kann. Diese Aufgabe kann sie nur ganz alleine erfüllen, deshalb ist es dem Kaufmannssohn untersagt, sie während ihrer Arbeit zu stören. Jetzt braucht sie, so wie auch der Skorpionmond des öfteren, die Zeit und Muse des Alleinseins, in der sie sich ungestört in einen tranceartigen Zustand versenkt, um ihrer eigenen Seelentiefe begegnen zu können. Während dieser acht Tage ordnet sie ihre Gedanken und Gefühle und gibt ihrem Innersten Ausdruck: Es entsteht eine prächtige Decke, die sowohl schützt als auch voranbringt (Schabracken waren früher Untersatteldecken). Nach vollbrachtem Werk kennt sie deren Wert. Sie verlangt, dass die Schabracke nicht unter fünfhundert Gulden verkauft wird. Die junge Frau kennt nun sich selbst und weiß, was sie braucht, um gewürdigt zu werden - deshalb schickt sie ihren Mann los, die Decke für den genannten Preis zu verkaufen.

Dieser beobachtet freudig auf dem Markt, welch große Bewunderung die Schabracke auslöst, und doch gibt er sie nicht seinem Vater, obwohl der ihm mehr bietet als den angesetzten Preis. Er gibt ihm hiermit zu verstehen, dass er nicht käuflich ist und auf skorpiongemäße Art nur ganz oder gar nicht mit sich handeln lässt. Ist der Vater unfähig, sein Handeln zu begreifen (willst du mich nicht?), braucht er sich auch nicht an der schöpferischen Tätigkeit seiner Seelenkraft, der gestickten Decke seiner Frau, zu bereichern. Und so kommt es nun zum völligen Bruch.

Jetzt ist der Kaufmannssohn bereit, vollständig zu seiner Frau zu halten und mit ihr ein unabhängiges Leben zu führen. Deshalb erklärt er sich bereit, zu ihrer unbekannten Heimat aufzubrechen. Die junge Frau schließt sich nun zwei Wochen ein und stickt eine Fahne mit ihrer bisherigen Geschichte, um sich daheim erkennen geben zu können. Während dieser zwei Mondphasen (14 Tage) hat sie Zeit, ihre Vergangenheit und die Gegenwart zu durchleuchten, um wieder an ihre eigene alte Geschichte anknüpfen zu können. Denn sie alleine weiß, dass sie eine Prinzessin ist, und möchte eigentlich gerne zu ihrem alten Stand zurückkehren. Also fahren die beiden los und werden auch gleich gefunden. Ihr Vater sucht sie schon und hat seine Boten in alle Welt gesandt.

Dabei stellt sich die Frage, warum er gleich alle drei Töchter geraubt bekam. Darüber gibt das Märchen keine Auskunft. Wahrscheinlich fehlt hier ein wichtiger Teil oder es wurde zu einer Zeit geschrieben, da die dreifältige Göttin allmählich ihrem Kulturraum geraubt wurde und deshalb verloren gehen musste. Wir wissen es nicht ... Ein wenig Auskunft geben uns jedoch die drei Befehlshaber des Schiffes. Obwohl vom König angestellt, die Prinzessinnen zu finden, verfolgen sie keine edlen Ziele, sondern suchen nur ihren eigenen Vorteil. Sie möchten weniger die Prinzessin retten, als eine reiche Belohnung für die vollbrachte Tat erhalten. Die Prinzessin steht zunächst in ihrer Macht, denn als sie ihren geliebten Retter verliert, will sie zwar auf ordentliche Skorpionart ihrem Leben auch ein Ende machen, doch lässt sie sich einen Schwur abnehmen, Stillschweigen über den wirklichen Verlauf ihrer Rettung zu bewahren. Hier wird die Prinzessin zum ersten Mal untreu und schließt einen vorübergehenden Pakt mit den Räubern in ihrer Psyche. Sie unterwirft sich deren betrügerischen, machthaberischen und gierigen Elementen und schwört, nichts zu verraten. Sie ist hin- und hergerissen zwischen ihrer vergangenen Position als Königstochter und der neuen Rolle als Frau des Kaufmannssohnes. Da dieser verloren scheint, kehrt sie zunächst in ihre alte Rolle zurück und verschweigt das, was sie in jüngster Vergangenheit erlebt hat.

Der unwissende König freut sich über ihre Rückkehr und Rettung und erfährt nichts von der Veränderung, die in ihr stattgefunden hat. Sie ist zu feige, ihm zu sagen, dass für sie eigentlich schon eine neue Phase als Jungvermählte begonnen hat und sie nicht mehr ausschließlich seine Tochter ist. Dies bezeichnet einen wichtigen Schritt in der Entwicklung der reifenden Frau, denn sie ist aufgefordert, den Schutz des Vaters zu verlassen und nun als nicht-mehr-Tochter selbst Fehler zu machen und eine neue Liebesfähigkeit zu entwickeln. Betrachten wir diesen Abschnitt auf den Skorpionmond bezogen, fällt es ihr schwer, den Vater loszulassen oder das Risiko einzugehen, als mögliche Witwe ganz alleine bleiben zu müssen und dadurch vielleicht beides zu verlieren, den Vater und den Mann. Also fügt sie sich in das von ihr Erwartete und bittet sich lediglich Bedenkzeit aus. Sie hofft, innerhalb eines Jahres eine Antwort auf ihr inneres Dilemma zu finden. In dieser Phase reift ein wichtiges Bedürfnis in ihr heran. Wenn sie schon einen falschen, reichen, mächtigen Befehlshaber heiraten soll, dann aber nur, wenn dieser fähig ist, sie ganz zu verstehen. Ihre Bedingung ist, drei Zimmer nach ihren Gedanken bemalen zu lassen. Sie weiß, dass nur wirkliche Liebe imstande ist, das zu begreifen, womit sie sich innerlich beschäftigt, und gibt so, ohne ungehorsam zu sein, ihr Schicksal in die Hände des Lebens.

Natürlich gelingt es dem Befehlshaber nicht, die Räume nach ihren Gedanken zu schmücken. Die besten Maler der Welt versagen, so viele er auch einstellt. Keiner kann sich in sie hineinversetzen und ihre inneren Geheimnisse erraten. Auch hier zeigt sich der Skorpionmond, der seine wahren Gefühle hütet wie seinen Augapfel und erfolgreich vor der Außenwelt verborgen hält.

Während die Prinzessin mit ihrem traurigen Geheimnis der Dinge harrt, wird ihr Seelenpartner gerettet. Wie wir erfahren, ist er ein guter Schwimmer, er kann sich ganz gut selbst über Wasser halten und ertrinkt nicht gleich im Meer der verletzten Gefühle über den ihm angetanen Verrat. Doch er verfügt nicht über übermenschliche Kräfte und so hätte er sich wohl in sein Schicksal fügen, untergehen und die Prinzessin der Macht ihrer falschen Beschützer überlassen müssen, wenn nicht der Schwan aufgetaucht wäre. Der Schwan, ein stolzes, weißes, reines Tier, repräsentiert hier die Kraft seiner unverdorbenen Motivation und rettet ihn. Wie wir wissen, handelt es sich um die Seele des Verstorbenen, der dem Kaufmannssohn noch so lange verpflichtet bleibt, wie er versucht, seine Aufgabe zu lösen. Er kann sich jetzt auf sein tiefes Todesverständnis berufen und diese Fähigkeit kommt ihm auch gleich zu Hilfe. Weil er anscheinend keinerlei Groll hegt und die Gegenwart nicht mit schwarzen Gedanken belastet, geht es ihm auf der Insel zunächst ganz gut. Er wird kraft seiner Wünsche mit Essen und Trinken versorgt und genießt derweil die Aussicht. Mehr gibt es auf der ruhigen Insel nicht zu tun. Übertragen heißt das, er verschafft sich einen Überblick über die Gesamtsituation, er bringt die Geschehnisse in einen größeren Zusammenhang und verlässt die Froschperspektive, die ihn als Opfer der ungerechten Umstände erscheinen lassen könnte. So verhält er sich jetzt ausgesprochen weise und macht das Beste aus seinem Schicksal. Er muss warten, bis die Zeit sich erfüllt, und tatsächlich naht eines Tages Rettung.

In einem Nachen rudert ein Männlein herbei und macht ihm einen merkwürdigen Vorschlag, nicht ohne sich eine zukünftige Belohnung zu erbitten. Der Kaufmannssohn soll Bäckergeselle werden, etwas tun, was ihn anscheinend seinem Ziel kein bisschen näher bringt und auch sonst nicht an seine bisherige Geschichte anknüpft. Von ihm wird jetzt gefordert, ganz loszulassen - von seinem Wunsch, die Prinzessin zu finden, von seinem alten Leben als Kaufmannssohn, von allem, was sein bisheriges Ich beschäftigt hat. Zum Glück hat er lange genug die Aussicht betrachtet und weiß, dass es auf der Insel nichts mehr für ihn zu erfahren gibt, deshalb willigt er ein, um endlich den Zustand der Untätigkeit zu verlassen, und verspricht, das Männlein zu gegebener Zeit zu belohnen. Hier finden wir eine neue, wichtige Entwicklungsphase beschrieben, in der wir Aufgeben übernehmen müssen. Die bisherigen Wege und Vorschläge des Egos funktionieren nicht mehr, wir befinden uns in einer Sackgasse und alles Nachdenken bringt uns nicht weiter. Nur etwas ganz Neues, selbst wenn es scheinbar keinen Sinn ergibt und gar nichts mit unserer Geschichte zu tun hat, kann das verlorene Bindeglied zwischen Vergangenheit und Zukunft herstellen, und so ist es gut für den Kaufmannssohn, den Vorschlag des Männleins anzunehmen.

Er wird zum Lebkuchenbäcker, er lernt das Leben zu backen und seine Muster nachzuzeichnen. Da er schon weit entwickelt ist, wird er zu einem guten Bäcker, seine feinen Backwaren spiegeln sein Verständnis für die subtilen Zusammenhänge wider. Ganz auf

Skorpionart gibt er sich seiner neuen Aufgabe völlig hin und so kann die Nachricht seiner Geschicklichkeit bis zum König vordringen. Dieser erfasst sogleich, dass der junge Mann etwas zu sagen hat, und bittet ihn, die Gemächer seiner Tochter zu bemalen - schließlich haben es ja schon viele zuvor erfolglos probiert. Freudig sagt der Kaufmannssohn zu und beginnt zu malen, ohne zu wissen, für wen. Er kann nicht anders, als sein Innerstes nach außen zu bringen, und so gehört der Teil seiner Geschichte, da er verraten wurde, unweigerlich mit zu seiner Kunst.

Ohne zu wissen, wer der Maler ist, fühlt sich die Prinzessin bereits in den ersten beiden Räumen zutiefst berührt. So sei es recht, sagt sie, denn mittlerweile ist sie nur noch daran interessiert, dass sie jemand versteht - weniger wichtig scheint zu sein, wer dieser Jemand ist. In diesem Moment hat sie alles Manipulative abgelegt. Sie wartet nicht mehr auf den Kaufmannssohn und ihre Vorstellung von ihm, sondern nur noch auf eine wirkliche, tiefe, völlige Begegnung, die von einer bestimmten Person unabhängig ist. Sie ist jetzt frei davon, von einem bestimmten Menschen etwas zu erwarten, was er ihr vielleicht nie geben kann, aber auf der anderen Seite bereit und offen für eine wirkliche Begegnung - mit wem auch immer - und hat damit eine schwierige skorpionische Aufgabe gelöst.

Als sie das dritte Zimmer betritt, trifft sie fast der Tod. Die Wahrheit ist mächtiger als sie und endlich kann sie weinen. Sie stürzt zu Boden und damit wird auch ihre Maske, ihr falsches Verhalten, das sie an den Tag legen musste, um ihr innerstes Geheimnis zu schützen, nicht mehr gebraucht. Jetzt ist Raum für die Trauer und den Schmerz, den sie so lange versteckt hatte, und erleichtert löst sie sich aus dem Schwur gegenüber den Befehlshabern des Königs und berichtet das Geschehene.

Da merkt sie, dass der König ebenfalls an der Wahrheit interessiert ist, denn sogleich werden die falschen, betrügerischen Elemente hingerichtet und es ist Zeit und Raum zum Feiern. Endlich ist alles gut, so wie es ist, weil das falsche Leben der Anpassung und des Scheins verlassen werden kann. Auch die Eltern des Kaufmannssohnes haben dazugelernt und so werden alle glücklich.

Aus einer solch gesunden Verbindung wird bald ein Kind geboren und da erscheint das Männlein und fordert seine Belohnung. Nicht Geld und Gut sucht es, sondern das halbe Kind. Der Kaufmannssohn erschrickt zu Tode und hat nun die allerwichtigste Lektion gelernt: Wichtig ist das neue Leben, wichtiger als alle Macht, alles Geld, sein Prinzenrang oder sonstiges. Lachend verschwindet da das Männlein und geht in die ewigen Jagdgründe ein, denn es wollte nur noch einmal in Erinnerung rufen, was wirklich zählt.

Neumond im Skorpion

Nutze die Zeit, um dir über deine Leidenschaften und Wünsche Klarheit zu verschaffen.

- Welche geheimen Wünsche hast du, die du dir vielleicht nicht eingestehst? Schreibe sie auf und lege die Liste für eine Weile neben dein Bett.
- Welche Menschen können dich bei der Erfüllung deiner Wünsche unterstützen?
- Wer oder was steht der Erfüllung im Weg?

Vertraue dich deiner intuitiven Schöpferkraft an, dem ungeborenen Raum, und lasse deine Wünsche tief in ihn hinein sinken.

Male ein Bild deiner innerlichen Schutzkraft. Schützt du dich selbst ausreichend im Leben?

Schreibe eine Liste mit Gewohnheiten, die du nicht mehr brauchst und gerne loslassen würdest.

Bringe ein äußerliches Opfer dar, etwas, das du der gestaltenden Kraft im Kosmos schenken möchtest.

Vollmond im Skorpion

Feiere ein Fest, das für die Toten und gleichzeitig für neues Leben in dir gegeben wird. Denke an deine Vorfahren oder vielleicht auch an enge Freunde, die gestorben sind. Schenke ihnen Blumen oder anderes. Was von ihnen beeinflusst dich noch heute? Welche Erinnerungen bewahrst du dir bis heute noch gerne? Werde dir bewusst darüber, dass auch du eines Tages sterben wirst. Was von dir wird übrig bleiben und in anderen weiterleben?

Nimm innerlich Abschied von dem, was dich bedrückt oder behindert. Vielleicht schreibst du einen Brief und malst ein Bild und verbrennst beide.

Gedenke auch des Neuen, was in dir vielleicht schon unbemerkt gewachsen ist. Vielleicht ist es etwas, das noch Zeit, Raum und Schutz braucht, um Gestalt anzunehmen. Versprich dir, diesen Schutz zu gewähren.

Feiere das, was du hinter dir lässt, und das, was kommt - das eine wäre ohne das andere nicht möglich. Meditiere darüber, wie sich die Gegenwart aus der Vergangenheit gestaltet und dadurch die Zukunft bedingt ...

Mond im Schützen

Die Schöne und das Tier

(Französisches Märchen)

Ein sehr reicher Kaufmann hatte drei Töchter, die er von den besten Erziehern unterrichten ließ. Alle drei waren sehr schön, doch die Jüngste wurde am meisten bewundert. Von klein auf nannte man sie nur „die Schöne“, was wiederum die Eifersucht der älteren Schwestern erweckte. Die beiden Älteren waren sehr stolz auf ihren Reichtum und auch hochmütig, sie empfingen nur Töchter edler Abstammung und gingen täglich ins Theater oder zum Ball. Oft verspotteten sie die Jüngste, denn diese verbrachte ihre meiste Zeit damit, gute Bücher zu lesen.

Da der Reichtum der Familie bekannt war, hielten viele Freier um die Hände der drei Töchter an, aber die beiden älteren warteten auf einen Grafen oder wenigstens einen Herzog und die jüngere konnte sich nicht von ihrem Vater trennen. So blieben sie alle erst einmal unverheiratet.

Eines Tages verlor der Kaufmann über Nacht sein ganzes Vermögen bis auf ein kleines Landhaus nahe der Stadt. Er teilte seinen Töchtern mit, dass sie nun wie die Bauern arbeiten müssten, um sich ihr Geld zum Überleben zu verdienen. Die beiden Älteren weigerten sich, sie wollten in der Stadt bleiben und einen der Freier nehmen. Doch schien es keinen zu geben, der sie ohne ihr Vermögen haben wollte, denn allzu bekannt war auch ihr Hochmut. Nur die Jüngste hätte heiraten können, doch wollte sie lieber bei ihrem Vater bleiben. Also half sie im Haushalt, während der Vater das Feld bestellte, und obwohl sie die schwere Arbeit nicht gewohnt war, tat es ihr doch nach ein paar Monaten gut, denn sie wurde stärker und kräftiger. Nach getaner Arbeit las sie, spielte Klavier oder sang beim Spinnen und machte so das Beste aus ihrer Lage. Ihre beiden Schwestern aber langweilten sich zu Tode. Sie gingen den ganzen Tag spazieren und weinten um die verlorenen Kleider und die verlorene Gesellschaft.

So lebten sie schon ein Jahr lang in Einsamkeit, als dem Kaufmann in einem Brief mitgeteilt wurde, dass eines seiner Schiffe mitsamt Waren glücklich im Hafen angelangt sei. Diese Nachricht erregte die beiden älteren Schwestern, denn sie glaubten sich gerettet und hofften, nun das verhasste Landleben hinter sich lassen zu können. Als der Vater reisefertig war, baten sie ihn, ihnen schöne Kleider und Kopfputz mitzubringen. Die Jüngste bat ihn nur um eine Rose. Der Vater zog los, um zu erfahren, dass ihm ein Prozess wegen seiner Waren gemacht wurde, und er kehrte genauso arm wieder zurück, wie er losgezogen war.

Auf dem Heimweg verirrte er sich in einem großen, tiefen Wald. Es schneite heftig und stürmte und er fürchtete zu erfrieren und zu verhungern, ohne seine Töchter noch einmal zu sehen. Da sah er ein helles Licht und folgte ihm, bis er an ein Schloss kam. Sein Pferd ging zugleich in einen Stall, fand dort Hafer und Stroh und fraß sich satt. Er selbst betrat das Schloss und fand eine schön gedeckte Tafel mit den erlesensten Speisen, gerade für eine Person gedeckt. Nachdem er eine Weile gewartet hatte und niemand erschien, setze er sich und fiel heißhungrig über die Speisen her. Dann fand er ein bezogenes Bett, legte sich hinein und schlief bis zum nächsten Morgen. Wie staunte er, als ein neues Gewand für ihn bereit lag, das ihm genau passte. Er schlüpfte hinein und ging nach draußen. Der Schnee war geschmolzen und er befand sich in einem wunderschönen Park voller Blumenbeete. „Ich danke dir, gute Fee", sprach er - denn wem sollte das verlassene Schloss sonst gehören - und pflückte eine Rose für seine jüngste Tochter. In diesem Moment ertönte ein furchtbares Gebrüll und ein schreckliches Tier stürzte auf ihn zu. „Undankbarer!", rief es. „Ich rette dir das Leben und du dankst es mir, indem du eine meiner liebsten Rosen brichst. Nun musst du sterben!" Der Kaufmann flehte um Vergebung und berichtete vom Wunsch seiner Tochter, den er zu erfüllen gedachte. „Gnädiger Herr, verzeiht mir", weinte er. „Ich heiße nicht gnädiger Herr, sondern 'das Tier'. Höflichkeiten sind mir verhasst, ich will, dass man sagt, was man denkt", entgegnete das Tier und erklärte sich bereit, den Kaufmann zu verschonen, wenn er ihm eine seiner Töchter brächte, damit sie an seiner Stelle stürbe. „Wenn du in drei Monaten mit einer deiner Töchter zurückkehrst, dann werde ich dich laufen lassen", räumte das Tier ein. Der Kaufmann stimmte zu, denn so konnte er die drei wenigstens noch einmal wiedersehen. Das Tier schenkte ihm noch eine Truhe mit Goldstücken, dann ließ es ihn weiterziehen.

Weinend lief der Vater nach Hause und berichtete den Töchtern das Geschehene. Die beiden älteren beschimpften nun die jüngste Tochter. „Dein Hochmut wird den Vater das Leben kosten. Hättest du nicht um normale Dinge bitten können, so wie wir?", sprachen sie. „Natürlich werde ich für ihn gehen", antwortete die Jüngste, „denn ich liebe den Vater aufrichtig."

An dem Tag, da die Jüngste zum Tier aufbrach, rieben sich die Schwestern ihre Augen mit Zwiebeln ein, um ein paar Tränen vergießen zu können, und waren doch eigentlich froh, dass sie weg war. Die Schöne und ihr Vater erreichten das Schloss und fanden eine für zwei Personen gedeckte Tafel vor. Da ertönte wieder ein lauter Krach und der Vater zitterte um das Leben seiner Tochter. Das Tier erschien und fragte, ob sie aus freiem Willen gekommen sei. Als sie dies bejahte, war es beruhigt und bat die beiden, in Ruhe zu essen. Dem Vater aber wollte es nicht recht schmecken. Er sollte am nächsten Morgen abreisen und nicht mehr wieder zurückkommen. Nachts träumte die Tochter von einer Dame, die sprach. „Du hast ein gutes Herz und dies soll nicht unbelohnt bleiben." Also schickte sie ihren Vater getrost nach Hause und fügte sich in ihr neues Schicksal.

Sie weinte erst, dann aber beschloss sie das Schloss zu besichtigen, damit sie wenigstens noch etwas Schönes sah, bis sie des Abends gefressen würde. Sie staunte und bewunderte all die Pracht und fühlte sich bis zum Abend ganz wohl. Dann fand sie eine Tür, auf der geschrieben stand: „Wohnung der Schönen", und sie trat ein. Es war alles wunderschön und ganz nach ihrem Geschmack eingerichtet, viele Bücher lagen darin und ein Klavier stand auch da. „Wenn ich nur einen Tag leben sollte, hätte man mir nicht die vielen Bücher hingestellt, ich soll mich hier wohl fühlen", dachte sie und ihr Mut wuchs. Sie öffnete ein Buch und darin stand geschrieben: „Wünscht und befehlt, ihr seid hier die Herrin!" „Ach, wenn ich nur meinen Vater sehen könnte", dachte sie und blickte in einen Spiegel und sah ihn gerade daheim ankommen. Nun wusste sie, dass es das Tier gut mit ihr meinte. Sie fand wieder einen gedeckten Tisch vor und schöne Musik spielte zum Essen. Sie setzte sich nieder und hörte Geräusche. Zitternd wartete sie auf das Kommen des Tieres. „Darf ich dir beim Essen zuschauen?", bat es. „Du bist hier die Herrin. Wenn ich dich belästige, dann schicke mich ruhig wieder weg. Sag, findest du mich sehr hässlich?" „Es ist schon wahr," antwortete die Schöne, „aber ich glaube, du bist auch gut." „Ja, das stimmt", sprach das Tier, „aber ich bin nicht klug, ich weiß wohl, dass ich nur ein Tier bin." „Das kann nicht sein, denn wenn du wirklich dumm wärest, würdest du so etwas gar nicht erst denken", antwortete die Schöne und sie plauderten lange hin und her. Das Tier wollte, dass es ihr gut ginge und sie sich nicht langweilte im Schloss. Allmählich erschien das Tier der Tochter weniger als Ungeheuer, denn sie fand, dass es ein ehrliches, gutes Herz hatte. „Hätte ich Geist, könnte ich dir schöne Komplimente machen, aber ich bin halt nur ein Tier und dir dankbar, dass du mir Gesellschaft leistest." Dann fragte das Tier, ob sie ihn heiraten wollte, und ihr blieb fast das Herz stehen. „Nein, Tier", antwortete sie, denn dies war doch eine ungeheuerliche Vorstellung. Und weinend lief das Tier davon.

Jeden Abend kam nun das Tier und sie unterhielten sich prächtig, und jeden Abend fragte das Tier wieder, ob die Schöne ihn heiraten wollte. Dieser tat es mächtig Leid, dass sie ihm immer neuen Schmerz bereiten musste, also erklärte sie eines Tages: „Lass uns doch für immer Freunde sein. Ich kann es dir jetzt sagen: Ich werde dich nie heiraten, also bitte versuche, dich damit abzufinden." Und so hoffte sie, weiteren Kummer zu vermeiden. „Bitte versprich mir, mich nie zu verlassen", bat das Tier und sie errötete. Insgeheim wünschte sie sich nichts lieber, als ihren Vater wiederzusehen, denn ein Blick in den Spiegel hatte ihr verraten, dass dieser aus Kummer über ihren Verlust erkrankt war. „Ich würde dir dies gerne versprechen, aber ich sehne mich so nach meinem Vater, dass ich beinahe sterben muss." Das Tier sprach: „Ich will dir nicht weh tun, also geh zu deinem Vater, aber du wirst mich hier alleine lassen und dann muss ich vor Sehnsucht sterben." Da versprach die Schöne weinend, innerhalb von acht Tagen wiederzukommen, denn sie hatte das Tier doch sehr gerne. Dieses gab ihr einen Ring, den sie in der Nacht vor der Rückkehr auf den Tisch legen sollte, und verabschiedete sich von ihr, nicht ohne laut zu seufzen.

Als sie am nächsten Morgen erwachte, war sie bei ihrem Vater und neben ihr stand eine Truhe mit den schönsten bestickten Kleidern. Die hatte ihr das Tier mitgeschickt. Der Vater freute sich natürlich sehr und selbst die mittlerweile verheirateten Schwestern kamen angereist. Die älteste hatte einen schönen jungen Edelmann geheiratet, der allerdings sein eigenes Gesicht mehr liebte als sie, und die zweite hatte einen sehr geistreichen Gatten bekommen, der wiederum mit seinem Geist alle Welt rasend machte, einschließlich ihr selbst. So ärgerten sie sich gehörig, als sie ihre Schwester in solch schöne Gewänder gekleidet sahen, und als sie auch noch von ihrem Glück hörten, war es ganz aus. Sie platzten fast vor Neid. Also berieten sie sich und beschlossen, die Jüngste länger als acht Tage zum Bleiben zu überreden, denn dann würde das Tier bestimmt zornig werden und sie bei ihrer Rückkehr fressen. So stellten sie sich lieb und nett und die Schöne weinte gerührt über die Aufmerksamkeiten ihrer veränderten Schwestern. Nach acht Tagen rauften sich diese die Haare und klagten und weinten, so dass die Jüngste versprach, noch einmal acht Tage zu bleiben. Doch machte sie sich Vorwürfe und vermisste das Tier sehr. In der zehnten Nacht träumte sie, dass das Tier auf dem Rasen seines Schlossparks im Sterben lag, und sie erschrak und legte schnell den Ring auf den Tisch. Im Nu befand sie sich im Schloss, jedoch kam am Abend niemand an die gedeckte Tafel. Da rannte sie hinaus in den Garten und fand das Tier bewusstlos auf dem Rasen liegen. Sie besprengte es mit Wasser und es kam wieder zu sich: „Du hast dein Versprechen nicht gehalten und aus Kummer über deinen Verlust möchte ich nun den Hungertod sterben. Aber ich bin froh, dich noch einmal zu sehen“, hauchte es leise. „Nein, liebes Tier, du sollst leben,“ rief die Schöne. Ich will auch deine Frau werden, denn mein Schmerz hat mir gezeigt, dass ich ohne dich nicht leben kann.“

Da krachte und toste es, am Himmel gab es ein Feuerwerk, laute Musik ertönte und ein großes Fest bereitete sich vor. Das Tier war verschwunden und an seiner Stelle stand ein wunderschöner Königssohn. „Ich war von einer Fee verwünscht, so lange, bis mich ein Mädchen in dieser Gestalt zur Frau nehmen würde. Nimm nun meine Krone“, sagte er. Als sie ins Schloss kamen, empfing sie die Dame, die die Kaufmannstochter bereits aus ihrem Traum kannte, und sprach: „Schöne, du hast die Tugend der Schönheit und dem Geist vorgezogen, deshalb findest du jetzt all diese Eigenschaften in einer Person vereint und wirst eine große Königin werden.“ Die beiden Schwestern aber verwandelte sie in steinerne Statuen, bis sie ihre Fehler einsehen würden (davon aber muss ein anderes Märchen berichten). Die Schöne und der Königssohn wurden natürlich sehr glücklich.

Interpretation

Dieses Märchen zeigt wertvolle Spuren und Elemente des Schützemondes. Der Vater, ein wohlhabender Kaufmann, ist für damalige Zeiten sehr fortschrittlich, denn er lässt seinen Töchtern vor allen Dingen eine gute Ausbildung angedeihen. Daran erkennen wir schon, dass er Höheres mit ihnen vorhat. Seine beiden älteren Töchter sind auch aufgrund dessen gefragt, sie vergnügen sich auf Bällen und gehen gerne ins Theater und warten auf die Edelmänner, die ihnen auf geistiger und materieller Ebene entsprechen. Sie sind sich dessen bewusst, dass sie „mehr“ sind als gewöhnliche Kaufmannstöchter, und harren nun der Dinge, um gegebenenfalls zuzugreifen. Sie wissen das Leben zu genießen, haben Freude an entsprechender Kleidung, schöpfen aus dem Vollen und verschmähen den Kontakt mit ihresgleichen.

Eigentlich plagt sie nur die Eifersucht auf die jüngere Schwester, die „die Schöne“ genannt und ihnen gegenüber bevorzugt wird. Alle drei Töchter haben eines gemeinsam: Sie wollen nicht heiraten. Die beiden älteren, weil sie auf eine „Beförderung“ warten, die jüngere, weil sie sich nicht vom Vater trennen kann.

So kommt es, wie es kommen muss, das Schicksal wendet sich und der Vater verliert sein Vermögen. Nun sind alle gezwungen, auf dem Land zu leben und niedrige Arbeit zu verrichten, um zu überleben. Während die Jüngste sich der neuen Lage anzupassen versteht und dabei noch Kräfte gewinnt, langweilen sich die älteren Schwestern zu Tode. Sie wissen nichts mit dem Landleben anzufangen und ihre Gelehrtheit steht ihnen eher im Wege. Auch sind sie von der Wirklichkeit enttäuscht, denn ihre Freier bleiben aus und zeigen kein weiteres Interesse an ihnen, da sie nicht mehr wohlhabend sind. Auf den Hochmut folgt der Verdruss und so können sie nichts tun als nutzlos spazieren gehen und ihren Verlust beklagen.

Ein Jahr, ein ganzer Kreislauf der Bewusstwerdung, zieht ins Land und der Vater erfährt von einem seiner Schiffe, das voller Waren zurückgekehrt scheint. Gleich beweisen die älteren Schwestern, dass sie nichts dazugelernt haben, denn sie wünschen sich Kleider und Kopfputz, um an ihr vergangenes Stadtleben wieder anknüpfen zu können. Die Jüngste wünscht sich eine Rose, ein lebendiges Symbol ihres Herzens, denn sie liebt den Vater und möchte ihm dies so zu verstehen geben. Sie wünscht sich die Rose der Erkenntnis, ein durchaus edler Schützewunsch.

Der Vater macht sich auf den Weg, nur um zu erfahren, dass sich an ihrer materiellen Lage nichts ändern wird. Verzweifelt kehrt er nach Hause zurück und weiß nun gar nicht mehr, wie es weitergehen soll. Er verirrt sich erst einmal im Wald und stirbt fast vor Hunger und Kälte. Er ist sich jetzt bewusst, dass er seine Töchter nicht mehr ernähren und für sie sorgen kann.

Da rettet ihn ein helles Licht, ein Schloss, das ihm und seinem Pferd Schutz gewährt. Darinnen wird wie von Geisterhand für beide gesorgt und am nächsten Morgen findet er auch noch ein frisches Gewand. Der Vater ist nun trotz seiner Verzweiflung kraft seiner inneren Einstellung bereit, sein Leben wieder in die Hand zu nehmen und sich zu verändern. Als er den Schlossgarten betritt, erinnert er sich an den Wunsch seiner jüngsten Tochter und pflückt ihr die Rose der Erkenntnis. Doch die gibt es nicht umsonst - mit Gebrüll nähert sich das Tier und fordert sein Leben. Der Vater, der das Ausmaß des Wunsches seiner jüngsten Tochter erst jetzt begreift, jammert um Vergebung und es gelingt ihm, das Tier von der reinen Motivation seiner Tochter zu überzeugen. Das Tier gewährt ihm eine Frist von drei Monaten, um dann entweder selbst oder mit einer seiner Töchter zu erscheinen.

Erschrocken begreift nun die jüngste Tochter, welch enormen Wunsch sie ausgesprochen hat, und ist bereit, ihr Leben dafür zu geben. Die unverständigen Schwestern belächeln und verhöhnen sie, denn sie verstehen die tiefere Bedeutung des Geschehens nicht. So sind sie froh, die jüngste Schwester, die sie durch ihre Tugendhaftigkeit an ihre eigenen Unzulänglichkeiten erinnert, bald los zu sein, damit sie ohne Zweifel und Gewissensbisse mit ihrem alten Leben fortfahren können.

Vater und Tochter begeben sich zum Schloss und fürchten sich, der Kraft des Unbewussten, dem Tierisch-Animalischen zu begegnen. Obwohl wieder alles einladend gedeckt ist, will ihnen die Speise nicht recht schmecken und vor Angst kann der Vater kaum essen. Er vertraut dieser neuen Kraft des Tieres nicht und es fällt ihm schwer, ihr seine Tochter zu überlassen. Diese hat jedoch einen zuversichtlichen Traum. Ihr erscheint ihr höheres Selbst in Form einer Fee im Traum, die ihr zu verstehen gibt, dass ihr Opfer belohnt werden wird. Damit kann sie den Vater trösten und nach Hause schicken. Sie ist in Kontakt mit ihrem Unterbewusstsein, vertraut dessen heilender Kraft und weiß, dass sie die kommende Aufgabe alleine bewältigen muss. In Bezug zum Schützemond hat sie nun dessen positives Vertrauen gefunden und schöpft daraus neue Kräfte.

So beschließt sie, am vermeintlich letzten Tag ihres Lebens nicht zu weinen und über das Verlorene zu trauern, sondern sich ihre neue Herberge anzusehen. Hier zeigt sich der Schützemond, der sich an der Zukunft orientiert und nicht am Vergangenen. Tatsächlich findet sie eine Wohnung, die ihr ganz alleine gehören soll und in der sie die Herrin über ihre Wünsche ist, wie ihr das Buch verrät. Sie wünscht sich einen letzten Blick auf ihren Vater und sieht im Spiegel die Falschheit ihrer beiden Schwestern. Die Wahrheit tut weh und so bewegt sie sich weiter in ihrer neuen Gegenwart. Abends beim Essen gesellt sich das Tier zu ihr, Sinnbild des tierischen Aspekts des Schützemondes. Es fragt höflich, ob es sich zu ihr gesellen dürfe, und gibt ihr zu verstehen, dass sie wirklich ganz alleine über ihr neues Leben bestimmen kann.

Aus dem Gespräch können wir entnehmen, dass das Tier lieber auf Höflichkeitsfloskeln verzichtet und sich nur über Wahres austauschen will. Es möchte die Schöne wirklich kennen lernen und ihre unverfälschte Meinung hören. Auch gibt es seinem Bedauern darüber Ausdruck, dass es ungeistig ist und so nicht unbedingt das erfüllen kann, was die Schöne bisher aufgrund ihrer Bildung zu schätzen gelernt hat. Sie muss nun neue Wege der Kommunikation einschlagen, wenn sie dem Tier begegnen will. Obwohl sie es mag, also gerne bereit ist, auf ihre Instinktkraft zu hören und mit ihr in Kontakt zu treten, ist sie entsetzt, als sie es heiraten soll. Mit ihm eins werden kann sie nun doch nicht, und so schlägt sie ihm einen Kompromiss vor: Sie wollen für immer Freunde bleiben. Sie möchte zwar ihren neuen Partner nicht verlieren, aber sich ihm auch nicht ganz hingeben, doch unerträglich ist ihr sein dauernder Schmerz. Lieber wünscht sie sich eine Begegnung mit ihrem Vater, dessen Krankheit und Kummer über ihren Verlust sie besser versteht. Das Tier weiß um die besondere Verbindung zwischen Vater und Tochter und fürchtet, sie für immer zu verlieren. Dennoch bedrängt es sie nicht, sondern zeigt nur offen seinen Schmerz. Also verspricht die Schöne, nur acht Tage zu bleiben und dann zurückzukehren. Sie ahnt schon im Innern, dass sie das Tier, die neue Welt, vermissen wird.

Als sie bei ihrem Vater ankommt, ist die Freude groß, und selbst die Schwestern kommen hinzu. Neidisch und missgünstig beobachten sie, wie gut für die Schwester aufgrund ihrer innerlichen Verwandlung gesorgt ist, und verraten mit ihrer Reaktion einiges über die unerlösten Seiten des Schütze-Archetypen. Nicht nur hat sie schönere Kleider als sie, sondern auch das seelisch bessere Los gezogen. Erneut werden sie daran erinnert, wie mangelhaft ihr eigenes Leben ist, denn ihre Partner spiegeln doch nur ihre eigenen Unfertigkeiten wider. Der Mann der Ältesten ist nur in sein eigenes Bild verliebt und der andere in seinen eigenen Geist, beide haben die falschen Elemente des Schütze-Archetypen gewählt, die sie nicht zufriedenstellen können.

Also schließen sie einen Pakt und halten die Jüngste davon ab zurückzukehren, in der Hoffnung, dass diese dann vom Zorn des Tieres vernichtet werde. Beide kennen nicht die tiefe Liebe, die sich aus einer wirklichen Begegnung mit dem Unterbewusstsein ergibt, und erwarten daher eine Strafe, die tatsächlich nur vom Ego erteilt werden würde. Hier macht die jüngste Schwester einen Fehler. Auch sie ist nicht vor innerer Eitelkeit gewappnet und es gefällt ihr, wie die älteren Schwestern sie umschmeicheln und hofieren. Jetzt wird sie sogar in ihrem eigenen Elternhaus wie eine Königin behandelt und vielleicht ist dies ja doch das angenehmere Leben. Als die Schwestern dann zu weinen beginnen und sich die Haare raufen, vergisst sie ihr Versprechen und bleibt.

Nun erst merkt sie, wie sehr sie das Tier vermisst, und als sie träumt, dass dieses im Sterben liegt, zögert sie nicht mehr. Sie legt den Ring auf den Tisch und kehrt so zurück ins Schloss. Noch immer hofft sie, mit dem Kompromiss der freundschaftlichen Beziehung davonzukommen, und wartet beim Abendessen auf das Tier. Doch dieses liegt draußen, zum Sterben bereit, im Gras. Jetzt weiß sie, wie viel es ihr bedeutet, und sie gibt sich ihm ganz hin. Sie will seine Frau werden und sich ganz mit ihm vereinen. Nun kann das Wunderbare geschehen: Das Tier verwandelt sich in einen Prinzen.

Es gibt gemäß dem Schütze-Archetypen ein großes Fest und die Fee verrät, worauf es ankommt: Schönheit und Geist können ohne Rückbindung an die Instinktkräfte nichts bewirken. Ohne das Tier wäre die Schöne vielleicht mit den Büchern und dem Klavier in ihrer Wohnung zufrieden geworden und hätte sich ganz dem schöngeistigen Studium gewidmet, aber sie wäre nie dem Schmerz und der Ehrlichkeit des Tieres begegnet. Aufgrund dieser umfassenden Erfahrung werden die beiden älteren Schwestern zu steinernen Statuen einer seelenlosen, intellektuellen Geistwelt, die der Schönen nun nicht mehr zur Gefahr werden können, denn sie kennt die direkte Welt der instinktiven Kraft, mit der sie sich in Liebe verbunden hat.

Die Reise des Schützemondes führt in diese konträren Bereiche der Geist- und Instinktwelt, die miteinander verbunden eine positive, angstfreie Begegnung mit der Außenwelt ermöglichen. Auf großzügige Weise werden wir vom Tier genährt und versorgt, wenn wir bereit sind, uns auf es einzulassen und mit ihm in Kontakt zu treten, auch wenn uns dies einen Teil unserer feingeistigen, zivilisierten Bildung kostet. Dem Tier kann man nur direkt und ehrlich begegnen, alle höflichen Masken intellektueller Vorstellungen bewirken bei ihm nichts. So wie die Schöne sich zwischen der Welt ihrer gebildeten Familie und der des Tieres entscheiden musste, müssen wir ebenfalls zu gegebener Zeit überprüfen, ob unser Wissen Bestand hat und in einer einfacheren Umgebung genügend Kraft besitzt, um die Verbindung herzustellen. Sonst laufen wir Gefahr, wie die beiden Schwestern „unfähige Ehen" einzugehen, Begegnungen, die von vornherein ausschließen, dass wir Kontakt zum Gegenüber aufnehmen. Hochmut, Stolz, Zorn, Genusssucht und Faulheit sind Elemente des Egos in jedem Menschen - eine Begegnung mit dem Tier und dessen Schmerzen kann diese jedoch reinigen und der Rose der umfassenden Erkenntnis zur Entfaltung verhelfen.

Neumond im Schützen

Nutze diesen Neumond, um dir über deine Ziele Klarheit zu verschaffen.

- Welches Ziel (welche Ziele) verfolgst du momentan?
- Was bedeutet für dich Erfolg in deiner jetzigen Situation?
- Wo möchtest du gewinnen?
- Gibt es etwas, das du gerne noch lernen würdest?
- Kannst du deinen möglichen Erfolg genießen?
- Welche Bereiche in deinem Leben möchtest du reicher gestalten?
- Wie reagierst du auf Anerkennung, Lob und Komplimente?
- Was ist es, das dich unruhig weitertreibt?
- Von welchen Menschen kannst du derzeit lernen?

Stell dir vor, du regiertest die Welt. Was müsste dringend reformiert werden? Wie sieht dein Verhältnis zu Menschen aus, die unter dir stehen?

Male ein Bild, auf dem du mit deiner stärksten Eigenschaft zu sehen bist. Erlaubst du es dir, stark zu sein?

Vollmond im Schützen

Organisiere ein Fest mit deinen Freunden oder stell dir ein großes Fest vor.

Was brauchst du, damit es ein richtiges Fest des Genusses wird und du dich ganz wohl dabei fühlst? Wenn du so richtig aus dem Vollen schöpfen könntest, was würdest du tun?

Tanze, singe oder mache Musik, so laut und heftig du kannst, bis zur Erschöpfung.

Genieße das Gefühl, dass du ganz am Leben bist. Tu etwas, bei dem du dich so richtig zum Bersten lebendig fühlst. Übertreibe bei allem, was du tust, und steigere dich in deine Gefühle hinein.

Lies ein philosophisches Buch, das deine positive Lebenseinstellung unterstützt, und genieße das Gefühl, stark und unabhängig zu sein. Werde dir ganz bewusst, dass du dein Leben selbst in der Hand hältst und es tatsächlich lebenswert ist. Suche dir Freunde, die dieses Gefühl in dir unterstützen. Nimm dir vor, während der kommenden Tage jedem, den du triffst, ein Kompliment zu machen, und bei allem, was dir begegnet, etwas Positives zu erkennen.

Genieße dein Hoch, so lange du kannst ...

Mond im Steinbock

Der Eisenhans

(Deutsches Märchen)

Es war einmal ein König, der besaß einen großen Wald, in dem sich viel Wild tummelte. Regelmäßig schickte er seine Jäger aus, um einen Hirsch oder ein Reh zu schießen, doch keiner kam je wieder. So lag dieser Wald bald in Stille und Einsamkeit und keiner wagte sich mehr hinein.

Jahre später meldete sich jedoch erneut ein fremder Jäger und wollte gemeinsam mit seinem Hund dem Geheimnis auf die Spur kommen. Der Hund fand auch gleich eine Fährte und schon nach kurzer Zeit kamen sie an einen Teich, aus dem sich ein Arm herausstreckte, den Hund packte und nach unten zog. Schnell lief der Jäger zurück und holte drei Männer, die ihm halfen, den kleinen Teich auszuschöpfen. Auf dessen Grund lag ein nackter Mann mit einem rostbraunen, eisenfarbenen Leib, dem die Haare vom Kopf bis zu den Knien hingen. Sie fesselten ihn und brachten ihn vor den König. Dieser schloss ihn in einen Eisenkäfig und gab der Königin den Schlüssel. Bei Todesstrafe war es verboten, den Käfig zu öffnen. Von nun an konnte man wieder sicher in den Wald gehen.

Der kleine achtjährige Sohn des Königs spielte oft im Hof mit seinem goldenen Ball und eines Tages fiel dieser in den Käfig. So sehr der Junge auch bat, der wilde Mann bestand darauf, dass er ihm den Ball nur zurückgeben würde, wenn er ihm den Käfig öffnete. Der Schlüssel läge unter dem Kopfkissen der Mutter, verriet der wilde Mann dem Jungen. Also holte der Junge den Schlüssel und schloss auf, klemmte sich dabei den Finger, bekam seinen Ball zurück - und verschwunden war der wilde Mann. Der Kleine weinte und schrie und bekam es nun mit der Angst zu tun. Also kam der wilde Mann zurück, setzte ihn auf seine Schultern und lief mit ihm in den Wald hinein.

Bald suchte der König seinen Sohn und fand den Käfig offen stehen. Da brach große Trauer am Hof aus. Im dunklen Wald aber nahm der Wilde den Jungen von den Schultern und sprach: „Deine Eltern wirst du nicht wiedersehen, doch ich habe Mitleid mit dir und du kannst bei mir bleiben, denn du hast mich befreit. Du musst tun, was ich dir sage, dann sollst du es auch gut haben. Schätze besitze ich in Hülle und Fülle." Er bettete den Jungen auf Moos und am nächsten Morgen führte er ihn zu einem Brunnen, der hatte goldenes Wasser, hell wie Kristall. „Hier sollst du sitzen und aufpassen, damit nichts hinein fällt, sonst ist er entehrt", sprach der wilde Mann. „Ich werde jeden Morgen kommen und nachsehen, ob du deine Aufgabe erfüllt hast."

Der Junge setzte sich an den Brunnenrand und beobachtete, wie manchmal ein goldener Fisch oder eine Schlange nach oben schwamm, und passte auf. Als er eine geraume Weile gesessen hatte, schmerzte ihn sein Finger und er steckte ihn unwillkürlich ins Wasser. Erschrocken zog er ihn wieder heraus, doch war dieser nun ganz vergoldet und das Gold ließ sich auch nicht mehr abwischen. Am nächsten Morgen kam der wilde Mann und wusste schon alles. „Du musst besser aufpassen", sprach er und der Junge setzte sich erneut hin. Der Finger tat ihm wieder weh und er fuhr sich damit durch die Haare. Da fiel ein Haar in den Brunnen und am nächsten Morgen wusste der Eisenhans schon alles. „Wenn so etwas zum dritten Mal geschieht, dann ist der Brunnen entehrt und du musst von hier weg", warnte er den Jungen. Dieser saß nun still am Brunnen und bewegte den Finger nicht, trotz der Schmerzen. Aber ihm wurde langweilig und er blickte in sein goldenes Spiegelbild. Als er sich immer weiter herunter beugte, fielen seine langen Haare ins Wasser und er erschrak gewaltig. Schnell band er sich ein Kopftuch um, damit der wilde Mann seine Haare nicht sehen konnte. Doch dieser wusste schon alles, hieß ihn das Tuch aufknoten und schickte ihn jetzt fort in die Welt. „Du hast die Probe nicht bestanden, deshalb musst du gehen und sollst herausfinden, wie die Armut schmeckt. Ich will dir aber eins erlauben: Wenn du in Not kommst, dann geh zum Wald und rufe laut 'Eisenhans!', dann will ich kommen und dir helfen, denn meine Macht ist viel größer, als du denkst."

Der Königssohn ging also aus dem Wald in die nächste Stadt und suchte Arbeit. Da er aber nichts gelernt hatte, fand er keine. Als er zum Schloss kam, mochten ihn die Hofleute zwar, jedoch wussten sie nicht, was sie mit ihm anfangen sollten. Der Koch nahm ihn schließlich und ließ ihn Holz und Wasser tragen und die Asche zusammenkehren.

Eines Tages befahl er dem Jungen, die Speisen an des Königs Tafel zu tragen, dabei aber seinen Hut abzusetzen. „Das kann ich nicht, denn ich habe einen bösen Grind auf dem Kopf", antwortete dieser. Dies erfuhr der König und er befahl dem Koch, den Jungen wegzujagen, denn er wollte nicht von jemand bedient werden, der seinen Hut nicht vor ihm abzog. Der Koch aber hatte Mitleid mit dem Jungen und vertauschte ihn mit dem Gärtnerjungen.

Von nun an arbeitete er im Garten und an einem besonders heißen Tag, als er ganz alleine im Garten war, nahm er kurz seinen Hut ab, um sich den Kopf zu kühlen. Da fielen die Sonnenstrahlen auf sein Haar und es funkelte so, dass die Königstochter von dem Glitzern auf den Balkon trat. „Bring mir einen Blumenstrauß", befahl sie dem Jungen. Dieser pflückte schnell ein paar Feldblumen, band sie zusammen und setzte sich seinen Hut wieder auf. „Wie kannst du es wagen, der Königstochter wilde Blumen zu bringen? Geh zurück in den Garten und suche die erlesensten aus", sprach da der Obergärtner. „Ach nein, diese riechen besser", antwortete der Junge und lief weiter. Die Königstochter bat ihn, den Hut abzuziehen, und als er es ihr verweigerte, zog sie ihn selbst von seinem Kopf. Nun sah sie die goldenen Haare und der Junge wollte fortlaufen. Sie aber schenkte ihm eine Hand voll Dukaten, die er dem Obergärtner für seine Kinder gab. Die nächsten beiden Tage geschah das gleiche, nur dass der Junge sich nicht wieder den Hut abziehen ließ. Das Gold gab er jedes Mal dem Obergärtner.

Bald darauf brach Krieg aus und der König brauchte angesichts der Übermacht der Angreifer jeden Mann. Auch der Gärtnerjunge bat um ein Pferd. Zwar wurde er ausgelacht, doch gab man ihm ein lahmes Pony. So ritt er zum großen Wald, rief den Eisenhans und bat ihn um ein Pferd. Er erhielt ein starkes Pferd mitsamt einer Gefolgschaft, die ganz in Eisen gerüstet war. Er setzte sich an die Spitze und ritt los. Gerade rechtzeitig erschienen sie auf dem Schlachtfeld, um dem König beizustehen, sonst hätte dieser den Krieg verloren. Schnell ritt er dann wieder zum Wald, gab dem Eisenhans alles zurück und kehrte auf dem alten Pony heim. Dort wurde er unter Gelächter empfangen, er aber sagte, er hätte sein Bestes getan. Der König ließ die Heerschar suchen, konnte aber nichts über sie herausfinden. Also beschloss er, ein Fest zu geben, das drei Tage währen sollte. Die Prinzessin würde dabei einen goldenen Apfel werfen und vielleicht käme ja der Unbekannte auch.

Der Gärtnerjunge lief schnell zum Eisenhans und wünschte sich, dass er den goldenen Apfel fangen würde. „Das sollst du haben, und außerdem noch eine rote Rüstung und einen Fuchs zum Reiten.“ Er sprengte zum Fest und niemand erkannte ihn, er fing den Apfel und jagte wieder davon. Am zweiten Tag wiederholte sich das Geschehen, nur dass er jetzt auf einem Schimmel geritten kam und eine weiße Rüstung trug. Am dritten Tag war er schwarz gekleidet und sprengte auf einem Rappen herbei. Doch diesmal passte die Prinzessin besser auf und befahl ihren Rittern, ihn zu verfolgen. Schließlich war es Sitte, dass ein jeder, der den Apfel fing, dem König seinen Namen nannte. Die Ritter kamen ihm auch sehr nahe und es gelang ihnen, ihn am Bein zu verwunden. Er entkam ihnen, verlor dabei aber seinen Helm und sie konnten seine goldenen Haare sehen, was sie der Königstochter berichteten.

Am nächsten Tag rief sie den Gärtner zu sich und erkundigte sich nach seinem Gehilfen. „Ja, der war auf dem Fest und hat gestern Abend meinen Kindern drei Äpfel geschenkt, die er dort gewonnen hat.“ Sie ließ ihn zu sich rufen und zog ihm schnell den Hut vom Kopf. Da staunten alle über seine goldenen Haare. „Bist du dreimal als Ritter gekommen und hast die drei Äpfel gefangen und auch meinem Vater mit deinem Gefolge zur Seite gestanden?“ fragte sie. „Ja“, antwortete dieser. „Dann kannst du unmöglich nur ein Gärtnerjunge sein“, freute sich die Prinzessin. „Ich bin ein Königssohn, mein Vater ist ein mächtiger König und Gold habe ich, so viel ich will“, gab er sich nun zu erkennen.

Da merkte der König, dass er ihm Dank schuldig war, und fragte ihn, was er für ihn tun könne. Der Königssohn wünschte sich natürlich die Prinzessin und zur Hochzeit kamen auch seine beiden glücklichen Eltern. Als sie alle beim Festtagsschmaus saßen, schwieg auf einmal die Musik und die Tore öffneten sich. Herein trat ein stolzer König mit seinem Gefolge. „Du hast mich erlöst“, sprach dieser, „denn ich bin der Eisenhans und war in einen wilden Mann verwünscht. Nun sollen alle meine Schätze dein sein.“ Damit umarmte er ihn und alle waren noch viel glücklicher.

Interpretation

Die Geschichte beginnt mit einem König, der auf unerklärliche Weise Jäger in seinem Wald verliert. Dort lauert demnach eine Kraft, die stärker ist als seine und ihn zu vernichten droht. Übertragen wir dies auf die Psyche, kennt der König sein Unterbewusstes (den Wald) so schlecht, dass er sich daran nicht bereichern kann (Wild erlegen) und zudem noch seine Jäger verliert. So bleibt nichts anderes übrig, als das Bedrohliche für eine Weile sich selbst zu überlassen, und keiner betritt vorläufig den Wald. Erst einem fremden Jäger, einem unvorbelasteten, der bereit ist, Neues auszuprobieren, gelingt das, woran die anderen im Reich scheiterten: Mit Hilfe seines Hundes kommt er dem „Übel“ auf die Spur. Es hat seine Ursache in einem versteckten Tümpel im Wald, auf dessen Grund ein eisenfarbiger Mann liegt und jeden, der sich ihm nähert, in die Tiefe zieht. Dieser Wilde ist ungepflegt und stark, seine langen Haare bedecken seinen gesamten Körper und seine Haut scheint aus rostigem Eisen. Er repräsentiert die wilde Seite im König, die dieser aus Unverstand verdrängt hat, und so kann sie unentdeckt im Wald ihr Unwesen treiben. Es ist die Urkraft des Steinbockmondes, wie wir unschwer an der rostigen Eisenfarbe seines Körper erkennen können. Diese Kraft verschlingt zunächst den Hund des fremden Jägers und zieht ihn in den Abgrund. Dem Jäger, der genügend Abstand zum Geschehen hat, gelingt es, dies alles zu beobachten. Er weiß, dass er Hilfe braucht, und holt sich die Unterstützung von drei weiteren Männern. Gemeinsam schöpfen sie das schmutzige Wasser des Tümpels aus und reinigen so den blinden Fleck in des Königs Unterbewusstsein. Sie legen den Eisenmann in Fesseln, nehmen ihn in ihre Gewalt und bringen ihn zum König.

Dem fällt nichts anderes ein, als ihn in einen Eisenkäfig zu setzen und diesen zu verschließen. Er traut seiner eigenen rohen Kraft nicht und so nimmt er sie in strengen Gewahrsam. Den Schlüssel zu dem Käfig gibt er seiner Frau und bei Todesstrafe verbietet er es, den wilden Mann zu befreien. Nun ist er alle Verantwortung los und hat die Gefahr erst einmal gebannt. Auch hier finden wir Parallelen zur Reaktion des Steinbockmondes, der zunächst einmal damit beschäftigt ist, die groben, wilden Elemente seines Unbewussten zu zähmen und unter strenge Kontrolle zu bringen. Doch die allzu starken moralischen Zwänge, denen der in den Eisenkasten verbannte wilde Mann jetzt unterliegt, bezeichnen keinen Zustand, der von Dauer sein kann. Mit diesen Beschränkungen kann man nicht leben und drohende Strafen sind nicht die rechten Mittel, um eine wilde Kraft zu zähmen.

Der Sohn des Königs, ein kindlicher, spontaner Aspekt der Seele, spielt des öfteren im Hof in der Nähe des wilden Mannes. Unbewusst sucht er dessen Nähe und eigentlich auch den Kontakt. Er spielt mit seinem goldenen Ball, seiner Lebenskugel, seiner unverdorbenen Lebenskraft. Da fällt der Ball in den Käfig und befindet sich nun im Besitz des wilden Mannes. Dieser schlägt einen Tausch vor, seine Befreiung gegen den Ball. Der kleine Junge, der noch in spontaner Verbindung zu seiner Lebenskraft steht, weiß, wie wichtig der Ball für ihn ist, und vergisst daher für einen Moment das Verbot seines Vaters. Er stiehlt den Schlüssel, der unter dem Kopfkissen seiner Mutter liegt, und öffnet den Käfig. Zum Dank erhält er seinen Ball zurück und der wilde Mann entflieht.

Jetzt erst wird der Knabe sich des Ausmaßes seiner Tat bewusst. Wird seine Lebenskraft ohne den Schutz des wilden Mannes der sicheren Strafe des Vaters widerstehen können? Der Junge fürchtet um sein Leben und ruft den wilden Mann zurück. Seine Tat hat ihn zu einem heranreifenden Individuum gemacht, das bereit ist, sich auf die Reise ins Unterbewusstsein einzulassen. Bliebe er, wäre sein Leben vom unbefreiten Vater und dessen Moral bedroht und hätte keine eigenen Entwicklungsmöglichkeiten. Er wäre damit seelisch tot.

Auf den Schultern des Wilden reitet er deshalb lieber dessen einsamem Reich entgegen. Sogleich weiht ihn dieser in das geheime Zentrum seiner Kraft ein. Er zeigt ihm einen Brunnen mit goldenem, kristallklarem Wasser, den er vor Verunreinigungen schützen soll. Dieses Bild scheint mir sehr schön das Innerste des Steinbockmondes, seine Essenz, zu illustrieren. Der Brunnen mit dem goldenen Wasser ist die transformierte Kraft des wilden Mannes, die erleuchtete Energie des reinen Bewusstseins. Gelingt es dem Jungen, sich zu konzentrieren, sein klares Bewusstsein zu bewahren und gleichzeitig aufmerksam zu beobachten, dass sich auch nicht die kleinste Störung einschleicht, dann hat er seine Aufgabe umfassend erfüllt und kann an diesem sicheren Ort, der Quelle der Erleuchtung, bleiben.

Wie wir am weiteren Verlauf der Geschichte erkennen können, ist er damit hoffnungslos überfordert, denn dieser Anweisung zu folgen, käme einer höheren Erleuchtungsstufe entwickelter Meister gleich und schließlich ist der Junge doch noch ein Kind.

Am ersten Tag der Prüfung erinnert ihn sein schmerzender Finger an sein „Vergehen". Man könnte dies als die Schuldgefühle interpretieren, die des öfteren am Steinbockmond nagen und die sich nun in der einsamen Stille am Brunnen bemerkbar machen. Der Knabe ist noch zu jung, um sich über die Verbote seines Vaters aus höherer Einsicht hinwegzusetzen, und so bleibt ihm nur die Erinnerung an etwas, das er „falsch gemacht" hat. Um sich Erleichterung zu verschaffen, taucht er seinen Finger in das goldene Wasser des Bewusstseins und macht so den ersten Fehler. Die Schuldgefühle verschwinden nicht davon, dass er sie in das klare, reine Bewusstsein taucht, sondern er wird davon gezeichnet. Das Gold lässt sich nicht mehr abwischen und so trifft ihn nun doppelte Schuld, die alte und die neue, denn jetzt hat er auch gegen die Gebote des wilden Mannes gehandelt. Er versucht den Finger zu verstecken, doch der wilde Mann weiß schon alles. Einmal vergibt dieser ihm und der Königssohn bekommt eine neue Chance. Wieder schmerzt ihn sein Finger, als die nagenden Zweifel an dem Ort der immerwährenden Ruhe und Reinheit zunehmen. Doch noch immer gelingt es ihm nicht, diese durch Einsicht mittels seines eigenen klaren Bewusstseins zu zerstreuen, sondern er fährt sich mit einer Bewegung durch die Haare. Das Ablenkungsmanöver bewirkt, dass eines seiner Haare in den Brunnen fällt. Dem Jungen bleibt nichts, als es schleunigst wieder herauszuziehen. Zu spät, der Brunnen wurde zum zweitenmal beschmutzt.

Am dritten Tag lässt er sich wild entschlossen durch nichts ablenken. Er bewacht den Brunnen und es gelingt ihm, seinen Schmerz zu verstehen und dadurch zu kontrollieren. Doch wird es ihm langweilig und so erblickt er sein eigenes Spiegelbild, das er fasziniert im goldenen Wasser betrachtet. Dies ist zwar eine Falle in Bezug auf seine Aufgabe, aber im Prozess der individuellen Entwicklung ein unvermeidbarer Schritt. Er lernt, sich selbst zu lieben, und sieht sich selbst im Spiegel des reinen Bewusstseins. Ohne diesen wichtigen Schritt der Selbstliebe und Annahme ist man nicht fähig, andere zu lieben oder ihnen etwas zu geben. Auf der anderen Seite missbraucht er die Reinheit des Brunnens, in dessen Oberfläche er sich auf sein Gesicht konzentriert, anstatt einfach nur zu betrachten, wie diese spiegelt, was da ist. Fasziniert beugt er sich vor, um seine Augen, die Spiegel der eigenen, individuellen Seele zu sehen - er wünscht sich, ganz in sein persönliches Inneres zu blicken, und löst sich so von der kollektiven Urseele, dem Brunnen. Diese Selbsterkenntnis bewirkt, dass seine Haare hineinfallen und sich für alle erkennbar golden färben. Nun ist er ein Gezeichneter und unterscheidet sich deutlich in seinem Äußeren von den anderen, weniger Erleuchteten. Erschrocken erfährt er die paradoxe Weisheit des soeben noch erfahrenen Glücks: Zwar hat er sich selbst gefunden und ist aufgrund dieser Tatsache äußerlich schöner geworden, doch hat er bis auf weiteres den friedlichen Aufenthaltsort des reinen, ungetrübten Bewusstseins verloren. Der wilde Mann erklärt ihm, dass er nun das Innere verlassen muss und seine nächste Aufgabe in der äußeren Welt heißt, die Armut kennen zu lernen. Doch verspricht er ihm seinen mächtigen Beistand in Zeiten der Not und entlässt ihn so mit einer gewissen Sicherheit ins Ungewisse.

Der Junge hat in den drei Tagen am Brunnen etwas gelernt, was ihm keiner mehr nehmen kann. Er ist in Kontakt mit seiner unzerstörbaren Seele getreten und kennt das innere Zentrum, das allen Erscheinungen zugrunde liegt, die Essenz seiner spirituellen Lebenskraft. Er weiß jetzt, dass er in Zeiten der Not aus dieser Kraft schöpfen kann und dass sie ihn nicht mehr verlassen wird. Er hat eine Prüfung des Steinbockmondes bestanden.

So kann er jetzt die nächste Lektion in Angriff nehmen, die Erfahrung, sich diese Kraft zu bewahren, auch wenn die Umstände mehr als widrig sind. Der Junge findet zunächst keine Anstellung, denn er hat ja als Königssohn nichts Brauchbares, Weltliches gelernt. So kommt er im Schloss als Holz- und Wasserträger unter und darf die Asche zusammenkehren. Im übertragenen Sinne erfahren wir, dass er sich jetzt seiner Wirklichkeit stellen muss und durch die einfachen Arbeiten vielleicht einfache Einsichten gewinnen kann. Wenn auch auf recht bescheidene Weise, so kann er sich doch von dem bisher Gelernten ernähren und für sich selbst sorgen. Er hat eine praktische Aufgabe gefunden. Noch versteckt er seine goldenen Haare unter einem Hut, denn er versteht die tieferen Zusammenhänge und Lektionen des Steinbockmondes: Würde man ihn vorzeitig wegen seiner Haarfarbe „befördern" und ihn so vor den notwendigen Lernerfahrungen ganz unten, an der Basis der Wirklichkeit, bewahren, könnte er nicht auf natürliche Weise wachsen und verlöre die Autonomie in der Wahl seiner Aufgaben, denn er wüsste nicht, worin seine Handlungen wurzeln.

Er wirkt unbeholfen und unhöflich, als er dem König die Speisen serviert, ohne dabei seinen Hut abzusetzen, und doch handelt er so, wie er aus dieser Einsicht heraus handeln muss. Der unwissende König reagiert natürlich unwirsch und befiehlt dem Koch, den unerzogenen Stoffel vom Hof zu jagen. Aus Mitleid tauscht dieser ihn jedoch mit dem Gärtnerjungen aus.

Sein eigenwilliges Verhalten und das Befolgen der tieferen Moral, die sich über die Gebote des Königs hinwegsetzt, führen dazu, dass der Königssohn einen neuen Erfahrungsbereich erschließen kann: Er findet seine Aufgaben nun im königlichen Schlossgarten. Hier kümmert er sich um das Wachstum der Blumen und Pflanzenwelt und ist jetzt also fähig, die natürlichen Kräfte seiner Seele einzusetzen und zu pflegen. Anscheinend geht er ganz in dieser Aufgabe auf und vergisst für einen Moment sogar, sich selbst zu schützen, denn ihm wird so warm, dass er seinen Hut absetzt. Da blitzt es so hell, dass die Prinzessin auf ihrem Balkon aufmerksam wird, und die absichtslose Selbstvergessenheit ermöglicht nun ihre erste Begegnung. Die Königstochter befiehlt gleich, er solle ihr Blumen aus dem Garten bringen, und er pflückt wilde Feldblumen. Er gibt ihr dadurch zu verstehen, auf was es ihm ankommt, nämlich dass er Natürlichkeit dem Gezüchteten vorzieht, und außerdem findet er, dass ihr Duft die Sinne weitaus mehr erfreut. Auch hier setzt er sich über die Etikette hinweg und selbst der Obergärtner kann ihn nicht von seinem Vorhaben abhalten, denn er weiß, was er tut und was er geben kann. Die Prinzessin wiederum ist weniger an den Blumen interessiert als an seinen goldenen Haaren und reißt ihm gleich den Hut vom Kopf. Er flieht, denn sie will die allmähliche Begegnung abkürzen und ihm nicht die notwendige Zeit lassen, sich ihr zu offenbaren, und das wiederum lassen die Steinbock-Gesetzmäßigkeiten nicht zu.

Die Dukaten interessieren ihn ebenfalls wenig, deshalb schenkt er sie dem Obergärtner für seine Kinder. Die nächsten beiden Begegnungen verlaufen ähnlich, nur dass die Prinzessin darauf verzichten muss, seine Haare zu sehen, denn er ist jetzt weitaus vorsichtiger geworden und hält seinen Hut fest in beiden Händen.

Da bricht Krieg aus und der Vater der Prinzessin kommt in arge Bedrängnis. Der Gärtnerjunge macht sich schlecht ausgerüstet mit dem lahmen Pony auf den Weg, um dem König beizustehen. Keiner aus seiner jetzigen Umgebung traut ihm etwas zu, denn alle haben seinen verborgenen Wert noch nicht schätzen gelernt, und so bricht der vermeintliche Stoffel allseits belächelt auf. Er ruft den Eisenhans herbei und dieser gibt ihm eine eiserne Gefolgschaft und eine Rüstung. Mit dieser Unterstützung gelingt es ihm, die feindliche Übermacht in die Flucht zu schlagen. Der König ist gerettet und unerkannt kehrt der Junge zurück in den Schlossgarten. Niemand glaubt im Entferntesten, dass er tatsächlich „sein Bestes" getan hat. Hier besteht er die nächste Aufgabe des Steinbock-Mondes, denn er zeigt sich völlig unberührt von den Reaktionen seiner Umgebung.

Nun möchte der König doch zu gerne wissen, von welcher fremden Macht er unterstützt wurde. Also plant er ein großes Fest, zu dem er alle Ritter, die tapferen Elemente seines Reiches, einlädt. Die Prinzessin hat dort die Aufgabe, drei Äpfel zu werfen, und wer sie fängt, das wissen wir aus anderen Märchen, kann sich ihrer Gunst und Liebe sicher sein. Der Gärtnerjunge begibt sich flugs zum Eisenhans und bittet ihn wieder um Beistand. Er möchte die Äpfel fangen. Zudem erhält er jetzt, ohne darum gebeten zu haben, drei Rüstungen mit den passenden Pferden, eine rote, eine weiße und eine schwarze. Hieraus erfahren wir, dass der Königssohn sich nun ein ganzheitliches Verständnis verdient hat. Er kennt alle drei Gesichter der Mondmutter, besitzt Einblick in die Dreifältigkeit und weiß um jeden dieser Bereiche. Er fängt die drei Äpfel, Dreigestalt von Geburt, Leben und Tod, und ist also in der Lage, eine umfassende Beziehung einzugehen. Und doch gibt er sich nicht zu erkennen, sondern verstößt erneut gegen die Etikette und flieht, als er die Äpfel gefangen hat, ohne der Prinzessin seinen Namen zu nennen. Diese lässt ihn beim dritten Mal verfolgen und es gelingt ihren Männern, ihn am Bein zu verwunden. Jetzt ist er fast entdeckt, sein Bein blutet und gleichzeitig verliert er den Helm und seine Haare kommen zum Vorschein. Er trägt jetzt ein Zeichen, das ihn zum erkennbaren Helden der Geschichte macht.

Der Königssohn schenkt alle drei Äpfel den Kindern des Gärtners und kehrt an seinen Arbeitsplatz zurück. Er überlässt nun seinen Gewinn, die Liebe der Prinzessin, den spielerischen Elementen der Psyche, den Kindern des Gartens seiner blühenden Seele, denn ihm fehlt noch ein wichtiger Teil der Geschichte: Der König und die Prinzessin müssen ihn finden, denn er kann sich ihnen nicht zu erkennen geben, da er sonst das Geschehen manipulieren würde und sie ihm zu Dankbarkeit verpflichtet wären. Er kann sich der Liebe der Prinzessin nur sicher sein, wenn diese die Mühe auf sich nimmt, ihn in seiner jetzigen Erscheinung zu entdecken, und wenn sie ihn in seiner jetzigen Wirklichkeit akzeptiert, als Gärtnerjunge mit Hut, dem Spiegel seiner inneren Erfahrung.

Tatsächlich ahnt die Prinzessin aber schon die Zusammenhänge und erkundigt sich beim Obergärtner nach dem Jungen. So gefunden, kann er sich getrost in aller Öffentlichkeit zu erkennen geben, und bekommt die Prinzessin, denn beide sind bereit für eine gemeinsame Seelenreise, in der sich Weibliches und Männliches verbinden können. Da öffnen sich die Türen und der wilde Mann ist ebenfalls erlöst. Als reicher König war er dazu verwünscht, den wilden Teil in sich zu leben und zu befreien und damit auch die Macht des goldenen Brunnens. Das treue Verhalten des Königssohnes und dessen genaues Befolgen der inneren Gesetzmäßigkeiten konnten ihn wieder in menschliche Gestalt verwandeln und so dürfen sich nun alle die sich daraus ergebenden unermesslichen Schätze teilen. Auch gibt es jetzt keinen Grund mehr, die Strafe der unwissenden Eltern des Jungen zu fürchten, und so feiern alle ein Fest der befreiten Erkenntnis über die karmischen Zusammenhänge ihres Verhaltens.

Neumond im Steinbock

Nutze diese Zeit, um dir Klarheit über deine innere Moral zu verschaffen.

Erstelle eine Liste. Schreibe auf die eine Seite des Blattes alles, von dem du glaubst, dass es richtig ist, und auf die andere Seite alles, von dem du glaubst, dass es falsch ist.

Trete in Kontakt mit deinem inneren Kritiker. Schreibe eine neue Liste mit allen „Du sollst ...“, die du in dir trägst. Nimm dir dafür ausreichend Zeit und unterstreiche die dir besonders wichtigen. Es ist gut, diese Übung mit einem Partner zu machen, der dir alle „Du sollst ...“ vorliest. Achte darauf, dass du nicht den Kontakt zum goldenen Brunnen verlierst, einem Ort in dir, der frei ist von diesem „Soll“. Haben alle „Solls“ wirklich ihre Berechtigung? Verwandle diese Liste in „Du kannst ..., wenn du magst“.

Zeichne ein Bild deines Kritikers, der Stimme in dir, die dich laufend zurechtweist. Zeichne dich selbst als Kind dazu. Wie sind die Größenverhältnisse? Wie ist das Verhältnis der beiden? Was möchte das Kind schon immer zum Kritiker sagen? Was braucht das Kind vom Kritiker? Was braucht der Kritiker vom Kind? Wovor beschützt der Kritiker das Kind? Welche Erfahrungen möchte er ihm ersparen? Frage das Kind, wonach es sich sehnt und wozu es den Kritiker braucht. Versprich beiden Teilen in dir, dass du ihr Verhältnis verbessern willst ...

Vollmond im Steinbock

Feiere ein Fest, das der Klarheit und Akzeptanz gewidmet ist. Widme diese Nacht dem Betrachten deiner Wirklichkeit. Alles ist, wie es ist, und kann nicht anders sein. Stelle dir Situationen deines Lebens vor, in denen du dich zwanghaft verhalten musst. Lass sie einfach vor deinem inneren Auge vorbeiziehen und gib ihnen mehr Raum. Erstelle eine Liste all deiner „Vergehen und Verbrechen“ und nenne sie deine Schuldkiste. Wem gegenüber fühlst du dich schuldig?

Male ein Bild, das dich in deinen „bösen“ Aspekten zeigt, und eines, das dich in deinen „guten“ Aspekten zeigt. Können die beiden Verbindung zueinander aufnehmen?

Jetzt suche deine Essenz, etwas in dir, das dich ausmacht und unabhängig von der Meinung anderer wirkt, auf das du dich immer berufen kannst, wenn du in wirkliche Bedrängnis kommst. Male diese Essenz auf und weihe ihr Kerzenlicht, Räucherstäbchen oder was immer dir gut und richtig erscheint. Versprich diesem Etwas, bei ihm zu bleiben, es zu pflegen und zu schützen, so wie der Junge den goldenen Brunnen. Erinnere dich immer wieder daran, dass hier deine wirkliche Kraft sitzt, die von außen nicht beeinflusst werden kann.

Was braucht dieses Etwas? Lasse ein klares Bild entstehen.

Male ein Bild mit dem Berg all deiner Verantwortlichkeiten. Wem gegenüber fühlst du dich zu was verpflichtet? Male die Verantwortlichkeiten als Stufen, die auf den Berg führen. Während du hinauf schreitest, lass sie alle einzeln hinter dir. Wie fühlt es sich an, auf dem Berg zu stehen und frei zu sein? Genieße diese Aussicht und mache dich an den Abstieg, wobei du diesmal die Wahl hast, die Verpflichtung anzunehmen oder nicht.

Dieser Vollmond möchte ganz dir selbst gewidmet sein, teile ihn nur mit jemandem, der dich wirklich verstehen will.

Mond im Wassermann

Die Strahlenperle
(Tibetisches Märchen)

Seit langer Zeit schon wohnte am Rande eines Sees eine arme Witwe mit ihrem Sohn. Der junge Mann war sehr fleißig und half seiner Mutter, so viel er konnte. Er arbeitete Tag und Nacht, Jahr um Jahr, und doch blieben sie so arm wie seit eh und je. Da begann er zu grübeln: „Warum nur leben wir in solchem Elend? Und warum ist das Wasser des Sees so trübe, obwohl er durch das Wasser von fünf Quellen gespeist wird? Hängt vielleicht das eine mit dem anderen zusammen?“ Viele solcher Gedanken begleiteten ihn bei seiner täglichen Arbeit und eines Tages hörte er die Leute im Dorf von einem weisen Alten erzählen, der im fernen Westen wohnte und allen Notleidenden Auskunft erteilte. Allerdings sei sein Haus so weit von ihrem See entfernt, dass bisher noch keiner dort Rat gesucht hätte.

Nun gab es für ihn nichts mehr zu überlegen und ohne seiner Mutter zu sagen, wohin er ginge, eilte er gleich am nächsten Morgen los, um den Alten zu finden. Er wusste, dass sie noch genügend Vorräte für eine geraume Zeit hatte, und brauchte sich daher nicht weiter um sie zu sorgen.

Nach neunundvierzig Tagen kam er an das Haus einer alten Frau und bat sie um Speis und Trank. Diese lud ihn freundlich ein und fragte ihn, wohin er so eilig des Wegs sei. Als er es ihr erklärte, staunte sie und bat ihn um einen Gefallen: „Ich habe eine Tochter, die ist sehr hübsch und klug, kann aber nicht sprechen. Sie ist nun schon bald achtzehn Jahre alt und hat bisher noch kein einziges Wort gesagt. Kannst du den weisen Alten nicht fragen, was ihr die Zunge lähmt?“ Der Junge versprach's bereitwillig und wanderte am nächsten Morgen erneut los, wieder sieben mal sieben Tage lang. Diesmal gelangte er zu dem Haus eines alten Mannes, der ihn freundlich einlud. Als er alles gehört hatte, bat er den Jungen, doch auch für ihn Rat beim Weisen einzuholen: „Meine Orangenbäume tragen nie Früchte, sie treiben immer nur neue Blätter. Vielleicht weiß der Weise, woran das liegt.“ Der Junge versprach, Rat einzuholen, und wanderte am nächsten Morgen frisch ausgeruht weiter.

Nach geraumer Zeit kam er an einen gewaltigen Strom. Er setzte sich auf einen Felsblock und starrte in die tosenden Wassermengen. Wie sollte er bloß da hinüber kommen? Schwarze Wolkenschwaden zogen auf und ein Sturm erhob sich. Der Fluss tobte. Der Junge erschrak, denn ein riesiger, schillernder Drache erschien plötzlich im Fluss und brüllte ihm zu: „Wohin des Wegs?“ „Zum weisen Alten im Westen“, antwortete der Junge mutig und erzählte auch den Rest seiner Geschichte. „Ach bitte, frag ihn doch, warum ich mich noch immer nicht in den Himmel erheben kann, obwohl ich keinem Menschen etwas zuleide tue und nun schon tausend Jahre lang lebe", bat ihn der Drache. Der Junge versprach's und der Drache trug ihn auf seinem Rücken über den Strom. Von dort aus wanderte er wieder viele Tage lang weiter gen Westen.

Endlich kam er zu einer wundersamen alten Stadt, in deren Zentrum ein mächtiger Palast lag. Dorthin wurde er von den Wächtern der Stadt gebracht und in der Mitte einer prachtvollen Halle auf einem goldenen Stuhl saß ein alter Mann mit schneeweißem Bart. Er lächelte so gütig und freundlich, dass der Junge gleich Vertrauen zu ihm fasste. Es war der weise Alte. „Ich möchte dich bitten, mir vier Fragen zu beantworten", sprach der Junge. Da wurde der Alte sehr ernst und antwortete: „Vier Fragen, das geht leider nicht. In diesem Land gilt das Gesetz, dass nur Fragen in ungerader Zahl gestellt werden dürfen, entweder eine oder drei, niemals zwei oder vier. Überlege dir also genau, welche deiner Fragen du weglassen willst."

Was tun?, dachte der Junge. Unruhig überlegte er hin und her. Sollte er seine eigene Frage stellen oder die drei ihm aufgetragenen? Aber waren seine drei Bittsteller nicht gut zu ihm gewesen, hatten ihn bei sich aufgenommen und verpflegt? Hatte der Drache ihn nicht über den Strom getragen? Je länger er nachdachte, desto sicherer wusste er, dass er keinen der drei enttäuschen wollte. Kurz entschlossen ließ er seine eigene Frage weg und stellte die ihm aufgetragenen. Der Weise beantwortete alle Fragen voll und ganz und der Junge bedankte sich und trat frohen Herzens die Rückreise an.

Als er den Fluss hörte, freute er sich darauf, dem Drachen eine gute Nachricht bringen zu können: „Der weise Alte lässt dir sagen, du kannst gleich in den Himmel fliegen, wenn du noch eine letzte Tat vollbringst, die dir zur Erlösung fehlt. Du musst dir die Strahlenperle ausreißen, die du auf der Stirne trägst." Der Drache ließ den Jungen wieder auf seinen Rücken aufsitzen und trug ihn über den Strom. Dann bat er ihn, ihm die Strahlenperle auszureißen. Sogleich wuchsen ihm Hörner aus der Stirn und er erhob sich in die Lüfte. Glücklich rief er: „Ich schenke dir die Strahlenperle zum Dank für deine Hilfe!", und flog davon.

Mit diesem kostbaren Geschenk wanderte der Junge weiter bis zur Hütte des alten Mannes. „Am Grunde des Teiches in deinem Obstgarten liegen neun Krüge voll Silber und neun voller Gold vergraben. Wenn du sie herausholst, wird frisches Wasser aus dem Boden sprudeln. Gieße mit diesem Wasser deine Orangenbäume, dann werden sie Früchte tragen!" Freudig rief der alte Mann seinen Sohn herbei und zu dritt machten sie sich ans Werk. Sehr tief unten fanden sie die achtzehn Krüge und holten sie herauf. Das sprudelnde Wasser lief in einem kristallklaren Teich zusammen und der Alte begoss seine Bäume mit dem Wasser. Immer wenn ein Tropfen die Bäume berührte, wuchs dort gleich eine Orange und wurde im Nu reif. Über und über waren die Bäume nun prall mit leuchtenden Orangen behängt und der Alte konnte sein Glück gar nicht fassen. Der Junge blieb ein paar Tage und machte sich dann erneut auf den Weg. Jetzt trug er zu der Strahlenperle auch noch einige Taschen mit Gold und Silber bei sich.

Nach neunundvierzig Tagen kam er zum Haus der alten Frau. „Deine Tochter wird dann sprechen, wenn sie den Mann ihres Herzens trifft", rief er ihr entgegen. Da trat die Tochter aus dem Haus und fragte mit klarer Stimme: „Wer ist das, Mutter?", und das Wunder war geschehen. Die alte Mutter weinte vor Freude und die beiden heirateten sogleich. Sie verlebten einige glückliche Tage, um dann weiterzureisen. Der Junge wollte nach Hause und nachsehen, was geschehen war.

Als er am Haus seiner Mutter ankam, trat ihm diese mit erloschenen Augen entgegen. Sie hatte sich aus Kummer um ihn blind geweint und konnte nun seine schöne Braut nicht sehen. Da wurde der Sohn sehr traurig und hatte nur noch den einzigen Wunsch, dass seine Mutter wieder sehen könnte. In seinem Schmerz griff er sich an den Hals und bekam die Strahlenperle zu fassen. Als aber deren gleißend heller Schein die Augen seiner Mutter berührte, konnte sie sogleich wieder sehen, denn jene waren jetzt wieder mit Licht gefüllt. Dann trat er an das Ufer des Sees und ließ die Strahlenperle auf die Wellen des Wassers scheinen. Es wurde in kurzer Zeit durchsichtig und klar wie reines Kristall. Elend und Not verließen das Dorf und jeder, der arbeitete, hatte jetzt immer genug Geld. Von nun an waren alle glücklich, wie man sich unschwer vorstellen kann.

Interpretation

In dem Märchen begegnen wir dem Sohn einer Witwe, der sich redlich bemüht, für sich und seine Mutter zu sorgen, und doch gelingt ihm dies nur begrenzt. Er ahnt, dass etwas „faul" ist, und dieser Gedanke lässt ihn nicht mehr los. Ganz nach Art des Wassermann-Mondes sucht er nach den größeren Zusammenhängen und sein intuitives Gespür verbindet die merkwürdigsten Dinge in seiner Umgebung. „Ob es wohl einen Zusammenhang gibt zwischen dem trüben Wasser des Sees und unserer unerklärlichen Armut?", fragt er sich und besitzt damit also die Fähigkeit, seine persönliche Froschperspektive zu verlassen und alles aus einer übergeordneten, höheren Warte zu betrachten. Er ist sich allerdings seiner Unwissenheit bewusst und weiß, dass er ohne fremde Hilfe das Rätsel nicht lösen kann. Deshalb kommt ihm die Nachricht über den weisen Alten aus dem Westen sehr gelegen. Spontan entschließt er sich, dessen Rat zu suchen, und lässt sich noch nicht einmal Zeit, seine Mutter über sein Vorhaben aufzuklären. Vielleicht fürchtet er, dass sie ihn zurückhalten könnte, jedenfalls geht er direkt los, um Antwort auf seine Fragen zu finden. Dieser spontane, intuitive Entschluss, sich in Bewegung zu setzen, lässt ganz klar eine wichtige Qualität des Wassermann-Mondes erkennen: Auf den Entschluss folgt die Tat, auf den Geistesblitz die Umsetzung, ohne Zögern oder Bedenken macht er sich auf.

Nach neunundvierzig Tagen trifft er auf ein Haus, in dem ihm eine weitere Frage gestellt wird, die er dem weisen Alten anvertrauen soll. Warum spricht die Tochter der alten Frau nicht, obwohl sie doch schon achtzehn Jahre alt ist? Achtzehn, erinnern wir uns, ist ein wichtiger Teil des alten „großen Jahres", das sich aus 19 + 19 + 18 Jahren (= 56) zusammensetzt. 19 repräsentiert nach alter Zahlensymbolik die Sonne, 18 den Mond und die Verbindung beider ergibt das große Jahr, eine Hochzeit zwischen Sonne und Mond.

Das Unterbewusstsein unseres Helden scheint tiefes okkultes Wissen zu bewahren, denn es beschäftigt sich mit ganz verborgenen Zusammenhängen, und es scheint, als fragte sich der Junge, warum sein Mondbewusstsein bisher noch nicht mit ihm gesprochen habe. Deshalb trifft er jetzt in der Außenwelt, nachdem er sieben mal sieben Tage gewandert ist, auf diese Frage, und er wird gebeten, sie zu lösen.

Auch die zweite Frage scheint, ohne dass er es merkt, direkt mit seiner Person in Verbindung zu stehen. Der alte Mann fragt, warum keine Orangen auf seinen Bäumen wachsen, die nur frische Blätter treiben können. Anscheinend übersieht er etwas ganz Wichtiges, er ist wohl in der Lage zu wachsen und sich zu erneuern, aber er kann nicht die Früchte seiner Arbeit ernten. Dies ist ebenfalls eine Frage, die an den großen Zusammenhang anknüpft. Wie kann ich das, was ich tue, wirklich zum Nutzen anderer einsetzen? Ist meine Arbeit in der Lage, mich zu versorgen und zu ernähren? Ist sie im Einklang mit dem Kosmos oder gibt es irgendwelche Störfaktoren, die ich übersehe? Die Orangen wiederum geben uns einen Hinweis auf das, was der alte Mann zur Reife bringen möchte: Dieses Märchen kommt aus Tibet und dort gilt die Farbe orange als Weisheitswissen oder Herzensweisheit Manjushris, eines Bodhisattvas, der falsche Vorstellungen und Sichtweisen auflösen kann. Orange ist ferner (in Indien) die Farbe der nach Erleuchtung Suchenden, derjenigen, die sich bewusst „auf den Weg" begeben haben, und natürlich eine Farbe der reinen Lebenskraft. Wieder verspricht der Junge, die Antwort zu finden, denn insgeheim weiß er, dass sie ihn auch selbst betrifft.

Nun ist er schon ziemlich weit fortgeschritten auf seinem Weg, als er an einen unüberquerbaren Strom kommt, an dem sich zudem noch ein Unwetter zusammenbraut und seinen jetzigen Zustand bedroht. Jetzt befindet er sich an der Grenze zwischen der bekannten Wirklichkeit seines Verstandes und der neuen Erfahrung des Weisheitswissens, die er sich vom alten Weisen des Westens erhofft. Und doch führt kein Weg auf die andere Seite. Da erhebt sich ein unerlöster Drache aus dem Wasser und gibt ihm ein neues Rätsel mit auf den Weg: Warum ist er noch nicht im Himmel, obwohl er doch schon tausend Jahre lang nichts Böses getan hat? Der Junge ist nun so weit, seiner inneren Kraft, dem Drachen, begegnen zu können. Doch er kann mit ihr noch nichts Rechtes anfangen, er weiß nicht, wie er den inneren Drachen befreien kann. Fürs erste findet er bei dieser Begegnung heraus, dass ihm der Drache durchaus wohlgesonnen ist und keine böswilligen Absichten hat, er ist sogar bereit, ihm ans andere Ufer zu helfen. Der Drache ist hier als Sinnbild des Wassermann-Mondes zu verstehen, als archaisches Bild, das sich in diesem versteckt. Drachen sind mächtige Geschöpfe des Himmels und können dessen Mächte und Weisheit übertragen. Dieser Drache ist allerdings in seiner Kraft noch gehemmt und möchte wissen, wie er sich befreien kann.

Als der Junge auch ihm verspricht, die Antwort auf seine Frage zu finden, ist er in Kontakt mit seinem Unterbewusstsein und bereit, ihm zur Befreiung zu verhelfen. Zuversichtlich geht er weiter und trifft nun den weisen Alten des Westens inmitten einer merkwürdigen alten Stadt. Merkwürdig können wir hier im Sinne von unbekannt, ungewöhnlich verstehen. Der Junge fasst trotzdem sogleich Vertrauen zu ihm, denn dieser zeigt sich gütig und freundlich und lächelt ihn an. Da stellt sich heraus, dass er eine Frage zu viel mit auf den Weg genommen hat.

Für eine kurze Weile stürzt ihn dies in wassermännische Verwirrung und aufgeregt denkt er hin und her. Weil er seine drei Bittsteller nicht enttäuschen will, trifft er nun die einzig richtige Entscheidung, nämlich seine persönliche Frage wegzulassen. Und genau das verhilft ihm nun dazu, die übergeordneten Zusammenhänge zu erkennen. Er, der sich bis dahin noch isoliert von seiner Umwelt fühlte und nicht bemerkte, dass alle Mitwirkenden verschiedene Teile einer gemeinsamen Geschichte darstellen, findet dies nun heraus, indem er sich hintanstellt. Erst als er seine persönliche Frage loslässt, gewinnt er Einblick in das, was alles verbindet. Diese Einsicht lässt sich auf das Wesen des Wassermann-Mondes übertragen: Bei der Suche nach dem schmerzlich vermissten Kontakt und der gleichzeitigen Gewissheit, in ein größeres Ganzes eingebunden zu sein, kommt es allein darauf an, die Verbindung herzustellen, wobei sich das Ego zurückstellt. Sonst bleibt man ein ewig unruhig Suchender, der niemals findet.

Die Ratschläge des weisen Alten beglücken den Jungen. Er spürt, dass er das Richtige gefragt hat, und bedauert nicht, dass er seine Frage nicht gestellt hat. Freudig macht er sich auf den Heimweg und kann es kaum erwarten, die Antworten zu überbringen.

Zuerst trifft er den Drachen wieder, der ihn auf die andere Seite des Stromes trägt. Der Drache muss sich seine Strahlenperle ausreißen, um in den Himmel steigen zu können. Dankbar schenkt er sie dem Jungen und dieser hat damit etwas sehr Kostbares erhalten, die Essenz des himmlischen Lichts, eine Erfahrung, die ihn von nun an immer begleiten wird. Das Zusammentreffen mit dem Weisen hat bewirkt, dass der Junge das göttliche Licht kennen lernt, das klare Bewusstsein der Leere. Der Dienst am Drachen, seiner unbewussten himmlischen Kraft, hat ihm die Augen geöffnet und diesen gleichzeitig befreit. Der Drache kann nun in den Himmel steigen und braucht die Strahlenperle nicht mehr festzuhalten. Sie ist jetzt frei verfügbar und einsetzbar.

So „beleuchtet" kommt er zum Alten der Orangenplantage. Für ihn hat er ebenfalls eine Antwort erhalten: Er soll die neun silbernen und neun goldenen Krüge ausgraben, damit die Quelle mit dem heilenden Wasser freigelegt werden kann. Zu dritt (d.h. ganzheitlich) graben sie die Krüge aus und haben auch genug Vertrauen in den weisen Alten, um nicht vorzeitig aufzugeben, obwohl diese sehr tief vergraben liegen. Gleich entsteht ein kleiner Teich mit heilendem Wasser und jeweils ein Tropfen genügt, um eine Orange reifen zu lassen. Umgeben von den Früchten ihrer Arbeit, freuen sich die drei über den Erfolg. Der Schatz der zweimal neun Krüge ist der Reichtum, der sich bisher im Leben des Alten und des Jungen angesammelt hat, ohne jedoch genutzt worden zu sein. Er verkörpert die verborgenen Talente, die geistigen und seelischen Einsichten, die vergraben waren, also nicht zur Verfügung standen. Durch das Zusammentreffen mit dem „Meister" können sie jetzt entdeckt und gehoben werden und auch für den Jungen bleibt genug, um reich belohnt zu sein. Zu der Erfahrung des „himmlischen Lichts" der Strahlenperle gesellt sich nun der Reichtum der Einsicht, das Erkennen und Unterscheiden, das Herzenswissen, das falsche Ansichten zerstören kann und sich in eine Quelle mit heilendem Wasser verwandelt, wenn es einmal entdeckt wird. Die Orangen, Früchte des Wissens, wachsen und die Quelle frischen Wissens sprudelt, also ist der Junge bereit für die dritte Begegnung mit der alten Frau.

Ihre Frage wird jetzt ebenfalls beantwortet. Ihre Tochter kann erst sprechen, wenn sie den Mann ihres Herzens trifft, und jetzt sind die beiden bereit für eine Begegnung. Der Junge erkennt sein Mondbewusstsein, das nun Worte für ihn findet. Er ist liebesfähig und bereit, eine fruchtbare Verbindung einzugehen. Zur Liebe gesellt sich der Glaube, denn als die beiden in seine Heimat zurückkehren, finden sie zunächst die Mutter des Jungen ohne ihr Augenlicht vor. Sie hat sich aus Kummer blind geweint und ist nicht in der Lage, das neue Glück ihres Sohnes zu sehen. Nun helfen ihm sein Vertrauen und sein Glaube. Er wünscht sich, dass seine Mutter sehen und an seiner Veränderung teilnehmen kann, und berührt die Strahlenperle. Diese verfügt über magische Kräfte und gibt der Mutter das Augenlicht zurück. Er kann aufgrund der Erfahrungen seiner Reise wirklich sehen und die gewonnene Strahlenperle versteht es, das trübe Wasser des heimatlichen Sees zu reinigen.

Auch alle anderen Dorfbewohner profitieren von der Erkenntnis des Jungen, Armut und Elend sind fürs erste gebannt. Er ist so der erfolgreiche Vermittler zwischen dem Weisheitswissen des alten Weisen und der gewöhnlichen Bevölkerung. Hier erkennen wir die

Belohnung des befreiten Wassermann-Mondes, der es versteht, andere an seiner Erfahrung teilhaben zu lassen, denn seine Strahlenperle erleuchtet die gesamte Umgebung und jeder wird davon berührt.

Neumond im Wassermann

Nutze diesen Mond, um dich mit dem Erleuchtungsgedanken anzufreunden.

Welcher Bereich in deinem Leben braucht dringend mehr Licht? Finde eine dir vertraute Meditationstechnik und praktiziere sie so lange, bis du dich heller und klarer fühlst.

Reinige dich und stelle dir vor, dass helles, klares Licht in alle Poren deines Körpers fließt. Genieße diesen Zustand, bis du dich ganz frei fühlst.

Achte verstärkt auf den Raum zwischen deinen Gedanken.

- Was möchte sich spontan in dir ausdrücken?
- Was würdest du gerne tun, das du bisher noch nie getan hast?
- Kannst du die Gesamtsituation, in der du dich befindest, überblicken?

Versuche dich in jeden, der dich beschäftigt, hineinzuversetzen. Führe fingierte Gespräche mit Menschen, mit denen du etwas klären möchtest, indem du dir vorstellst, sie würden mit dir sprechen. Nimm ihre Position ein und höre, was sie dir zu sagen haben. Schlüpfe in die unterschiedlichsten Rollen und beobachte, wie es sich anfühlt, jemand anderes zu sein. Nimm zwei Stühle und wechsle die Position, je nachdem, ob du sprichst oder der andere.

Wähle einen Traum aus und stell dir vor, du wärest jede einzelne seiner Figuren. Kannst du erkennen, wie sich die Wahrnehmung jeweils verändert?

Vollmond im Wassermann

Feiere ein Fest, das du deiner inneren Freiheit widmest. Schreibe oder male alles auf, von dem du dich befreien möchtest. Begib dich an einen Ort, der weit und offen ist (Berg, See, Wald, Meer usw.), oder unternimm etwas, das deine momentane Sichtweise erweitern hilft, ohne dass du als Individuum gefragt bist (Multimediashow, Vortrag, Konzert o.ä.). Genieße es, ein Teil des Kollektivs zu sein, mit gleichzeitiger Individualität.

Zieh dich möglichst verrückt an oder tu etwas ganz Verrücktes, was du sonst nicht tust. Wichtig ist, dass du dabei über dich selbst lachen kannst. Vielleicht fallen dir scheinbar unlösbare Probleme ein, an denen du jetzt den komischen Aspekt entdeckst. Nimm dir vor, einen Tag lang in allen Situationen, die dir begegnen, das Komische zu sehen. Sei ein Beobachter, der teilnehmen kann, aber nicht muss. Sei so spontan wie möglich und reagiere einmal anders als gewöhnlich. Tu alles, was dazu beiträgt, dass du dich freier fühlst. Widme dem leeren Raum mehr Aufmerksamkeit als sonst.

Mond in den Fischen

Der Teufel als Lehrer

(Spanisches Märchen)

Eine Mutter hatte drei Töchter, die sie jeden Morgen in die Schule brachte. Da machte sich der Teufel zum Lehrer und verliebte sich in die Jüngste. Je älter sie wurde, desto heftiger verliebte er sich. Als sie alt genug war, warb er um sie, da sie ihn aber abwies und er nichts erreichen konnte und auch sonst kein Mittel wusste, um sie zu entführen, bastelte er einen gläsernen Sarg und schmiedete einen Schlafring. Das Mädchen spielte oft im Hof und er ging zu ihr und steckte ihr den Ring an den Finger. Sogleich fiel sie in tiefen Schlaf und er trug sie zu dem gläsernen Sarg, legte sie hinein, schleppte diesen zum Meer und warf alles hinein.

Nach einiger Zeit angelte der Königssohn mit einem Fischer und fing den Sarg. Er ließ ihn nach Hause bringen und bewundernd blickte er auf das schlafende Mädchen. Er sah auch den Ring und zog ihn von seinem Finger ab. Da wurde es wach und munter wie eh und je und begann zu weinen, denn es wusste nicht, wo es war. Schnell steckte er ihm den Ring wieder an den Finger und ohne seinen Eltern etwas zu verraten, trug er den Sarg in sein Zimmer. Dies blieb nun für längere Zeit sein Geheimnis, denn er schloss immer sein Zimmer ab und nahm den Schlüssel mit, so dass nicht einmal die Diener mehr hineinkamen, um es auszufegen.

Einmal allerdings vergaß er den Schlüssel, was sofort von seinen Schwestern bemerkt wurde. Jetzt konnten sie endlich die Diener zum Saubermachen rufen. Sie gingen in sein Zimmer und fanden den Sarg. Auch sie zogen den Ring vom Finger der Schlafenden und diese erwachte. Erschrocken warfen die Schwestern den Ring hin und liefen davon.

Der Königssohn hatte unterdessen den Verlust des Schlüssels bemerkt und eilte zurück. Zu spät, denn die Schwestern hatten den Eltern schon alles verraten. Diese ließen ihn zu sich rufen und fragten, warum er eine schlafende Frau bei sich aufbewahre. Er antwortete ihnen, dass er sie heiraten wolle. Die Eltern warnten ihn, denn niemand kannte ihre Herkunft, doch er blieb dabei: Er wolle sie heiraten, weil er sie liebe, und das tat er auch.

Nach einigen Monaten starb der König und so wurden die beiden nun selbst König und Königin. Er hatte nun viel zu tun und musste auch ins Nachbarreich reisen, um dort zu regieren. Seine Frau blieb schwanger zurück und brachte nach abgelaufener Zeit einen wunderschönen Jungen zur Welt. Als die Großmutter das Zimmer verließ, um ihr eine heiße Suppe zu holen, kam der Teufel herein und sprach zu ihr: „Du sagst mir, was du sahst, oder du gibst mir, was du gebarst." Und das Mädchen antwortete: „Ich sage dir nicht, was ich sah, noch gebe ich dir, was ich gebar." Da riss ihr der Teufel das Kind weg, erwürgte es und beschmierte ihr die Lippen mit dem Fleisch und Blut und verschwand. Als die Großmutter zurückkehrte, fragte sie nach dem Kind. Die junge Mutter antwortete nichts und so bemerkte die Großmutter das Blut an ihrem Mund. Was konnte sie anderes glauben, als dass diese ihr eigenes Kind gegessen hätte. Die Mutter wand sich zwar vor Schmerz und Trauer, sagte aber nichts.

Der König kehrte zurück und alle liefen ihm zum Empfang entgegen. Nur seine Frau nicht, denn sie konnte sich vor Kummer kaum rühren. Die Großmutter erzählte ihm alles und auch, dass seine Frau eine Menschenfresserin sei. „Was können wir schon tun", sprach dieser, „aus ihrem Leib kam es und in ihren Leib ist es wieder zurückgekehrt." Dann ging er zu seiner Frau, die sich voller Schmerz in seine Arme warf. Aber sie sagte noch immer nichts. Sie lebten weiter wie zuvor und nach einiger Zeit wiederholte sich alles. Der König verreiste, die Königin gebar ein Mädchen und der Teufel beschmierte ihr wieder die Lippen mit Blut, als sie ihm keine Antwort auf seine Frage geben wollte. Diesmal wurde die Arme ohnmächtig vor Schmerz.

Der König kehrte zurück und die Großmutter erzählte ihm wieder alles, nur bat sie ihn jetzt, seine Frau wegzujagen, denn eine solche Menschenfresserin wollte sie nicht im Schloss haben. Er ging zu seiner Frau und bat sie um Erklärungen, sie aber sagte kein Wort vor lauter Qual. Er drohte ihr, sie zu töten, wenn sie es nicht verriete, und sie sagte, ja, sie wolle lieber sterben als sprechen. Er bat daraufhin seine Mutter, sie solle sich noch eine Weile gedulden, er müsse erst noch auf einen Jahrmarkt reiten. Er fragte seine Schwestern, was er ihnen mitbringen könne, und die ältere bat ihn um ein blaues Kleid mit Steinen, die jüngere um ein grünes mit Steinen. Auch seiner Frau wollte er etwas mitbringen, da bat sie ihn um ein Liebesmesser und einen Schmerzensstein.

Auf dem Jahrmarkt fand er sogleich die beiden Kleider für seine Schwestern, jedoch weder ein Liebesmesser noch einen Schmerzensstein. So ritt er unverrichteter Dinge zurück zum Schloss. Kurz vor dem Eingang sprang der Teufel auf und ab und schrie: „Hier ein Schmerzensstein, hier ein Liebesmesser!" Der König kaufte ihm beides für zweitausend Taler ab und freute sich sehr, die Geschenke für seine Frau bekommen zu haben.

Er traf zuerst seine Schwestern an, die glücklich ihre Kleider in Empfang nahmen, und ging dann zu seiner Frau, die noch immer krank im Bett lag. Er überreichte ihr den Stein und das Messer. Wortlos nahm sie beides entgegen und schien weder froh noch unzufrieden. Sie blieb traurig wie zuvor und verbissen in ihren Schmerz. Dann bat sie ihn, sie allein zu lassen.

Er aber war doch neugierig und ging nicht hinaus, sondern versteckte sich hinter der Türe. Als sie sich alleine wähnte, legte sie den Schmerzensstein und das Liebesmesser auf den Tisch und begann zu sprechen: „Schmerzensstein, Liebesmesser, ist es wahr, dass sich mein Lehrer, als ich noch in die Schule ging, in mich verliebte und in einem gläsernen Sarg ins Meer warf, weil ich seine Liebe nicht erwiderte?" Beide antworteten: „Ja, ja, das ist wahr." Und der Stein brach vor Schmerz entzwei, als er ja sagte. „Ist es auch wahr, dass der Königssohn mich fand und heiratete?" „Ja, ja", und bei jedem Ja brach der Stein weiter entzwei. „Ist es auch wahr, dass der Lehrer erschien, als ich meine Kinder gebar, und sie tötete und mir die Lippen mit Blut beschmierte?" „Ja, ja", antworteten beide und der Stein brach in tausend Stücke. „Ist es auch wahr, dass meine Schwiegermutter glaubt, ich hätte meine Kinder selbst gegessen, und mich nun vom Schloss jagen will?" „Ja, ja", antworteten die beiden und der Stein zerfiel zu feinem Staub.

Da sprach die Frau: „Wenn schon der Stein vor Schmerz zu Staub zerbricht, wie soll da mein Herz nicht brechen?", und nahm das Liebesmesser und wollte es sich in die Brust stoßen. Da sprang der König hervor und hielt sie zurück. Jetzt, da er von allem wusste, tröstete er sie, so gut er konnte, und bald waren sie wieder glücklich.

Interpretation

Dieses Märchen beginnt mit einer Mutter, die drei Töchter hat. Versteckt können wir hier wieder den Mondmutter-Archetyp erkennen, die Dreigestalt der alten Göttin. Alle drei Aspekte gehen in die Schule, werden während ihrer Entwicklung ausgebildet. Wie wir erfahren, ist der Lehrer allerdings der Teufel, eine Kraft, deren Lehren man nicht unbedingt vertrauen kann. Tatsächlich unterrichtet dieser auch nicht uneigennützig, sondern verliebt sich in die jüngste Tochter, den Jungmädchen-Aspekt der Mondgöttin. Anscheinend mühte er sich schon eine Weile erfolglos ab, sie zu entführen, und so ersinnt er sich letztendlich einen schlauen Plan. Wenn er sie schon nicht bekam, dann sollte sie auch kein anderer bekommen. Er schmiedet ihr einen Schlafring und baut einen gläsernen Sarg, in dem er sie im Meer versenkt, sie somit dem Fische-Archetyp überlassend.

Der Teufel kann die jüngste Tochter eigentlich nicht bekommen. Sie steht ihm nicht zu und gehört nicht zu seinem Machtbereich, er kann sie nicht manipulieren und sie auch nicht rauben. Das Mädchen steht außerhalb seines Einflussbereiches, kommt aus einer anderen Welt und ist nicht geneigt, sich in ihn zu verlieben. Sie lehnt all seine Angebote ab, denn sie weiß, wohin sie gehört. Durch sein Unvermögen erfahren wir, dass sie eigentlich stärker ist als er oder von etwas Stärkerem beschützt wird. Hier findet sich der erste Hinweis auf den Fische-Mond, der allein durch seine Seelenkraft und direkte Rückbindung an das Ursprüngliche, Wirkliche vor Seelenräubern zunächst geschützt ist. Der Teufel, eine fremde Macht, die diese Rückbindung nicht besitzt, hat erst einmal keinen Einfluss auf ihre Entwicklung. Da ersinnt er einen anderen Plan, er raubt die Tochter nicht, sondern schickt sie in die Zwischenwelt zwischen dem Diesseitigen und Jenseitigen, ins Meer, den Bereich der seelischen Unendlichkeit.

Er schleicht sich an, als sie am wenigsten an Gefahr denkt, beim Spielen. Wer Menschen mit Fische-Mond kennt, weiß, wie vertieft und selbstvergessen diese sich einem Spiel hingeben können und darüber völlig die Umwelt vergessen, denn im Spiel entfaltet sich erst die wirkliche Kraft ihrer Seele. Dann packt er sie und streift ihr den Schlafring über. Nun ist sie für die Außenwelt nicht mehr greifbar, kann nicht mehr bewusst an ihr teilnehmen oder diese mitgestalten. Auf dem Meeresboden liegt sie im gläsernen Sarg und schläft, während ihre Sinnes- und Traumwelt auf Fische-Art erwachen kann. Jetzt erfahren wir die geheime Absicht des Teufels: Er möchte sehen, wie ihre Sinnenwelt gestaltet ist. Er betrachtet sie im gläsernen Sarg wie durch ein Fenster. Er erhofft sich so, die Geheimnisse ihrer Innenwelt in Erfahrung zu bringen.

Als die Zeit reif ist, findet sie der Königssohn, während er mit einem Fischer angelt. Seine Absicht war also, etwas in der unendlichen Seelenwelt des Unbewussten zu fangen. Anscheinend braucht er hierbei noch Unterstützung, sonst wäre er wohl alleine fischen gegangen. Gemeinsam mit seinem Ratgeber, der sich in den Tiefen der Seelenwelt auskennt und echte Seelennahrung zu finden vermag, gelingt es ihm nun, den wertvollen Sarg zu bergen. Erst als er mit ihr alleine ist und sie erfolgreich in sein Zimmer geschmuggelt hat, zieht er ihr den Ring ab. Sie aber erschrickt und weint. Da steckt er ihr den Ring schnell wieder an. Beide sind noch nicht reif für eine Begegnung. Sie ist vorerst zu vertieft in ihre Fische-typische Traum- und Seelenwelt, um ihn zu erkennen, und er noch nicht bereit, zu ihr zu stehen, sonst hätte er sie nicht vor den Augen seiner Eltern und Schwestern verborgen. Er bewacht sie wie ein Kleinod und lässt keinen in sein Zimmer, den Schlüssel trägt er immer bei sich. Den Dienern ist selbst das Saubermachen untersagt.

Der Königssohn befindet sich in einer wichtigen Phase, denn er weiß, wie wichtig die schlafende Seele im Sarg für ihn ist. Er tut das einzig richtige, indem er sie vor vorzeitigen Blicken schützt. Er möchte sich an sie gewöhnen, sie kennen lernen, und ihm genügt es, sie durch den gläsernen Sarg zu beobachten. So kann er still an dem Traumleben der jüngsten Tochter teilnehmen, ohne sie zu stören. Seine Tür verschließt er und gibt somit zu verstehen, dass er nicht möchte, dass sich jemand in diesen Umwandlungsprozess einmischt. Wenn sein Zimmer deshalb allmählich schmutzig wird, so stört ihn das wenig.

Doch kein Geheimnis lässt sich ewig bewahren. So vergisst er eines Tages den Schlüssel und seine Schwestern haben schon lange auf eine solche Gelegenheit gewartet. Endlich kann man sauber machen, das „schmutzige" Geheimnis des Bruders lüften. Sie finden das Mädchen im Sarg, ziehen ihm den Ring vom Finger und erschrecken, denn es wird lebendig. Schnell werfen sie den Ring hin und laufen zu den Eltern, um zu berichten.

Auch hier finden wir eine Wirklichkeit des Fische-Mondes: Aus Gründen der Reinlichkeit dringen die Schwestern in das Zimmer ein und können so das Geheimnis lüften. Ist die Zeit reif, muss man Farbe bekennen, sonst „beschmutzt" einen selbst das beste Geheimnis dadurch, dass man es verbirgt, anstatt zu ihm zu stehen und es der Außenwelt „anzubieten". Die Schwestern, reinliche Bewusstseinsteile des Königssohnes oder auch sein Gewissen, haben alles aufgedeckt, und die Eltern, die Erwachsenenanteile, können nun am Bewusstwerdungsprozess teilnehmen. Der Königssohn hat seine schlafende Seelenkraft jetzt so weit kennen gelernt, dass er weiß, dass er sie liebt und trotz aller Bedenken seiner Eltern heiraten will. Ihm ist die Herkunft des Mädchens völlig egal, denn er kennt ihr Inneres schon zu gut.

Sein Vater stirbt bald, wird im Märchen nicht mehr gebraucht, und der Königssohn kann nun selbst Entscheidungen treffen. Auch das Mädchen ist jetzt so weit gereift, dass es Königin wird. Beide sind in der Lage, über ihr Leben zu regieren. So nehmen jetzt seine Aufgaben in der Außenwelt zu und sie ist schwanger, kann also selbst Mutter werden und in die nächste Phase ihrer Entwicklung eintreten.

Zuerst gebärt sie während seiner Abwesenheit ihr gemeinsames „geistiges" Kind, einen Sohn, und die Großmutter, die alte Seelenkraft des Königssohnes, ist zugegen. Als auch sie Mutter und Kind verlässt, fasst der Teufel die Gelegenheit beim Schopf und fragt sie, was sie gesehen hätte, sonst müsse sie ihm geben, was sie geboren habe. Sie wiederum weiß, dass sie ihm nichts sagen darf, sie darf der falschen Macht nichts aus ihrem Seelenleben berichten, schon gar nicht die Geheimnisse des unendlichen Meeres preisgeben, des kollektiven Unbewussten, dessen Wirken sie im Schlaf erträumen konnte. Sie darf ihm die Bilderwelt, die aus ihrem Urvertrauen entstand, nicht enthüllen, und so schweigt sie und er nimmt ihr das geistige Kind aus ihrer bewussten Verbindung mit dem Königssohn. Er beschmiert ihr den Mund mit Blut, um dann wieder zu verschwinden. Und sie sagt nichts, als die Großmutter zurückkommt, obwohl sie sich windet vor Schmerz. Wie kann sie zugeben, dass ihr Leben einer fremden Macht gehörte, dem Teufel selbst, der ihr bis zum Zeitpunkt ihres Schlafes alles, was sie über das Leben wusste, beigebracht hatte. Wie kann sie ihrer Schwiegermutter erklären, dass diese Vergangenheit noch immer Macht über sie hat, genügend, um ihr das Kind zu nehmen. Sie schweigt und ihr Schmerz nimmt zu.

Misstrauisch geworden, klagt die Großmutter ihre Schwiegertochter an, eine Menschenfresserin zu sein, und berichtet dem Königssohn. Doch der kennt seine Seelenkraft, seine Frau, gut genug, um Vertrauen zu haben. „Was aus ihrem Leib kommt, ist in diesen zurückgekehrt", sagt er und gibt hier zu verstehen, dass er genug altes Mondwissen besitzt, um sich der Wahrheit, die den Stirb- und Werdeprozess beinhaltet, anzuvertrauen. Sein Geist ist noch unverdorben von dem neuen Glauben, der sich anscheinend in der Großmutter schon breitgemacht hat, bei dem das Leben allein zählt und das Sterben verdrängt wird. Er kennt seine Frau, den reinen Mädchenaspekt der alten Mondgöttin, und vertraut.

Zum zweiten Mal wird die Königin schwanger und alles wiederholt sich, nur dass sie diesmal eine Tochter, ihr gemeinsames seelisches Kind, auf die Welt bringt. Doch wieder tötet es der Teufel, der durchaus auch der neue patriarchalische Zeitgeist sein kann, in dem es keine Mondgöttinnen mehr gibt, und will ihr die Geheimnisse des Meeres entlocken. Sie schweigt auf Fischeart und hütet das grausame Geheimnis. Diesmal wird sie vor Schmerz ohnmächtig. Die Großmutter deutet ihr Schweigen eindeutig als Schuldzugeständnis und berichtet das Geschehene dem heimgekehrten Sohn mit der Aufforderung, seine Frau aus dem Schloss zu jagen. Ohne es zu wissen, hat sie schon die neuen Lehren angenommen, und entspricht so ganz den Wünschen des Teufels. Der König droht seiner Frau mit ihrem Tod, wenn sie ihm nicht sagt, was passiert ist. Doch als er merkt, wie bereitwillig sie ihr Leben hingeben möchte, zögert er, denn er ahnt tiefere Zusammenhänge. Seiner Mutter erzählt er, er wolle erst noch auf den Jahrmarkt gehen, um dann zu entscheiden.

Diese Frist nutzt er, um die geheimen Wünsche der ihn umgebenden weiblichen Kräfte zu erfahren. Er fragt seine Schwestern, was er ihnen mitbringen könne, und sie wünschen sich ein blaues und ein grünes Kleid, Hüllen für die Gesamtheit ihrer Gefühle, Leidenschaften und Gedanken, die durchaus kostbar sind, denn sie sollen mit Steinen besetzt sein. Seine Frau wünscht sich einen Schmerzensstein und ein Liebesmesser. Während er auf dem Jahrmarkt sogleich die Wünsche seiner Schwestern erfüllen kann, denn diese entsprechen dem Zeitgeist (dem Jahrmarkt), kann er dort weder Liebesmesser noch Schmerzensstein finden. Traurig kehrt er heim und ist ratlos. Da trifft er den Teufel vor seiner Haustüre, der schreiend das Gesuchte darbietet. Für eine hohe Summe ersteht er beides und geht ins Schloss zurück. Der Teufel bietet die Dinge freudig an, denn nun hofft er, sich ein für alle Male der ihm Übermächtigen zu entledigen.

Der König verteilt seine Geschenke und seine Schwestern freuen sich. Als er seiner Frau die beiden Geschenke gibt, nimmt sie diese wortlos an und bittet ihn, sie allein zu lassen. Natürlich kann sie sich nicht freuen, denn diese sollen ja nur Mittel zum Zweck sein. Krank vor Kummer liegt sie im Bett und hat alle Hoffnung aufgegeben. Doch noch immer vertraut ihr der König und so versteckt er sich hinter der Türe, um zu sehen, was jetzt geschieht.

Sie erzählt dem Schmerzensstein und dem Liebesmesser ihre Geschichte, in der sie so wenig Handlungsspielraum hatte und doch so viel geschah, und der Stein zerspringt vor Kummer und Schmerz, bis er zu feinem Staub zerfallen ist. Als sie das sieht, weiß sie, dass auch ihre Schmerzgrenze erreicht ist, denn mehr als ein Stein kann kein lebendiges Wesen aushalten. Also beschließt sie, ihrem Leben ein Ende zu bereiten und sich somit in das Zeitgeschehen oder auch Schicksal zu fügen, denn tatsächlich bleibt ihr nichts anderes zu tun. Bisher ist sie sich selbst treu geblieben und hat nach bestem Wissen und Gewissen gehandelt, ist also ihrer Lebensspur oder ihrer inneren Stimme gefolgt und hat doch so viele Verluste in Kauf nehmen müssen. Ihre beiden Kinder sind tot, sie ist angeklagt, die gefressen zu haben, und zudem soll sie mit dieser Schuld das Schloss verlassen. Wenn alle dem Neuen (Teufel) glauben und keiner mehr an ihrem inneren Seelenreich interessiert ist, das die Geheimnisse der alten Zeiten kennt und nach ihnen handelt, dann will sie nicht mehr leben. Sie will ihr Leben der höheren, spirituellen Liebe opfern (daher das Liebesmesser), doch da springt der König herbei und verhindert ihr Vorhaben. Jetzt, da er die Zusammenhänge kennt, wird er in seiner Liebe bestätigt und er tröstet sie und versucht erneut, mit ihr glücklich zu werden, trotz der Verluste, die sie beide erlitten haben.

Wo ist denn dabei nun der Fische-Mond geblieben? Das Märchen beschreibt ein sich entwickelndes Schicksal, das sich von keinem der Betroffenen persönlich verändern lässt. Alles geschieht und die Verwandlungsprozesse laufen unbeeinflussbar auf einer solch tiefen Ebene ab, dass sie nur akzeptiert und verstanden werden können. Die Königin, das Mädchen, hat keine Wahl. Sie weiß zwar um die Zusammenhänge und kennt die Bildersprache des unendlichen Meeres der Seelenkraft, doch kann sie nur hinnehmen, was geschieht, sonst wäre es eben keine Fische-Mond-Geschichte. Was letztendlich alles rettet, sind das Vertrauen und das Verstehen-Wollen des Königs. Doch kann auch dieser die beiden Kinder nicht wieder lebendig machen (so wie es in anderen Märchen möglich ist), sondern nur helfen, den Schmerz der Königin, der bis an die Grenze gefühlt wurde, zu heilen.

Tatsächlich ist es immer traurig, wenn Wahres aufgrund des sich entwickelnden Zeitgeistes vertrieben oder altes Wissen zu Machtzwecken verändert und somit der Nährboden für falsche Lehren bereitet wird. Niemand kann sich dem entziehen und doch müssen alle darunter leiden. Auch heute noch ist die alte Göttin tot oder liegt in tiefem Schlaf im großen Weltenozean und muss unter großen Schmerzen wieder ins Leben zurückgeholt werden. Mögen ihre Magie und Zauberkraft die äußeren Widerstände überwinden und jeder, der ihren Spuren folgt, genug Kraft haben, um gegen die Windmühlen der Zeit anzukämpfen! Der Fische-Mond und seine unendliche Weisheit repräsentiert eine Zeitqualität, die zwischen die Welten zu schauen und die Rückbindung an das, woher wir kommen, herzustellen vermag. Opfer, selbst wenn sie das Leben kosten, dienen letztendlich der Wahrheit und diese wiederum unterscheidet sich in nichts von tief gefühlter Liebe und Verbindung ...

Neumond in den Fischen

Nutze diese Zeit, um dir über deinen Glauben Klarheit zu verschaffen.

- An was glaubst du wirklich? Schreibe alles auf, an das du glaubst.
- An was in dir glaubst du?
- Wer unterstützt deinen Glauben an dich und wer behindert ihn?
- Welches Geheimnis in dir würdest du niemals preisgeben?
- Was in dir würdest du mit deinem Leben beschützen? Schreibe eine Liste mit: „Nur über meine Leiche könnte ... geschehen."
- Wann wurde dir die Schuld für etwas gegeben, das du nicht getan hast?
- Kannst du dieses Geschehen vergeben?

Stärke deinen Glauben an was auch immer, indem du ihm jeden Tag eine gewisse Zeitspanne widmest. Versprich dir dies heute, da Fische-Neumond ist.

- Was ist „dein Ding", etwas, das dir Spaß macht und das anderen nützt, das der Menschheit dient?
- Was ist dein ureigenes natürliches Talent? Wie kannst du es verstärkt anwenden?

Vollmond in den Fischen

Feiere ein Fest der Grenzüberschreitung. Verändere dein Bewusstsein so, dass du empfänglicher und offener bist als sonst und nicht mehr mit der groben Wirklichkeit verhaftet. Achte auf deine Einsichten, male oder schreibe sie auf. Genieße es, nichts tun zu müssen, sondern nur achtsam da zu sein. Fühle, wie weit deine Aura reicht, der Raum, den du einnimmst. Widme diesem Raum all deine Aufmerksamkeit, Liebe und Zuwendung. Hege und pflege dich und sei dir dessen bewusst, dass alle kosmische Liebe in dir wohnt, so wie auch der Schmerz. Unendlichkeit bedeutet, gleichzeitig in allen Zeiten zu Hause zu sein, denn heute, gestern und morgen sind eins. Es gibt nichts zu tun, nur völlig entspannt da zu sein. Wie ein Zen-Koan besagt: „Nichts Gutes, nichts Schlechtes, mein Ur-Angesicht jetzt."

Teil III

Persönliche Arbeit mit der Mondin

Mondverständnis entwickeln

Mit Hilfe der Astrologie haben wir die Möglichkeit, herauszufinden, wo der Mond zum Zeitpunkt der Geburt stand. Dies gibt Aufschluss über die Qualität der Energie, die in jedem einzelnen als Heilkraft, als Reaktion auf die Außenwelt, als weibliche Kraft wirkt. Mit Mond stellen wir die Verbindung her, durch Mond träumen wir und Mond lässt uns auf ganz eigene Weise reagieren. Mond ist die „wilde" Instinktkraft und die Intuition. Mond im Widder reagiert anders als Mond in der Jungfrau usw., denn die Seelenkraft äußert sich in jedem Menschen unterschiedlich. Vielleicht haben die vorausgegangenen Märchen dazu beigetragen, dass der/die ein oder andere sich in ihnen findet, den eigenen Seelenmythos ein wenig besser erkennen kann. Ansonsten sind sie vielleicht hilfreich, um die zwölf den Tierkreis-Archetypen zugeordneten Lebensthemen zu erfassen, die jeweils ein großes Rund in der Zeitspirale ausmachen.

Wird der Geburtsmond des Horoskops durch Transite (aspektbildende äußere Planetenstellungen zum Geburtsbild) ausgelöst, wirkt seine Kraft besonders stark. Nun können wir erfahren, wie er durch uns lebt. Unsere Gefühlswelt ist jetzt wach - größtes Glück, wilder Hass, Wahnsinn und friedliche Gelassenheit, alles sucht sich in die Gesamtheit der Erfahrung einzugliedern.

Mond ist zunächst einmal so, wie wir gelernt haben, auf Forderungen zu antworten, damals, als wir Kind waren und unser Leben davon abhing, geliebt zu werden. „Wenn ich lieb bin, bekomme ich etwas zu essen." Dieses „Lieb-Sein" haben wir auf eine ganz bestimmte Weise gelernt und so reagieren wir auch heute noch unbewusst auf die Außenwelt. Jene erscheint so eher als Projektion unserer ganz persönlich erfahrenen Mutterliebe. Hat diese uns bedroht, so fühlen wir uns von der Umwelt bedroht, hat diese uns oft die Liebe entzogen und erpresst, so geraten wir in eben solche Situationen, war sie großzügig und unterstützend, so tragen wir ein positives Vertrauen in die Welt. Der Mondbereich ist das erste Vertrauen mit seinem daran geknüpften Verhalten, das sich entwickelt hat, als wir noch abhängige Kinder waren und nicht für uns selbst sorgen konnten.

Deshalb ist es wichtig, die Bedürfnisse des eigenen Kindes als Erwachsener allmählich wieder neu kennen zu lernen, sich dieser anzunehmen und aus dem Erwachsenenbewusstsein heraus das zu nähren, was damals vielleicht zu kurz kam oder was die Mutter einfach aufgrund ihrer Geschichte nicht geben konnte.

Intuitives Erfassen, Selbstgenügsamkeit, Kreativität und inneres Glück entspringen dem inneren Kind, dem vertrauensvoll gelösten Zustand der Entspannung, durch den eine direkte, unvoreingenommene Begegnung erst möglich wird. Es ist wichtig, sich diesem Bereich liebevoll zuzuwenden und Kontakt zu ihm aufzubauen. In jedem von uns schlummert, lacht, schreit, wütet und weint ein kleines Kind, das Nahrung und liebevolles Verständnis braucht. Mond ist die Energie und persönliche Auffassung des kindlichen Vertrauens in die Welt.

Mond reagiert direkt auf Bild und Klang, denn er ist die Bildkraft der Seele. Durch Musik und Visualisierungsübungen wird die Mondenergie angesprochen und befreit, während sie sich intellektueller oder analytischer Annäherung eher verschließt.

Die Mondenergie braucht Raum, eine entspannte Atmosphäre, Zeit und akzeptierende Gelassenheit, um in Fluss zu kommen. Mondzeit ist immer dann, wenn ich ganz bei mir sein kann und frei bin von Muss oder Soll. Mond ist wie ein sprudelnder Quell frischer, gelöster, heiterer Energie, die dann frei wird, wenn alle Hindernisse beseitigt sind oder diese für eine Weile nicht beachtet werden. Mond ist der Raum, aus dem sich Empfindungen, Bilder und Erinnerungen gebären, die Schutz brauchen, um sich in die Wirklichkeit einzugliedern. Fließt die Mondenergie, sind wir immer am richtigen Ort zur richtigen Zeit und alles geht wie von selbst.

Jeder Mensch nährt sich von seiner Mondenergie, sie ist das allem zugrunde liegende „Wasser des Lebens". Phantasiereisen, Imaginationsübungen und kreative Visualisierung sind Wege, sich dieses Wasser nutzbar zu machen. Die Mondenergie möchte begleitet werden, nicht gelenkt oder manipuliert sein. Es reicht, wenn man für sie da ist, ihr Zeit und Raum und Aufmerksamkeit widmet, dann spricht Mond in Form von inneren Bildern aus uns heraus. Je mehr wir diese verstehen und annehmen können, desto mehr Handlungsspielraum gewinnen wir und desto weniger zwanghaft „müssen" wir reagieren.

Mondverständnis befreit uns allmählich von den Mustern der Vergangenheit und bereitet fruchtbaren Boden für eine vertrauensvoll erlebte veränderliche Wirklichkeit, die sich nur entfalten kann, wenn wir uns ihr öffnen können. Voraussetzung ist jedoch, dass wir uns zuerst uns selbst gegenüber öffnen und die verschnürten Erinnerungspäckchen der vergangenen Erfahrungen auspacken, damit sie die magische Kraft ihres Inhalts verlieren. Vertrauen lässt sich lernen, Schritt für Schritt kommen wir uns näher ...

Ich habe versucht, ein paar Übungen zu finden, die mit dem Mondthema zu tun haben. Am besten macht man diese zu zweit, wobei einer den anderen begleitet (aber niemals führt oder beeinflusst, denn alles, was entsteht, ist gut und möchte nur angenommen werden, sonst nichts ...).

Mond-Übungen

Die Mutter

Schließe die Augen und entspanne dich. Gehe langsam durch deinen Körper und entspanne von den Füßen bis zum Kopf schrittweise alles, was du vorfindest, auch dein Gesicht, deine Zunge, deine Kiefer.

Wenn du ganz entspannt bist, stell dir vor, du gehst eine Treppe hinunter. Schau sie dir genau an. Aus welchem Material ist sie? Wie sehen die einzelnen Stufen aus?

Die Treppe führt dich in deinen ganz persönlichen Innenraum. Richte ihn dir gemütlich ein. Stelle das, was du vorfindest, um, bis du dich behaglich fühlst. Wirf hinaus, was dich stört. Achte auf die Farben. Ist genug Licht in dem Raum? Oder vielleicht zu viel? Wenn noch etwas fehlt, stelle es hinein. Es ist wichtig, dass du dich ganz sicher und gut aufgehoben fühlst.

Du wartest hier auf jemanden: auf Deine Mutter. Sie kommt durch die Türe und begrüßt dich. Wie sieht sie aus? In welcher Verfassung ist sie? Bitte sie, Platz zu nehmen. Biete ihr etwas an (zu essen oder zu trinken). Dann bitte sie um das, was du von ihr am meisten brauchst. Sie gibt es dir bereitwillig. Jetzt frage sie, was sie von dir am meisten braucht. Auch du gibst es ihr bereitwillig. Dann schenkt sie dir noch etwas und auch du gibst ihr ein Geschenk. Nun geht deine Mutter. Achte darauf, wie ihr euch verabschiedet.

Du bist nun wieder ganz behaglich in deinem Zimmer. Schau dir genau an, was du erhalten hast, und nimm es ganz in dich auf. Lass dir Zeit und genieße diesen Zustand.

Kehre wieder zurück, über die Treppe, in deinen Körper. Du weißt, du kannst jederzeit zurückkehren in deinen Raum, ihn dir gemütlich einrichten und erneut mit deiner inneren Mutter zusammentreffen ...

Diese Mutter braucht nicht deine persönliche Mutter zu sein, es kann auch eine mythologische oder eine Phantasiegestalt sein.

Yin und Yang

Finde heraus, welcher Seite in dir du mehr Gewicht oder Glauben schenkst - ist die innere Mutter oder der innere Vater stärker?

- Kreiere ein Gespräch zwischen deiner Mutter und deinem Vater - was haben die beiden zueinander zu sagen? Auf welcher Seite stehst du?
- Jetzt stell dir eine dir bekannte Mondmutter vor. Was kann sie dir geben? Worum würdest du sie bitten? Was ist deine Vorstellung davon, wie sie dir weiterhelfen kann? Wovor hast du Angst, wenn du sie triffst? Was möchtest du ihr im Gegenzug schenken?

- Wähle einen der Sonnensöhne. Was brauchst du von ihm? Wo kann er dir weiterhelfen? Wovor hast du im Zusammenhang mit ihm vielleicht Angst? Was kannst du ihm schenken und was braucht er von dir?
- Male ein Bild, das die beiden, Mondmutter und Sonnensohn, miteinander zeigt. In welcher Beziehung stehen sie zueinander? Was können sie sich gegenseitig geben? Was braucht dein Sonnengott von der Mondmutter und umgekehrt? Lasse sie ein Gespräch führen und achte darauf, wie sie sich ergänzen.

Die Mondgöttin

Finde heraus, in welcher Mondphase du geboren bist. Bist du bei zunehmendem Mond, Vollmond, abnehmendem Mond oder Neumond geboren?

- Male diese Mondphase: erst den Mond in seiner entsprechenden Form, dann dich als eine Mondgöttin, die du frei erfindest. Wenn du z.B. eine Göttin des Vollmondes wärest, welche Tiere und Symbole würden dich begleiten? Welche besonderen Fähigkeiten hättest du? Wie würdest du aussehen?
- Male dann die anderen beiden Aspekte deiner persönlichen Mondin. Wie sieht sie in ihrem Mädchenaspekt aus? Wie ist ihre dunkle Seite?
- Male eine vierte weibliche Gestalt dazu. Diese verkörpert alle weiblichen Eigenschaften, über die du dir unsicher bist.

Können die einzelnen Aspekte miteinander in Verbindung treten? Wie ist ihr Verhältnis zueinander?

Gib all deinen Mondaspekten Partner, männliche Entsprechungen. Welche Symbole tragen sie? Welche Tiere begleiten sie? Welche Fähigkeiten haben sie? Wie ist das Verhältnis zwischen den Göttinnen und ihren Partnern? Welche Aspekte sind stark, welche schwach?

Welche Rolle spielst du als Mädchen, Frau, Mutter, Alte im Leben? Lebst du alle diese Teile aktiv?

Mondzeit

Nimm dein Horoskop und deine Ephemeriden, wenn du keine hast, könntest du dir z.B. einen Astrokalender von Petra Niehaus, Verlag Simon und Leutner, Berlin besorgen. Darin findest du Mond- und Planetenstände für jeden Tag ausgedruckt und auch sonst viel Wissenswertes.

Schreibe dir für die nächsten drei Monate heraus, wann sich der Mond in Konjunktion mit deinen Geburtsplaneten befindet. Schreibe auf, wie du dich fühlst und beobachte, mit welchen Energien du leicht umgehen kannst und welche dir Schwierigkeiten bereiten. Wiederhole diese Übung, bis du ein Muster erkennst. Suche dir die Schwachstellen im Tierkreis heraus (z.B. „bei Mond in der Jungfrau bin ich immer schlecht drauf") und versuche herauszufinden, warum du möglicherweise blockiert bist. Was kann dir die entsprechende Energie geben? Was hat sie dir zu sagen? Versuche mit ihr zu sprechen, versuche mehr über sie zu erfahren... Nach einer Weile wirst du feststellen, das sich etwas verändert - deine Wahrnehmung, deine Empfänglichkeit - du wirst offener und hast mehr Raum zur Verfügung, in dem du dich entfalten kannst. Du kennst nun allmählich deine Zeitempfindung.

Nimm den gleichen Mondkalender und trage deine Monatsblutungen mit ein. Bei welchem Mondstand mestruierst du am häufigsten? In welchem Tierkreiszeichen liegt deine monatliche magische Mondkraft, wann ändert sie sich? Beobachte deine Träume im Zusammenhang mit deiner Menstruation. Was träumst du zur Zeit deines Eisprungs, was träumst du, wenn du blutest? Was geschieht mit den weiblichen Figuren im Traum, wie verändern sie sich?

Die Mondin in den Tierkreiszeichen

Ich habe versucht, den einzelnen Tierkreiszeichen mythologische Göttinnen zuzuordnen. Diese Auswahl ist rein subjektiv, eher als Vorschlag gedacht:

- Mond im Widder: Artemis, Amazonen, Atalanta
- Mond im Stier: Demeter/Kore
- Mond im Zwilling: Saraswati
- Mond im Krebs: Tara, Selene, Arianrhod, Ariadne
- Mond im Löwen: Arinna
- Mond in der Jungfrau: Furien
- Mond in der Waage: Venus, die Musen, Freya
- Mond im Skorpion: Kali, Hekate, Persephone, Myriaden, Macha, Vajrayogini
- Mond im Schützen: Maat
- Mond im Steinbock: Rhea
- Mond im Wassermann: Athene
- Mond in den Fischen: Atargatis, Kuan-Yin, Themis, Aphrodite, Salacia

Versuche deine Mondgöttin zu finden, den Aspekt, der deinem Tierkreiszeichen-Mond am meisten entspricht, und gib ihr ein Gesicht.

Die Wanderung des Mondes durch die Tierkreiszeichen

Jeden Monat wandert der Mond durch die Tierkreiszeichen, wobei er sich in jedem Zeichen zwei bis drei Tage lang aufhält. Diese Zeit lässt sich gut nutzen, um bestimmte Aspekte in uns zu erforschen und zu stärken.

Mond im Widder kann dir dabei helfen, dein inneres Kind zu finden.

Male dich als Kind. Wie alt bist du? Was brauchst du? Was möchtest du tun? Was wünschst du dir? Wie kannst du dieses Kind beschützen? Versprich deinem inneren Kind, dass du ihm helfen wirst, sich auszudrücken und seine Wünsche zu erfüllen. Teile ihm mit, wie wichtig es dir ist, dass es ihm gut geht. Stell dir vor, es wäre ein Samenkorn, dem du hilfst zu wachsen.

Mond im Stier kann dir dabei helfen, Bewusstsein über dich als Mutter und Ernährerin deiner Familie zu gewinnen.

Wie siehst du dich selbst als Mutter? Wie sind deine mütterlichen Fähigkeiten entwickelt? Auf welcher Ebene fällt es dir leicht, für andere da zu sein? Wobei hast du Schwierigkeiten? Hat deine innere Mutter eine sexuelle Seite? Kannst du mütterlich und erotisch sein? Male dich als Muttergöttin mit ihrem Gemahl. Wie ist deren erträumter Idealzustand? Was trennt diesen Zustand von deiner Wirklichkeit? Was musst du beseitigen oder überwinden, damit du ihn erreichen kannst?

Mond in den Zwillingen kann dir dabei helfen, etwas Neues zu lernen.

Male dich selbst als Doppelwesen, als Hermaphrodit. Was möchtest du aus dieser Einheit heraus lernen? Wohin musst du gehen, um Antworten zu finden? Sind deine Freunde dir eine Hilfe bei deiner Suche oder solltest du dir einen neuen Bekanntenkreis schaffen? Über was möchtest du sprechen, wofür du sonst keinen Mut aufbringst?

Mond im Krebs kann dir dabei helfen, die Vergangenheit zu klären.

Male einen Brunnen. Deinen persönlichen Brunnen. Wo steht er? Wie sieht er aus? Lass ein Gefäß hinunter, bis auf den Grund des Brunnens. Bitte den Brunnen, dir etwas hinauf zu schicken, was dich glücklich macht. Bitte ihn dann, dir das zu schicken, was dich schon immer unglücklich gemacht hat. Und schließlich bitte ihn, dir eine Überraschung zu schicken …

Schreibe einen Brief an jemanden, mit dem du etwas zu klären hast.

Mond im Löwen kann dir dabei helfen, deine Mitte zu finden.

Male dich selbst als strahlende Sonnengöttin. Zünde viele Kerzen an und tanze mit erhobenen Armen im Licht ihres Scheins. Fühle, wie deine Lebensenergie steigt, wie du positiv und glücklich wirst. Die Sonnengöttin ist einfach da. Sie wirkt durch ihre Ausstrahlung. Du musst nichts Besonderes tun. Gibt es einen Bereich in deinem Leben, den du verschönern möchtest, dem du bisher nicht genug Aufmerksamkeit gewidmet hast? Schau in den Spiegel und schmücke dich, bis du dich wirklich schön findest. Genieße diesen Zustand ...

Mond in der Jungfrau kann dir dabei helfen, deinen Glauben zu definieren.

Male dich selbst als Priesterin. Aus welcher Zeit kommst du? Welchen Glauben vertrittst du? Mittels welcher Kraft kannst du andere und dich selbst heilen? Was steht dir zur Verfügung? In welchen Bereichen fühlst du dich krank und schwach? Wo ist deine verwundbare Stelle? Welches Mittel hat die Priesterin, um dir zu helfen?

Mond in der Waage kann dir dabei helfen, Bewusstheit über deine Beziehungen zu gewinnen.

Nutze diesen Mond, um dir Klarheit darüber zu verschaffen, welche Art von Beziehung du mit deinen Partnern eingehst. Male oder schreibe, welche Rolle du spielst im Umgang mit anderen. Wie sehen deine seelischen Verbindungen aus?

Male dich als Frühlingsgöttin mit ihrem Gemahl. Wie sieht dein erträumter Idealzustand aus? Was trennt diesen Zustand von deiner Wirklichkeit? Was steht ihm im Wege?

Mond im Skorpion kann dir dabei helfen, loszulassen.

Male dich als Hexe (schwarze Mondfrau) mit einem großen Feuer. In dem Feuer kannst du allerlei verbrennen. Was brauchst du nicht mehr? Was gibt dir Sicherheit, ohne dir weiterzuhelfen? Was behindert dich? Von wem oder von was möchtest du dich trennen? Packe alles, was du nicht mehr brauchst, in Kisten, Behälter oder Körbe und verbrenne es. Denke darüber nach, wen oder was du im Leben bisher verloren hast. Wenn du Trauer empfindest, dann weine ruhig. Tanze mit der Hexe durchs Feuer und fühle seine reinigende Kraft. Was kann dir die Hexe nun sagen?

Mond im Schützen kann dir dabei helfen, ein Bewusstsein deiner Bildung und Begeisterungsfähigkeit zu bekommen.

Male dich als Lehrerin. Was möchtest du anderen vermitteln? Mit welcher deiner Fähigkeiten kannst du führen? Wohin möchtest du andere führen? Male dich als starke, unabhängige Frau. Worin liegt deine Stärke? Wie kannst du andere daran teilhaben lassen? Was möchtest du lernen? Was fehlt dir, damit du dich stark fühlen kannst? Male einen Begleiter, Lehrer oder Schüler, einen Partner, der dich bei deiner weiblichen Ausbildung unterstützt. Jetzt bist du unbesiegbar und kannst die Welt, in der du lebst, verändern und erweitern. Was brauchst du dazu?

Mond im Steinbock kann dir dabei helfen, dir über die Zeit bewusst zu werden.

Male dich selbst als Anfang und Ende mittels eines Symbols. Lasse dein Symbol auf dich wirken. Werde dir darüber klar, dass du allen Anfang und alles Ende in dir trägst. Du bestimmst, wie weit du gehst, wann du stehen bleibst, wann du zurückgehst. Und die Zeit macht auch etwas mit dir, sie wartet, bis du reif bist, gibt dir verschiedene Aufgaben zu verschiedenen Zeitpunkten. Wo bleibst du immer wieder stecken? Was wiederholt sich immer wieder aufs Neue, scheinbar, ohne dass du Einfluss darauf hast? Betrachte wieder dein Symbol - du bestimmst, wie weit du gehst...

Mond im Wassermann kann dir dabei helfen, deinen himmlischen Aspekt zu finden.

Male dich als Vogelfrau. Was für ein Vogel bist du? Wie fühlt es sich an, frei, ungebunden und von der Erde gelöst zu sein? Genieße diesen Zustand. Du brauchst keinen Partner, denn du bist beides in einem. Wohin ruft dich dein Herz? Wohin möchtest du fliegen? Wie fühlt es sich an, völlig frei zu sein und ganz dir selbst überlassen? Wo brauchst du mehr Raum für dich? Wie kannst du ihn dir schaffen? In welchem Bereich deines Lebens ist es dir ein Bedürfnis, ganz autark und frei zu sein? Welches geistige Kind möchtest du aus diesem Zustand heraus gebären? Wo bist du ganz persönlich kreativ und anders als alle anderen?

Mond in den Fischen kann dir dabei helfen, deinen spirituellen Aspekt zu finden.

Male dich selbst als Geheimnisträgerin. Welches Geheimnis wirkt durch dich oder was versuchst du zu finden? Welches spirituelle Symbol beschreibt dies am besten? Welches Ritual brauchst du, um in deine innere Mitte zu gelangen? Werde dir bewusst über deine rituellen Handlungen im Alltag. Was machst du z.B., damit es dir besser geht, wenn du dich unglücklich fühlst? Wo ist dein „heiliger Raum", in dem du Energie tanken kannst? Versuche solch einen Raum in deinem Leben zu finden und diesen zeitlich und örtlich zu ermöglichen, indem du es dir zur festen Gewohnheit machst, regelmäßig zu spielen - eine Tätigkeit zu finden, bei der du spielerisch wie ein Kind du selbst sein kannst, ohne es jemandem zeigen zu müssen oder gut sein zu müssen ... dein inneres Kind da sein zu lassen und ihm Energie zu geben.

Der dreizehnte Mond kann dir dabei helfen, das Ungewisse zu erforschen.

Der dreizehnte Mond liegt irgendwann innerhalb des Jahres ... Schreibe dir selbst einen Brief oder male ein Überraschungsbild zu etwas Ungewissem, das dir noch fremd ist.

Nun schneide alle Göttinnen und Symbole aus und klebe sie in deinen Jahreskreis. Hänge das Bild irgendwo auf ...

Mond und Träume

Der Mond beeinflusst bei seiner monatlichen Reise durch die Tierkreiszeichen auch unsere Traumwelten. Dabei berührt er die mit den Tierkreiszeichen verbundenen Themen und diese können im Traum aus dem Unterbewusstsein ins Bewusstsein steigen. Die Kräfteverhältnisse, Traumpositionen und Bilder geben Auskunft über unsere Bedürftigkeit innerhalb der einzelnen Themen und liefern wichtige Hinweise zur seelischen Entwicklung.

Mond im Widder

Wie sehen während dieser Nächte deine weiblichen Traumwesen aus? Haben sie Kraft oder werden sie von einer anderen Traummacht beherrscht? Was brauchen sie, um stärker zu werden? Mit welchem Thema sind sie beschäftigt? Male sie auf und lasse sie zu dir sprechen. Finde eine dir bekannte Frau oder weibliche Gestalt, die du bewunderst. Was hat sie, das du nicht hast? Wie gut kannst du dich für deine Projekte einsetzen? Für was möchtest du kämpfen? Entwickle ein Symbol, das dir Kraft vermittelt.

Mond im Stier

Achte wieder auf die weiblichen Traumwesen. Sind sie in der Lage, zu ernähren oder brauchen sie selbst Nahrung? Wenn ja, welcher Art? Male auch sie auf, und lasse sie sprechen. Überlege dir, welche Mutter in deinem Bekanntenkreis du gut findest oder was du an deiner eigenen Mutter besonders liebst. Wie gut kannst du andere ernähren? Wie wichtig ist dir dein Körper? Wie behandelst du diesen? Wie wichtig ist dir der Kontakt zu anderen Körpern? Gibst du deinen körperlichen Bedürfnissen genügend Raum?

Mond in den Zwillingen

Sind deine Traumfrauen kommunikativ? Haben sie gerade eine wichtige Nachricht für dich? Worüber sprechen sie und mit wem? Male auch sie. Welche weibliche Gestalt inspiriert deine Gedanken? Wie gut kannst du dich anderen mitteilen? Gibt es Dinge, die du nicht auszusprechen wagst? Warum nicht? Gib deinen Gedanken Flügel, mache sie zu kleinen Wünschen, die du in den Himmel schickst...

Mond im Krebs

Untersuche deine Träume nach magischen Symbolen. Haben deine weiblichen Gestalten vielleicht Zauberkräfte? Wenn ja, welche? Wie zaubern sie? Gibt es im Traum Kinder? Wie geht es ihnen? Was brauchen sie? Was braucht dein eigenes Kind? Gibst du ihm genug Aufmerksamkeit? Umarme dich selbst und versuche dich zu erinnern... Du bist ein Teil einer Geschichte, die schon lange vor dir begonnen hat...

Mond im Löwen

Untersuche deine weiblichen Traumgestalten hinsichtlich ihrer Schönheit und Ausstrahlung. Haben sie eine besondere Begabung? Was bemühen sie sich zu tun? Haben sie Führungsqualitäten? Können sie diese umsetzen? Welchen Teil deiner selbst musst du opfern, damit Neues entstehen kann? Kennst du deinen Idealzustand? Was ist dein Herzensanliegen momentan? Wie viel Raum gibst du diesem, um zu wachsen?

Mond in der Jungfrau

Wie steht es mit den Heilkräften deiner Traumfrauen? Was heilen sie, oder wo müssen sie geheilt werden? Wie sehen sie aus? Kannst du dich mit ihnen identifizieren? Verfügen sie über ein besonderes Wissen? Welche Art der Heilung findest du gut? Wenn du Heilkräfte besäßest, wie würden sie wirken? Welche Heilmethoden sprechen dich an? Wo fühlst du dich ungesund, hilfsbedürftig? Wen würdest du gerne aufsuchen, damit er dir hilft?

Mond in der Waage

In welcher Beziehung stehen deine Traumfiguren zueinander? Sind die männlichen stärker oder die weiblichen Anteile? Was brauchst du, um dich harmonisch zu fühlen? Sind deine Partnerschaften erfüllend? Auf welcher Ebene bewegen sie sich? Möchtest du vielleicht eine neue Ebene finden? Welches „ideale“ Paar kennst du? Was findest du an ihnen gut?

Mond im Skorpion

Gibt es ältere Traumfrauen? Hexen? Unheimliches? In welcher Zeit spielt der Traum? Beherrscht dich die Magie oder setzt du sie ein? Was macht dir am meisten Angst? Welche Befürchtungen hast du? Wie denkst du über den Tod? Wer ist schon alles gestorben und stand dir nahe? Wenn du morgen sterben würdest, was müsstest du heute noch unbedingt tun, um glücklich zu sein? Was kannst du wertvolles von dir geben, um damit das Universum zu bereichern? Male es auf und packe es in ein Päckchen, schreibe darauf: an die Welt.

Mond im Schützen

Können deine Traumfrauen feiern? Sind sie begeisterungsfähig? Für was begeistern sie sich gerade? Schenkst du gerne? Bist du bereit, zu feiern? Was hast du bisher erreicht und bist darauf stolz? Stelle dir vor, dies wäre dein Kind und schenke dir selbst etwas dafür, so wie anderen Kindern zu Weihnachten.

Mond im Steinbock

Sind deine Traumfrauen irgendeiner Tradition verhaftet, Anhängerinnen moralischen Glaubens? Woran glauben sie? Wovon sind sie überzeugt? Wie sehen sie aus? Wie bist du, wenn du ganz auf dich alleine gestellt wärest? Bist du mit dir zufrieden? Was brauchst du, um ganz zu sein? Was weißt du ganz sicher, ohne dass du die Bestätigung von anderen dafür brauchst? Wo ist dein sicheres Zentrum?

Mond im Wassermann

Achte auf das Chaos, Ungeordnete, Zusammenhanglose im Traum. Finde das Ver-rückte, das, was scheinbar nicht dazu passt. Gibt es Außenseiter, die nichts mit allem zu tun haben? Beobachter? Bringt etwas die Ordnung durcheinander? Gibst du Neuem genügend Raum? Hast du Zeit für Überraschungen? Kannst du ganz spontan deine Pläne umwerfen? Erlaubst du dem Zufall, in deinem Leben zu wirken? Kannst du dich in völliges Neuland begeben wie ein Narr oder ein Kind?

Mond in den Fischen

Gibt es in deinem Traum Wasserwesen? Wasser? Springst du hinein? Wie fühlt es sich an? Wie findest du die Wasserwesen? Kannst du dich hingeben? Öffnen? Gleichzeitig sterben und empfangen? Wie ist der Same, der sich nun neu entfalten möchte? Hast du einen geheimen Wunsch, der Pflege und Zeit braucht, um zu wachsen? Hast du genug Vertrauen und Geduld für ihn? Bist du auf allen Ebenen glücklich? Wo fehlt es?

Die Monde kreativ gestalten

Jeden Monat gibt es so Gelegenheit, sich immer besser und besser kennen zu lernen - ist das nicht toll? Denk dir selbst Mondspiele aus, Orakelabende oder Übungen, die dich deiner Quelle näher bringen. So wie der Mond ewiglich den Himmel einnimmt und mit seinem silbernen Licht die Erde erhellt, ist es auch immer möglich, irgendetwas dazuzulernen, was eine phantastische Aussicht ist. Denn eins ist sicher, nichts bleibt für immer gleich!

Nachwort

Im Laufe der Jahre und durch die Beschäftigung mit der „großen Mutter“, wie Erich Neumann die Mondgöttin nennt, ist mir eines klar geworden: Es scheint mir müßig, eine letztendliche Wahrheit für sich in Anspruch zu nehmen. Die Göttin oder Urseele, unser aller Ursprung, hat unzählige Gesichter, Formen und Arten, sich auszudrücken, folgt dabei aber bestimmten Gesetzmäßigkeiten, die sich in allen Kulturen ähneln. Sie wirkt immer dann als unterstützende Kraft, wenn ich mir die Mühe mache, sie anzuerkennen und mein Vertrauen in sie zu gründen. Wenn ich ihrer Herzensweisheit folge, geht eigentlich vieles wie von selbst - insofern scheint die buddhistische Ansicht zu stimmen, dass die Motivation die Früchte der Handlung bestimmt.

In verschiedenen Workshops und Beratungen habe ich herausgefunden, dass es sich überaus lohnt, der Innenwelt oder Mondenergie zu widmen, und allmählich Vertrauen in das gewonnen, was man vielleicht als Fluss der Veränderung bezeichnen kann. Die Seele bereichert uns mit ihren Bildern, wenn wir uns ihr aufmerksam zuwenden. Diese Bilder sind als unbewusste Anteile in unserem Körper gespeichert und haben von dort aus magische Wirkkraft. Nur die unbefreiten, unbewussten Muster vermögen es, Angst zu kreieren, alles, was erkannt und bewusst wird, kann sich auch mit Geduld und Zuwendung verändern. Wir weben kraft unserer Erfahrungen einen Lebensstoff, dessen Muster diesem seine besondere Form geben, sich aber auch erkennen und wieder auftrennen lassen. Die Mondin - welches Gesicht sie auch trägt, scheint mir die große Lehrerin der Verwandlung zu sein - Festgehaltenes lösend und ungewordenes gestaltend wirft sie uns in den Strom der Zeit, in die Ungewissheit, solange bis wir uns vertrauensvoll leiten lassen und empfänglich werden.

Ihre Gesetze erkennen und ihre Rituale und Feste zu erhalten, ist vielleicht eine der wichtigen Aufgaben unserer Zeit.

Gebet an Tara,
die tibetische Mondgöttin des Mitgefühls

1852 geschrieben von Lozang Tänpä Gyalts'än

Dreifache unfehlbare Juwelen der Zuflucht in dir vereinend,
göttliche Mutter des Mitgefühls,
ich verbeuge mich vor dir aus ganzem Herzen.
Bitte begleite mich bis zu meiner Erleuchtung,
unterstütze mich kraft deines Mitgefühls.

Ich rufe die Juwelen als Zeugen herbei,
nicht nur mit meiner Sprache,
sondern aus der Tiefe meines Herzens und meiner Knochen bitte ich dich:
Denke an mich, zeige mir dein lächelndes Gesicht,
du Liebende, gewähre mir den Nektar deiner Sprache.

Viele können uns mit ihren selbstgemachten Lehren betrügen,
sie verkaufen die Lehren für vergängliches Geld,
vertreten ignorantes Wissen, von Stolz durchsetzt;
in den acht weltlichen Dharmas
gibt es kleine und große Gurus.

Ich weiß, dass ich solchen Freunden
der degenerierten Zeit nicht trauen kann,
deshalb bist du mein wirklicher Guru.
Inspiriere mich, Mutter der Liebe,
lasse dein großes Mitgefühl erwecken,
denke an mich!

Als Zufluchtsstätte werden sie uns niemals täuschen,
doch die meisten Buddhas verschwinden im seligen Nirwana,
während sie die Wege unseres degeneriertes Zeitalter betrachten,
andere wiederum haben zwar Mitgefühl,
besitzen jedoch schwache karmische Bindungen.

Ich habe keine andere Gottheit, die ich verehre, nur dich.
Bitte, gewähre mir die vollkommenen Fähigkeiten, Mutter der Liebe,
lasse dein großes Mitgefühl erwecken, denke an mich!

Viele Beschützer verhüllen ihre Kräfte und Fähigkeiten,
sie entsetzen sich über die Praktizierenden und handeln nicht.
Andere wiederum, die stolz auf ihren weltlichen Erfolg sind,
helfen für eine Weile, betrügen uns aber letztendlich doch.

Weil ich solchen Beschützern nicht trauen kann,
bist du meine wirkliche Beschützerin.
Erfülle alle Handlungen, Mutter der Liebe,
lasse dein Mitgefühl erwecken,
denke an mich!

Gewöhnliche weltliche Reichtümer,
deren Bedeutung ihrem Namen entspricht,
lassen Verunreinigungen entstehen
und binden an Samsara.*

Welche Juwelen - auch wenn diese Wünsche erfüllen - außer denen der Aryas
vermag ich auch nur als Sesamkorn mitzunehmen, wenn ich sterbe?

Weil ich den illusionären Reichtümern nicht trauen kann,
bist du mein wirklicher Reichtum.
Erfülle meine Sehnsucht, Mutter der Liebe,
lasse dein Mitgefühl erwecken,
denke an mich!

Ich kann ihnen nicht trauen,
den wertlosen Freunden,
deren Gedanken sich mit falschem Benehmen beschäftigen
und die Freundlichkeit heucheln,
am einen Tag sind sie mein Freund,
am anderen mein Feind.

Weil ich den Freunden des degenerierten Zeitalters nicht trauen kann,
bist du meine wirkliche Freundin,
sei mir nah, Mutter der Liebe,
lasse dein Mitgefühl erwecken,
denke an mich!

---

* die verhaftete Sicht der Welt

Du bist mein Guru, meine Göttin und meine Beschützerin,
meine Zuflucht, mein Haus, meine Nahrung, mein Reichtum, meine Freundin,
alles, was ich mir wünsche, bist du,
bitte lass mich alles auf einfache Art vollenden.

Hilf mir, meinen gegenwärtigen sturen Geist zu überwinden,
und erwecke mein Mitgefühl,
so dass mein Körper nicht müde wird,
einem anderen Wesen selbst Billionenfaches zu geben.
Bitte inspiriere mich.

Gewähre mir die rechte Sicht,
hilf mir die Wurzel Samsaras zu zerstören,
das Ego mit seiner Verhaftung,
und lass mich dem tiefen mittleren Pfad folgen,
um die Fehler der zwei Extreme zu vermeiden.
Bitte inspiriere mich.

Ich wünsche zum Wohle aller Wesen Erleuchtung zu erlangen,
hilf mir, damit ich auch nicht für eine Sekunde allein an mein eigenes Wohl denke.
All meine Verdienste widme ich den lebenden Wesen und der Doktrin,
hilf mir meinen Erleuchtungsgeist zu entwickeln.
Bitte inspiriere mich so!

Reich an Aryaschätzen, Vertrauen usw.,
gewähre mir, der beste Buddhasohn zu werden,
fähig, auch die kleinste Vorschrift einzuhalten,
die von den Besiegern erstellt wurde.
Diese niemals gering schätzend - inspiriere mich so!

Äußerlich höre ich die Lehren und verhalte mich ihnen gemäß,
hilf mir, mich auch im Inneren auf den Vajrayana zu stützen,
den Pfad der zwei Stufen,
damit ich schnell Erleuchtung erlange.
Bitte inspiriere mich so.

Ob ich glücklich oder traurig bin,
ob das Leben es gut oder schlecht mit mir meint,
was auch immer ich tue,
du weißt es, Tara, bitte denke liebend an mich,
du einzige Mutter.

Ich opfere mich und alle Wesen, die Hoffnung in mich setzen,
dir, ehrwürdige Tara.
Nimm uns auf
und lass uns schnell zum höchsten reinen Land gelangen.
Lass uns ohne weitere Geburten dorthin gelangen!

Verwandle den Geist meiner Mütter,
die den Lehren der Besieger nicht folgen
- aller Mutterwesen, wer auch immer sie sind -
in den Dharma kraft deiner mitfühlenden Fertigkeiten.
Hilf, dass alle Mütter den Weg zu dir finden.

Bitte gewähre mir,
dass alle Wesen, die dieses Gebet
am Morgen, Mittag und Abend rezitieren
und an dich denken,
und alle Menschen, die Hoffnung in dich setzen,
in dem reinen Land ihres Wunsches wieder geboren werden.

Möge jedes Mitglied der drei kostbaren Juwelen,
besonders die ehrwürdige Mutter des Mitgefühls,
mich beschützen und geleiten, bis ich die Erleuchtung erlange,
und möge ich die vier Maras besiegen.

Dank

Ich danke meinen Lehrern und Lehrerinnen, dich mich auf meinem Lebensweg unterstützt haben, insbesondere Lama Tenga Rinpoche, dem ich einen kostbaren Einblick in die Rituale und das Wissen um Tara verdanke und dessen Wesen und Ausstrahlung für mich ganz mit dem der Göttin in Einklang ist, auch Sogyal Rinpoche und Lama Panchen Otrul Rinpoche für ihre Präsenz und ihre Einführungen in die Natur des Geistes. Harald Lebherz gilt mein weiterer Dank, denn er ermöglichte mir alle anfänglichen Kontakte. Auch danke ich allen meinen Freundinnen, die mich während des Schreibens begleitet haben, insbesondere Helen Simmons, Anne Hone, Jutta Damm und Ute Rumpel. Danke ebenfalls an Hans H. Taeger, der mir die Idee zu einem Mondbuch nahe brachte.

Mein besonderer Dank gilt Eckhardt fürs Ordnen und Korrekturlesen.

Quellen

Allione, Tsültrim: *Tibets weise Frauen*, Dianus-Trikont, München, 1986
Beyer Stephan: *The Cult of Tara*, Unversity of California Press, Berkeley, 1978
Deutscher Märchenschatz, Hesse und Becker, Leipzig, 1927
Francia, Luisa: *Mond, Tanz, Magie*, Frauenoffensive, München, 1986
Französische Märchen, Fischer, Hamburg, 1973
Gonsar Rinpoche: *Tantra der 21 Taras*, Edition Rabten, Lemont-Pelerin, 2001
Göttner-Abendroth, Heide: *Die tanzende Göttin*, Frauenoffensive, München, 1985
Göttner-Abendroth, Heide: *Für die Musen*, Zweitausendeins, Frankfurt, 1988
Graves, Robert: *Die weiße Göttin*, Medena-Verlag, Berlin, 1981
Hall, Nor: *The Moon and the Virgin*, The women's press, London 1980
Langen, Sara-Ester u.a.: *Mutterrecht der Sterne*, Inanah-Verlag, Hüttlingen, 1985
Livaldi-Laun, Lianella: *Lilith*, Chiron, Moessingen, 1994
Neumann, Erich: *Die große Mutter*, Walter-Verlag, Solothurn, 1994
Niehaus, Petra: *Astrokalender Sternenlichter*, Simon und Leutner, Berlin
Röder, Brigitte; Hummel, Juliane; Kunz, Brigitta: *Göttinnendämmerung*, Droemer Knaur, München, 1996
Rush, Anne Kent: *Mond, Mond*, Frauenoffensive, München 1978
Shuttle, Penelope: *Die weise Wunde Menstruation*, Fischer, Frankfurt/Main, 1993
Spanische Märchen: Fischer, Hamburg, 1973
Thubten Yeshe: *Die grüne Tara*, Diamantverlag München 1998
Walker, Barbara: *Das geheime Wissen der Frauen*, Arun Verlag, 2003
Weiler, Gerda: *Der enteignete Mythos*, Helmer, Königstein/Taunus, 1996
Wilson, Martin: *In Praise of Tara*, Wisdom publications, London, 1986

Informationen zu Workshops und Beratungen unter

Ulla Janascheck
Klosterstr. 10
55270 Klein-Winternheim

ulla.janascheck@gmx.de

Cambra Maria Skade

Töchter der Mondin

In diesem Buch wird mit Gedichten, mythischen Geschichten, Bildern, Fundstücken und Objekten vom Lebenszyklus erzählt, der Weißen, der Roten, der weisen Alten in uns, von den Jahresfesten, den Elementen und ihrer Energie. Die weibliche Potenz bekommt eine phantasievolle Gestalt verliehen.

Es sind sinnlich-magische Geschichten und Bilder, die den Weg zu Ahninnen, Begleiterinnen, Patinnen, zur Eigen-Macht, zur Schöpferinnenkraft zeigen, dazu, wie eine selbstbestimmt, lustvoll, einfallsreich ihr Leben leben kann.

Auf dem Weg durch das Buch, das Jahr, das Leben, tauchen Bilder auf von Müttern, Großmüttern, von Frauen, auf deren Schultern wir stehen, an deren Fülle von Lebenserfahrungen wir anknüpfen können, die uns in die Tiefe der Zeiten führen.

Ritualideen tauchen auf, als Anregung, den eigenen Weg, die eigene Form spielerisch zu finden, sich auf die Wurzeln zu besinnen und etwas Eigenes daraus weiterzuspinnen und die uns innewohnende Möglichkeit zur kreativen Lebensgestaltung zu entfalten.

Es eignet sich hervorragend als Geschenkbuch. Aber eigentlich ist es ein mytho-poetisches Gesamtkunstwerk!

160 S., durchgängig farbig bebildert,
Broschur, 21,0 x 29,0 cm (A4),
ISBN 3-935581-19-X
€ 25,50 / 43,00 SFR

Ulla Janaschek/ Cambra Maria Skade

Göttinnenzyklus

Göttinnenzyklus ist ein außergewöhnliches Orakelspiel und lädt dazu ein, auf den Spuren der Göttinnen zu wandeln.

Basierend auf astrologischen Tierkreissystem, ist ein Spiel entstanden, das Ausdrucksformen der Göttinnen aus verschiedenen Kulturräumen beeinhaltet (die Planeten), Künste der Weisen Frauen vorstellt (die Zeichen) und ihre Wirkstätten beschreibt (die Häuser).

Ihre Weisheiten, Künste und Wirkstätten erschließen Zeiträume, inspirieren Innenräume und öffnen den Raum zur Vision.

Das Orakelspiel gliedert sich in 36 Karten, die sich mit den Mysterien und dem Alltäglichen des Weiblichen Erlebens beschäftigen.

Auf jeweils drei Deutungsebenen erfahren Ratsuchende Anregungen und Begleitung beim Lebenswandel.

Göttinnenzyklus verbindet die alte mit der neuen Welt und sucht besonders Frauen das überlieferte Wissen Ihrer Ahninnen so zu erhellen, dass es durch sie in die Gegenwart getragen werden kann.

Das 272seitige Begleitbuch erläutert in einfachen Worten die Bedeutung jeder Karte und enthält Spielvorschläge zur Arbeit mit den Karten.

272 Seiten, ca. 40 Abb., 17,0 x 24,0 cm,
Broschur & 36 Karten im Schuber,
ISBN 3-935581-35-1
€ 34,95 / 57,80 SFR

Barbara G. Walker

Das geheime Wissen der Frauen

Wer kennt heutzutage noch die ursprünglich herrschende Rolle der Frau in Mythologie, Religion und Geschichte, in Sprache, Kunst und Kultur? Die Antworten darauf hat Barbara G. Walker in 25 Jahren tiefgründig recherchiert.

Was einst durch das Patriarchat verfälscht und unterdrückt wurde oder gar in Vergessenheit geraten ist, wird von der Autorin mit diesem Werk aufgearbeitet und ins rechte Licht gerückt. Das ur-alte Wissen der Frauen, das früher als normal und selbstverständlich galt, wird hier wieder belebt.

Und sie verspricht nicht zu viel. Wer einmal angefangen hat, dieses (uralte) Wissen zu ergründen, der wird sobald nicht wieder davon loskommen.

Eine einzigartige Enzyklopädie mit altem Wissen und neuen Erkenntnissen - nicht nur für Frauen!

Ein Lexikon, ja ein Standardwerk, das in keinem Bücherregal fehlen darf!

1232 Seiten, viele Abb.,
15,1 x 22,8 cm, Hardcover, Schutzumschlag,
ISBN 3-935581-26-2
€ 29,95 / 50,30 SF

Regula Meyer

tierisch gut

Tiere als Spiegel der Seele
Die Symbolsprache der Tiere

„Nur wenig im Leben passiert wirklich zufällig!" Den Eindruck haben wir immer wieder. Wenn wir im Garten, beim Spazierengehen oder Joggen plötzlich einem Tier gegenüberstehen, erscheint uns das vielleicht kurzfristig bemerkenswert, hat aber oft tiefe Bedeutung.

Die Schweizerin Regula Meyer hat schon früh ihre Wahrnehmung für scheinbar außersinnliches geschärft und beschreibt aus eigener Erfahrung den „Sinn" und die Deutungsmöglichkeiten für solche Begegnungen der dritten Art mit 110 Tiercharakteren.

Der schamanische Ansatz der Autorin erklärt, wann und wie Tiere als Spiegel unserer Seele wirken. Alle Beschreibungen handeln von Tieren aus dem mitteleuropäischen Raum und sind mit Fotos versehen.

Um jedem Interessierten den Einstieg zu erleichtern, gibt Regula Meyer Tips und Ratschläge, was bei der Begegnung mit den Vertretern aus der Tierwelt zu beachten ist.

272 S., über 100 Abb., 17,0 x 24,0 cm, Broschur
ISBN 3-935581-17-3
€ 15,50 / 26,70 SFR